新・広東語
レッスン 初級

鄧超英【著】

スリーエーネットワーク

©2019 by IZUMI Eiko

All rights reserved. No part of this publication may be reproduced, stored in a retrieval system, or transmitted in any form or by any means, electronic, mechanical, photocopying, recording, or otherwise, without the prior written permission of the Publisher.

Published by 3A Corporation.
Trusty Kojimachi Bldg., 2F, 4, Kojimachi 3-Chome, Chiyoda-ku, Tokyo 102-0083, Japan

ISBN978-4-88319-795-8 C0087

First published 2019
Printed in Japan

はじめに

　中国・香港市場が世界中から注目される今、多くの企業が中国に進出しています。その中で多くの人が中国ビジネスに携わりその難しさを痛感しているようですが、大きな原因は「言葉」と「商習慣の違い」だと言われています。今後、中国で事業を行っていくには、広東語・北京語でビジネスができ、日本とは異なる習慣を理解している人材が必要となっていくでしょう。

　一方で、香港スターの人気は根強いものがあります。映画や歌の内容を深く知るために、広東語を勉強してみたいと思う人も多いことでしょう。

　本書は初めて広東語を学ぶ人を対象に、広東語の基礎をしっかり、かつ、わかりやすく学べるように作成されています。特に、広東語学習の中で最も難しいと言われる発音と音調の感覚を自然に覚えられるように、発音記号を日本人になじみやすいローマ字式で表記し、長音・短音の区別が簡単にできるようにしました。また、文法については文の基本構造をしっかりおさえながら、できるだけシンプルに示すようこころがけました。

　本書により、広東語に親しみを持つ人が増えて、中国と日本との間で交流が進み、相互の理解が深まるきっかけになれば、本書を執筆した者にとって望外の喜びです。

　最後になりましたが、本書の刊行にあたり、ボディソニック株式会社でお世話になった山田恭太社長、オンウェー株式会社の泉里志社長、折井三郎氏、広東語センターのスタッフ、株式会社スリーエーネットワークの佐野智子氏、谷岡一也氏には多大なるご協力をいただきました。この場を借りてお礼を申し上げます。

鄧　超英

※本書は2004年、2005年に発行した『広東語レッスン初級1』『同初級2』を合冊にして発行するもので、内容に大きな変更はありません。

目次

はじめに 3
広東語の文字と発音について 6

第一部
第一課　子音 12
第二課　単母音 18
第三課　複合母音 20
第四課　鼻音母音 22
第五課　入声母音 26
第六課　長音と短音の対照練習 30
第七課　有気音と無気音の対照練習 31

第二部
第一課　我係日本人。（私は日本人です。）..................... 34
第二課　請問貴姓呀？
　　　　（お名前は何とおっしゃいますか？）................... 48
第三課　我鍾意香港電影。（私は香港映画が好きです。）......... 64
第四課　嗰啲係乜嘢呀？（それらは何ですか？）................. 80
第五課　你有冇香港地圖呀？
　　　　（香港の地図を持っていますか？）..................... 102
第六課　嗰件恤衫點賣呀？
　　　　（あのシャツはいくらですか？）....................... 118
第七課　今日係幾號呀？（今日は何日ですか？）................. 141
第八課　而家幾點鐘呀？（今何時ですか？）..................... 161

第九課	飛機到咗幾耐呀？
	（飛行機は到着してからどのくらいたちましたか？）180
第十課	佢而家講緊電話。
	（彼は今電話に出ています。）.. 199
第十一課	佢嘅中文最叻。
	（彼の中国語が一番うまいです。）................................. 221
第十二課	假日邊度都係咁多人。
	（休日はどこも人が多いです。）.. 242
第十三課	你有冇去過中國呀？
	（あなたは中国へ行ったことがありますか？）............ 262
第十四課	你邊度唔舒服呀？
	（どこが具合が悪いのですか？）.................................... 287

コラム	広東語と広州語 79
	話し言葉と書き言葉 101
	広東語の中の借用語 175
	漢詩の朗読 312

解答 313

索引 338

広東語の文字と発音について

1. 漢字

　広東語は、中国語の一方言ですので、漢字が使用されているのですが、標準語である「普通話」(北京語) にはない、また、あっても本来の意味が標準語には残っていない文字が数多くあります。

　本書では、そうした広東語の現状を踏まえて、香港、東南アジアで使われている「繁体字」と広東語特有の「造字」を使用しています。

例　繁体字：　圧　ngaat[8]　→　壓

　　　　　　　学　hook[9]　→　學

　　　　　　　会　wuui[2]　→　會

　　造字：　叻　leek[7]　（頭がいい）

　　　　　　啱　ngaam[1]　（正しい）

　　　　　　呔　taai[1]　（ネクタイ）

2. 発音表記

　広東語の発音表記方法は様々ですが、以下のものが代表的と言えるでしょう。

Williams 式と Eitel 式　　　Ball 式
Tipson 式　　　　　　　　Jones 式
国際音声字母 (IPA)　　　　Yale 式

日本では、これらの発音表記方式に加えて、各執筆者によるオリジナルのものもあります。

　本書で使用しているものはローマ字表記を基本としたものですが、以下の点に注意してください。

まず、子音についてですが、広東語では有気音と無気音の区別が重要です。(有気音は息を強く出して発音し、無気音は息を静かに少しずつ出しながら発音します。)本書では有気音・無気音を表すために、以下の文字を使用しています。

有気音　p　t　k　kw　ch
無気音　b　d　g　gw　j

無気音は日本語の濁音とは異なります。例えば巴の発音記号には「ba」という文字が使われていますが、これは日本語の「バ」ではなく、「パ」の発音に限りなく近い音を表しています。他の本にかなで「バ」と書かれたものを見かけることがありますが、これは、無気音の「パ」の発音を理解させるためにやむを得ず約束ごととして使っていると解釈したほうがよいでしょう。

次に母音についてですが、母音は

長母音「aa」

短母音「a」

複合母音　[長母音＋短母音「aai」、短母音＋短母音「ai」]

鼻音母音　[長母音＋鼻音子音尾「aan」、短母音＋鼻音子音尾「an」]

入声母音　[長母音＋入声子音尾「aap」、短母音＋入声子音尾「ap」]

に分類されます。本書では特に長母音と短母音の区別がしやすいように長母音は「aa、oo、uu、ii、ee」と重ねて書かれています。

3. 音節

中国語の発音は「音節」という音の単位から構成されています。いわゆる「音節」というのは「語の構成要素としての音の単位で、一つのまとまった音の感じを与えるもの」(『広辞苑』より)です。日本語

の場合、例えば「ア」、「カ」、「サ」、「タ」、「ナ」のように、仮名一文字が一つの「音節」になります。ところが広東語では、子音、母音、声調という三つの要素で一つの「音節」を構成しています。例えば、「上 seung6」は、子音の「s」+母音の「eung」から構成されています。（さらに母音の「eung」は主母音の「eu」と尾音「ng」に分解できます。）それに声調「6」をつけて一つの「音節」になっています。

発音の際にはこの三要素を意識することが大切です。

4. 声調

広東語の特徴の一つに声調の多さがあります。学者によってその数は様々ですが、北京語の四種（四声）声調に比べ、六種、九種、十種の説もあります。ここではできるだけ広東語の特徴を生かして発音を習得してもらうために、九種（九声）説を採用しています。すなわち、陰平、陰上、陰去、陽平、陽上、陽去、陰入、中入、陽入という九声です。

声調番号	1	2	3	4	5	6
声調類	陰平	陰上	陰去	陽平	陽上	陽去
声調例「sii」	詩	史	試	時	市	事
声調番号	7	8	9			
声調類	陰入	中入	陽入			
声調例「sik」	色	錫	食			

※本書ではローマ字表音文字の上に1～9の数字で声調番号を表示します。

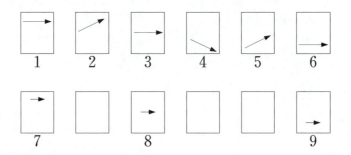

しかし、九声と言っても基本的には六声で、あとの三声は音の高さでは基本六声の第一声、第三声、第六声に対応し、これらを短く発音するだけの違いです。

上記の例を見てもわかるとおり、同じ「sii」の発音でも基本六声でこれだけの意味の違いがあり、また第七声から第九声の「色」、「錫」、「食」も「セッ」に近い音ですが、意味は「いろ」、「スズ」、「たべる」となり、音の高低を間違えると大変なことになることがわかると思います。

5. 発音器官

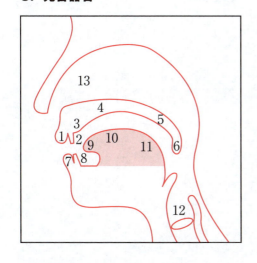

1. 上唇　　　　8. 下歯
2. 上歯　　　　9. 舌尖
3. 歯茎　　　　10. 舌面
4. 硬口蓋　　　11. 舌根
5. 軟口蓋　　　12. 声帯
6. けんようすい　13. 鼻腔
7. 下唇

第一部

第一課

子　音

　広東語の子音は全部で19種類あります。以下に、発音の部位ごとに分類して説明します。

1. 唇音：b p m

両唇でとめ、口腔内に息をためて発音します。

> **b [p]**：無気音。唇を静かに離しながら息を出します。声帯は振動させません。（図①）
>
> **p [p']**：有気音。強く破裂させます。声帯は振動させません。（図①）
>
> **m [m]**：鼻音。息を鼻腔から出して発音します。声帯を振動させます。（図②）

例　霸　怕　馬
　　　baa3　paa3　maa5

2. 唇歯音：f [f] 🔊-2

上歯を下唇にあて、息をその隙間から出します。
声帯は振動させません。（図③）

例　花
faa¹

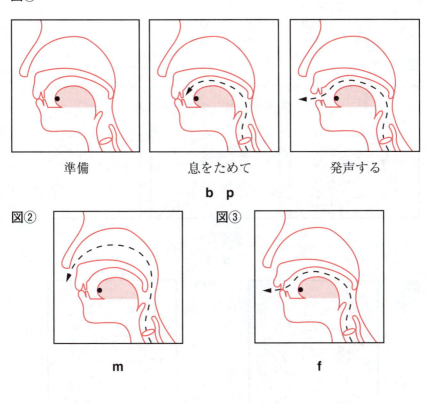

3. 舌頭音：d t n l 🔊-3

舌先を上の歯茎の裏側につけて発音します。

> d [t]：無気音。静かに舌先を離しながら息を出します。声帯は振動させません。（図④）
>
> t [t']：有気音。強く破裂させます。声帯は振動させません。（図④）
>
> n [n]：鼻音。息を鼻腔から出します。声帯を振動させます。（図⑤）
>
> l [l]：息を舌先の両側から出します。声帯を振動させます。（図⑥）

例　打　　他　　拿　　啦
　　daa²　taa¹　naa⁴　laa¹

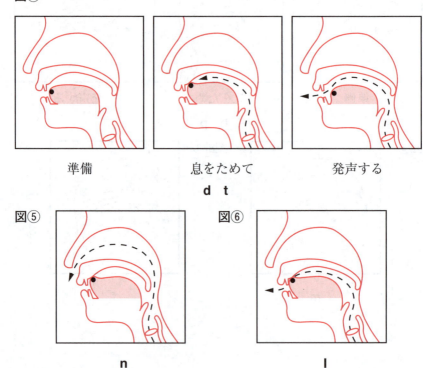

図④　準備　息をためて　発声する
　　　　　　　　d t

図⑤ n　　図⑥ l

4. 舌根音：g k h gw kw 🔊-4

舌根で息を一瞬とめ、喉で発音します。

> **g [k]**：舌根を軟口蓋から離す瞬間に息を出し、発音するようにします。声帯は振動させません。（図⑦）
>
> **k [k']**：息を口腔から強く出し、破裂させるようにします。声帯は振動させません。（図⑦）
>
> **h [h]**：息を舌根と摩擦させながらはき出します。声帯は振動させません。（図⑧）
>
> **gw [kw]**：要領は「g」と同じですが、口を丸めて発音します。声帯は振動させません。
>
> **kw [k'w]**：要領は「k」と同じですが、口を丸めて発音します。声帯は振動させません。

例	加	卡	蝦	瓜	誇
	gaa1	kaa1	haa1	gwaa1	kwaa1

図⑦

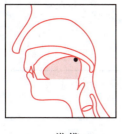
準備

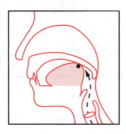
息をためて

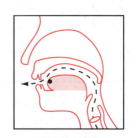
発声する

g k

図⑧　h

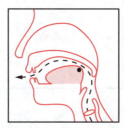

5. 舌面音：j ch s 🔊-5

舌の面を上あごに近づけて発音します。

> **j [tʃ]**：無気音。日本語のチと言う要領で、息を舌面前部と硬口蓋の間から摩擦させながら静かに息を出します。声帯は振動させません。（図⑨）
>
> **ch[tʃ']**：有気音。「j」と同じ要領で息を強く出します。声帯は振動させません。（図⑨）
>
> **s [ʃ]**：息を舌面と上歯の間から摩擦させながら出します。声帯は振動させません。（図⑩）

例　揸　差　砂
　　jaa1　chaa1　saa1

図⑨

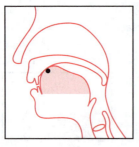
準備

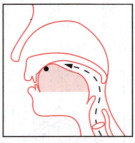
息をためて

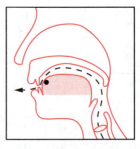
発声する

j ch

図⑩

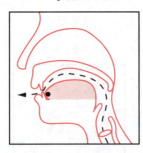

s

6. 鼻音：ng［ŋ］ 🔊-6

舌先をおろして、口を開き、音を鼻から通します。

例	牙
	ngaa⁴

7. 半母音：y w 🔊-7

> **y [j]**：唇を横に引き、次の母音とあわせて発音します。
>
> **w [w]**：口を丸めて、次の母音とあわせて発音します。

例	野	蛙
	yee⁵	waa¹

第二課

単母音

単母音： aa oo uu ii yu eu ee m ng

　広東語の単母音は九つあり、そのほとんどが長母音です。従来の本では、単母音の表記はローマ字一字で表されているようですが、本書では、自然に発音できるように文字を重ねて表記し、長音であることを強調しています。

　広東語の中で単母音で終わる音節はすべて長く発音されます。
例えば、

　　faa[1]　花「ファー」（「ファ」と発音しません）

　　maa[5]　馬「マー」　（「マ」と発音しません）

となります。

　短母音と長母音を区別して発音することは、意味を区別するうえで非常に大切です。

aa :	日本語の「ア」より口を大きくあけて、舌の位置を低くして発音します。
oo :	日本語の「オ」のように口を普通にあけて、舌の位置をやや奥高い所にして、唇を丸めて発音します。
uu :	日本語の「ウ」のように口の開きは小さく、舌の位置を奥高い所にして、唇を丸めて発音します。
ii :	日本語の「イ」より唇を横に引き、舌の位置を前高い所にして発音します。
yu :	「ii」から「uu」へ、口の形を変えながら発音します。

eu： 国際音声字母（IPA）［ɛ］と［ɔ］を融合して発音します。

ee： 日本語の「エ」より唇を左右に引いて発音します。

m： 両唇を閉じて、息を鼻腔から出しながら発音します。

ng： 舌先をおろして口を開き、息を鼻腔から出しながら発音します。

なお、mとngは子音のところでも紹介しましたが、これらは単独の音節で用いられる場合、単母音として扱います。

練習 子音と組み合わせ、声調をつけて練習しましょう。

(1) 巴 baa^1　把 baa^2　霸 baa^3　霞 haa^4　吓 haa^5　下 haa^6

(2) 歌 goo^1　嗰 goo^2　個 goo^3　訛 ngoo^4　我 ngoo^5　餓 ngoo^6

(3) 夫 fuu^1　府 fuu^2　富 fuu^3　符 fuu^4　婦 fuu^5　父 fuu^6

(4) 詩 sii^1　史 sii^2　試 sii^3　時 sii^4　市 sii^5　事 sii^6

(5) 於 yu^1　魚 yu^2　瘀 yu^3　儒 yu^4　雨 yu^5　豫 yu^6

(6) 靴 heu^1　朵 deu^2　―　―　―　―

(7) 些 see^1　舍 see^2　赦 see^3　蛇 see^4　社 see^5　射 see^6

(8) 唔 m^4　吳 ng^4　五 ng^5　誤 ng^6

第三課

複合母音

1. 長母音：aai aau ooi iiu uui 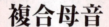-9

複合母音とは二つの単母音があわさって、一つの「音節」をなすものです。

> **aai**：長母音「aa」が主音で、「i」は軽く発音します。
> **aau**：長母音「aa」が主音で、「u」は軽く発音します。
> **ooi**：長母音「oo」が主音で、「i」は軽く発音します。
> **iiu** ：長母音「ii」が主音で、「u」は軽く発音します。
> **uui**：長母音「uu」が主音で、「i」は軽く発音します。

練習1 子音と組み合わせ、声調をつけて練習しましょう。

(1) 街 gaai1　解 gaai2　介 gaai3　鞋 haai4　蟹 haai5　械 haai6

(2) 包 baau1　飽 baau2　爆 baau3　矛 maau4　牡 maau5　貌 maau6

(3) 該 gooi1　改 gooi2　蓋 gooi3　臺 tooi4　怠 tooi5　代 dooi6

(4) 腰 yiiu1　妖 yiiu2　要 yiiu3　搖 yiiu4　繞 yiiu5　耀 yiiu6

(5) 灰 fuui1　賄 fuui2　悔 fuui3　梅 muui4　每 muui5　癐 gwuui6

2. 短母音：ai au ou eui ei 🔊-10

ai ：短母音「a」が主音で、「i」は軽く発音します。
au ：短母音「a」が主音で、「u」は軽く発音します。
ou ：短母音「o」が主音で、「u」は軽く発音します。
eui ：短母音「eu」が主音で、「i」は軽く発音します。
ei ：短母音「e」が主音で、「i」は軽く発音します。

練習2 子音と組み合わせ、声調をつけて練習しましょう。

(1) 梯 tai¹　體 tai²　替 tai³　題 tai⁴　娣 tai⁵　第 dai⁶

(2) 鳩 gau¹　久 gau²　究 gau³　留 lau⁴　柳 lau⁵　漏 lau⁶

(3) 煲 bou¹　保 bou²　報 bou³　毛 mou⁴　母 mou⁵　霧 mou⁶

(4) 需 seui¹　水 seui²　稅 seui³　垂 seui⁴　髓 seui⁵　穗 seui⁶

(5) 碑 bei¹　比 bei²　臂 bei³　皮 pei⁴　被 pei⁵　鼻 bei⁶

第四課

鼻音母音

1. 長母音： aam aan aang uun oon ong
eung eng iim iin yun

- **aam ：** 単母音の「aa」の後に両唇を閉じて、息を鼻腔から出して発音します。
- **aan ：** 単母音の「aa」の後に舌先を上の歯茎の裏側につけて、息を鼻腔から出して発音します。
- **aang：** 単母音の「aa」の後に舌根を軟口蓋に近づけて、息を鼻腔から出して発音します。
- **uun ：** 単母音の「uu」の後に舌先を上の歯茎の裏側につけて、息を鼻腔から出して発音します。
- **oon ：** 単母音の「oo」の後に舌先を上の歯茎の裏側につけて、息を鼻腔から出して発音します。
- **ong ：** 単母音の「oo」を短音化して舌根を軟口蓋に近づけて、息を鼻腔から出して発音します。
- **eung：** 単母音の「eu」の後に舌根を軟口蓋に近づけて、息を鼻腔から出して発音します。
- **eng ：** 単母音の「ee」の後に舌根を軟口蓋に近づけて、息を鼻腔から出して発音します。
- **iim ：** 単母音の「ii」の後に両唇を閉じて、息を鼻腔から出して発音します。
- **iin ：** 単母音の「ii」の後に舌先を上の歯茎の裏側につけて、息を鼻腔から出して発音します。
- **yun ：** 単母音の「yu」の後に舌先を上の歯茎の裏側につけて、息を鼻腔から出して発音します。

日本人には「m」と「n」を正確に発音できない人が多いようです。「m」の場合、例えば、林 lam[4]の発音を［lamu］と発音してしまいます。この場合、「la」を発声した後、両唇を閉じて息を鼻腔から送れば、自然に「m」の発音になります。「n」の場合は、例えば、晩 maan[5]の発音は、「maa」を発声した後、舌先を上の歯茎の裏側につけます。そうすれば、自然に「n」の発音になります。

練習1 子音と組み合わせ、声調をつけて練習しましょう。

(1) 眈 daam[1]　膽 daam[2]　擔 daam[3]　談 taam[4]　淡 taam[5]　啖 daam[6]

(2) 返 faan[1]　反 faan[2]　販 faan[3]　繁 faan[4]　－　飯 faan[6]

(3) 生 saang[1]　省 saang[2]　－　盲 maang[4]　猛 maang[5]　孟 maang[6]

(4) 搬 buun[1]　本 buun[2]　半 buun[3]　門 muun[4]　滿 muun[5]　悶 muun[6]

(5) 看 hoon[1]　刊 hoon[2]　漢 hoon[3]　寒 hoon[4]　旱 hoon[5]　汗 hoon[6]

(6) 當 dong[1]　黨 dong[2]　檔 dong[3]　郎 long[4]　朗 long[5]　浪 long[6]

(7) 商 seung[1]　想 seung[2]　相 seung[3]　常 seung[4]　上 seung[5]　尚 seung[6]

(8) 驚 geng[1]　頸 geng[2]　鏡 geng[3]　靈 leng[4]　領 leng[5]　－

第四課

(9) 謙 險 欠 廉 臉 斂
　　 hiim1　hiim2　hiim3　liim4　liim5　liim6

(10) 先 癬 綫 澶 鱔 善
　　 siin1　siin2　siin3　siin4　siin5　siin6

(11) 淵 丸 怨 緣 遠 願
　　 yun1　yun2　yun3　yun4　yun5　yun6

2. 短母音：am an ang ung ing eun 🔊-12

am：短母音の「a」の後に、すぐに両唇を閉じて、息を鼻腔から出して発音します。

an：短母音の「a」の後に、すぐ舌を上の歯茎の裏側につけて、息を鼻腔から出して発音します。

ang：短母音の「a」の後に、すぐ舌根を軟口蓋に近づけて、息を鼻腔から出して発音します。

ung：単母音の「uu」を短音化して舌根を軟口蓋に近づけて、息を鼻腔から出して発音します。

ing：単母音の「ii」を短音化して舌根を軟口蓋に近づけて、息を鼻腔から出して発音します。

eun：単母音の「eu」の後に、舌を上の歯茎の裏側につけて、息を鼻腔から出して発音します。

練習2 子音と組み合わせ、声調をつけて練習しましょう。

(1) 音 飲 蔭 妊 恁 任
　　 yam1　yam2　yam3　yam4　yam5　yam6

(2) 分 粉 訓 墳 奮 份
　　 fan1　fan2　fan3　fan4　fan5　fan6

(3)	登 dang¹	等 dang²	櫈 dang³	衡 hang⁴	悻 hang⁵	幸 hang⁶
(4)	東 dung¹	董 dung²	凍 dung³	龍 lung⁴	壟 lung⁵	弄 lung⁶
(5)	京 ging¹	景 ging²	敬 ging³	零 ling⁴	領 ling⁵	另 ling⁶
(6)	樽 jeun¹	準 jeun²	進 jeun³	倫 leun⁴	卵 leun⁵	論 leun⁶

第五課

入声母音

　入声（ニッショウ）は広東語の特徴の一つで、日本語の促音と似ています。発音する時に母音の部分を発声した後、次に母音の後についている入声韻尾「p、t、k」を発音するための口型をしますが、発声はしません。すなわち、「八」は「baat⁸」ですが、「パート」ではなく、「パーッ」と発音します。「t」は「t」と発音する口型だけで、その後は息を止めて発声しません。同様に「百」は「baak⁸」ですが、「パーッ」と発音し、後の「k」は「ク」の口型で止めます。例えば、「（日本）nippon」を発音するとしますと、「nip」だけを発声して途中息を止めて「p」の口型をしますが、「pon」は発声しないような感じです。この入声は日本人には区別しにくいですが、広東語圏の人々は厳密に聞きわけているので、発音練習はとても重要です。

1. 長母音： aap　aat　aak　oot　ook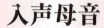
　　　　　　 uut　iip　iit　yut　euk　eek

aap	：単母音の「aa」を発声した後、「p」の口の形はしますが、破裂させません。
aat	：単母音の「aa」を発声した後、「t」の口の形はしますが、破裂させません。
aak	：単母音の「aa」を発声した後、「k」の口の形はしますが、破裂させません。

- **oot**：単母音の「oo」を発声した後、「t」の口の形はしますが、破裂させません。
- **ook**：単母音の「oo」を発声した後、「k」の口の形はしますが、破裂させません。
- **uut**：単母音の「uu」を発声した後、「t」の口の形はしますが、破裂させません。
- **iip**：単母音の「ii」を発声した後、「p」の口の形はしますが、破裂させません。
- **iit**：単母音の「ii」を発声した後、「t」の口の形はしますが、破裂させません。
- **yut**：単母音の「yu」を発声した後、「t」の口の形はしますが、破裂させません。
- **euk**：単母音の「eu」を発声した後、「k」の口の形はしますが、破裂させません。
- **eek**：単母音の「ee」を発声した後、「k」の口の形はしますが、破裂させません。

練習1 子音と組み合わせ、声調をつけて練習しましょう。

（注：入声の声調は第七声、第八声、第九声のみです。）

(1) － 答 daap8 踏 daap9 呷 haap8 峽 haap9 －

(2) 八 baat8 察 chaat8 發 faat8 達 daat9 辣 laat9 滑 waat9

(3) 百 baak8 白 baak9 責 jaak8 宅 jaak9 策 chaak8 賊 chaak9

(4) － 割 goot8 喝 hoot8 － － －

(5) 撲 pook8　托 took8　國 gwook8　度 dook9　落 look9　樂 ngook9

(6) 潑 puut8　闊 fuut8　括 kwuut8　勃 buut9　末 muut9　活 wuut9

(7) 貼 tiip7　帖 tiip8　蝶 diip9　噏 giip7　劫 giip8　挾 giip9

(8) 鐵 tiit8　結 giit8　節 jiit8　傑 giit9　截 jiit9　熱 yiit9

(9) 脫 tyut8　決 kyut8　血 hyut8　奪 dyut9　絕 jyut9　月 yut9

(10) 腳 geuk8　雀 jeuk8　約 yeuk8　略 leuk9　着 jeuk9　藥 yeuk9

(11) 叻 leek7　踢 teek8　劇 keek9　啫 jeek7　隻 jeek8　蓆 jeek9

2. 短母音：ap at ak uk ik eut 🔊-14

ap： 長母音の「aap」を短く発音します。

at： 長母音の「aat」を短く発音します。

ak： 長母音の「aak」を短く発音します。

uk： 「u」の後ろに入声韻尾「k」をつけて発音します。

ik： 「i」の後ろに入声韻尾「k」をつけて発音します。

eut： 単母音「eu」の後ろに入声韻尾「t」をつけて発音します。

練習2 子音と組み合わせ、声調をつけて練習しましょう。

(1) 急 gap⁷　鴿 gap⁸　及 kap⁹　粒 lap⁷　—　立 lap⁹

(2) 不 bat⁷　拔 bat⁹　乜 mat⁷　物 mat⁹　骨 gwat⁷　掘 gwat⁹

(3) 北 bak⁷　德 dak⁷　則 jak⁷　墨 mak⁹　特 dak⁹　肋 lak⁹

(4) 福 fuk⁷　服 fuk⁹　督 duk⁷　讀 duk⁹　谷 guk⁷　局 guk⁹

(5) 職 jik⁷　脊 jik⁸　直 jik⁹　色 sik⁷　錫 sik⁸　食 sik⁹

(6) 卒 jeut⁷　出 cheut⁷　恤 seut⁷　律 leut⁹　術 seut⁹　—

第五課

第六課

長音と短音の対照練習

　ここでは、ローマ字による発音記号を用い、文字を重ね並べて長音を表し、見た瞬間すぐに発音をイメージできるようにしています。発音に際しては、長音であることに留意するとともに、アクセントにも注意して、長音と短音との違いを、音声を繰り返し聞いて練習してください。

例 🔊-15

（1）　呔 taai1　　梯 tai1　　拐 gwaai2　　鬼 gwai2

（2）　靠 kaau3　　構 kau3　　矛 maau4　　謀 mau4

（3）　覽 laam5　　凜 lam5　　站 jaam6　　朕 jam6

（4）　班 baan1　　奔 ban1　　産 chaan2　　診 chan2

（5）　掙 jaang3　　贈 jang3　　棚 paang4　　朋 pang4

（6）　峽 haap9　　合 hap9　　甲 gaap8　　鴿 gap8

（7）　八 baat8　　筆 bat7　　達 daat9　　突 dat9

（8）　克 haak7　　刻 hak7　　肋 laak9　　勒 lak9

第七課

有気音と無気音の対照練習

　広東語の重要な発音の一つに有気音と無気音があります。同じ母音と同じ声調でも有気か無気かで、全く意味の違う言葉となってしまいます。日本人は特に気付かずに発音していますが、音声をよく聞いて練習してください。

　無気音系列：b d g gw j

　有気音系列：p t k kw ch

例 🔊-16

(1) 霸 baa3　　怕 paa3　　拜 baai3　　派 paai3

(2) 低 dai1　　梯 tai1　　帶 daai3　　態 taai3

(3) 家 gaa1　　卡 kaa1　　計 gai3　　契 kai3

(4) 瓜 gwaa1　　夸 kwaa1　　歸 gwai1　　規 kwai1

(5) 渣 jaa1　　差 chaa1　　劑 jai1　　妻 chai1

第二部

第一課

我 係 日 本 人。
ngoo⁵　hai⁶　yat⁹　buun²　yan⁴

（私は日本人です。）

一、会話　🔊-17

1. A：我　　係　　日　　本　　人，　你　　呢？
　　　　ngoo⁵　hai⁶　yat⁹　buun²　yan⁴,　nei⁵　nee¹?

　　B：我　　唔　　係　　日　　本　　人，　我　　係　　香
　　　　ngoo⁵　m⁴　hai⁶　yat⁹　buun²　yan⁴,　ngoo⁵　hai⁶　heung¹
　　　港　人。
　　　gong²　yan⁴.

2. A：李　　先　　生　　係　　唔　係　廣　　州　人
　　　　lei⁵　siin¹　saang¹　hai⁶　m⁴　hai⁶　gwong²　jau¹　yan⁴
　　　呀？
　　　aa³?

　　B：係，　李　　先　　生　　係　廣　　州　人。
　　　　hai⁶,　lei⁵　siin¹　saang¹　hai⁶　gwong²　jau¹　yan⁴.

3. A：佢　　係　　唔　係　中　　國　　人　呀？
　　　　keui⁵　hai⁶　m⁴　hai⁶　jung¹　gwook⁸　yan⁴　aa³?

　　B：唔　係，　佢　　唔　係　中　　國　　人，　佢
　　　　m⁴　hai⁶,　keui⁵　m⁴　hai⁶　jung¹　gwook⁸　yan⁴,　keui⁵
　　　係　星　　加　坡　人。
　　　hai⁶　sing¹　gaa³　boo¹　yan⁴.

4. A：山　　田　　小　　姐　係　邊　　度　人　呀？
　　　　saan¹　tiin⁴　siiu²　jee²　hai⁶　biin¹　dou⁶　yan⁴　aa³?

　　B：佢　　係　大　　阪　　人。
　　　　keui⁵　hai⁶　daai⁶　baan²　yan⁴.

5. A: 田 中 小 姐 係 唔 係 都 係
      tiin4 jung1 siu2 jee2 hai6 m4 hai6 dou1 hai6
      大 阪 人 呀?
      daai6 baan2 yan4 aa3 ?

   B: 係, 佢 都 係 大 阪 人。
      hai6, keui5 dou1 hai6 daai6 baan2 yan4.

6. A: 你 哋 係 邊 國 人 呀?
      nei5 dei6 hai6 biin1 gwook8 yan4 aa3 ?

   B: 我 哋 係 英 國 人。
      ngoo5 dei6 hai6 ying1 gwook8 yan4.

7. A: 佢 哋 係 唔 係 都 係 英 國
      keui5 dei6 hai6 m4 hai6 dou1 hai6 ying1 gwook8
      人 呀?
      yan4 aa3 ?

   B: 唔 係, 佢 哋 係 美 國 人。
      m4 hai6, keui5 dei6 hai6 mei5 gwook8 yan4.

第一課

二、単語と表現 🔊-18

1. 我　　ngoo⁵　　（代）私

2. 係　　hai⁶　　（動）①〜は…です
②（文頭に置く場合）はい（英語の「Yes」）

3. 日本人　　yat⁹ buun² yan⁴　　（名）日本人

4. 你　　nei⁵　　（代）あなた

5. 呢　　nee¹　　（語）〜は？（疑問を表す語気詞）

6. 唔　　m⁴　　（副）否定を表す副詞。動詞や形容詞の前に置く。

7. 唔係　　m⁴ hai⁶　　（動）①〜は…ではありません
②（文頭に置く場合）いいえ（英語の「No」）

8. 香港人　　heung¹ gong² yan⁴　　（名）香港人

9. 李先生　　lei⁵ siin¹ saang¹　　（名）李さん，李先生

10. 先生　　siin¹ saang¹　　（名）①〜さん（男性に対する敬称。英語の「Mr」）
②（学校の）先生
③夫
④（男性に対する呼びかけ）

11. 係唔係　　hai⁶ m⁴ hai⁶　　（動）〜は…ですか？

12. 廣州人　　gwong² jau¹ yan⁴　　（名）広州の人

13. 呀　　aa³　　（語）〜か？（疑問を表す語気詞。文末に置く）

14.	佢	keui⁵	（代）	彼，彼女
15.	中國人	jung¹ gwook⁸ yan⁴	（名）	中国人
16.	星加坡人	sing¹ gaa³ boo¹ yan⁴	（名）	シンガポール人
17.	山田	saan¹ tiin⁴	（名）	山田
18.	小姐	siu² jee²	（名）	～さん（若い女性、未婚の女性に対する敬称。英語の「Miss」）
19.	邊度人	biin¹ dou⁶ yan⁴	（疑）	どこの人
20.	大阪人	daai⁶ baan² yan⁴	（名）	大阪の人
21.	田中	tiin⁴ jung¹	（名）	田中
22.	都係	dou¹ hai⁶	（動）	①～も…です ②（みんな）すべてです ③（文末に置く場合）～もそうです
23.	你哋	nei⁵ dei⁶	（代）	あなたたち
24.	邊國人	biin¹ gwook⁸ yan⁴	（疑）	どこの国の人
25.	我哋	ngoo⁵ dei⁶	（代）	私たち
26.	英國人	ying¹ gwook⁸ yan⁴	（名）	イギリス人
27.	佢哋	keui⁵ dei⁶	（代）	彼ら，彼女たち
28.	美國人	mei⁵ gwook⁸ yan⁴	（名）	アメリカ人

三、訳

1. A： 私は日本人です。あなたは？
   B： 私は日本人ではありません。私は香港人です。

2. A： 李さんは広州の人ですか？
   B： はい、李さんは広州の人です。

3. A： 彼は中国人ですか？
   B： いいえ、彼は中国人ではありません。彼はシンガポール人です。

4. A： 山田さんはどこの人ですか？
   B： 彼女は大阪の人です。

5. A： 田中さんも大阪の人ですか？
   B： はい、彼女も大阪の人です。

6. A： あなたたちはどこの国の人ですか？
   B： 私たちはイギリス人です。

7. A： 彼らもイギリス人ですか？
   B： いいえ、彼らはアメリカ人です。

四、補充単語 🔊-19

1. 国名 ＋ 人（〜人）／地方名 ＋ 人（〜の人）

法國人	faat8 gwook8 yan4	フランス人
澳洲人	ou3 jau1 yan4	オーストラリア人
德國人	dak7 gwook8 yan4	ドイツ人
意大利人	yii3 daai6 lei6 yan4	イタリア人
加拿大人	gaa1 naa4 daai6 yan4	カナダ人
韓國人	hoon4 gwook8 yan4	韓国人
泰國人	taai3 gwook8 yan4	タイ人
北海道人	bak7 hooi2 dou6 yan4	北海道の人
九州人	gau2 jau1 yan4	九州の人

2. 日常よく使うあいさつ言葉 🔊-20

早晨	jou2 san4	おはようございます
你好	nei5 hou2	こんにちは
早抖	jou2 tau2	おやすみなさい
晚安	maan5 ngoon1	おやすみなさい（ていねいな言い方）

唔該	m⁴ gooi¹	①（呼びかけ）すみません ②（人に何かをしてもらって）ありがとう
多謝	doo¹ jee⁶	（物をもらったりした時）ありがとう
唔使客氣	m⁴ sai² haak⁸ hei³	どういたしまして
好耐冇見	hou² nooi⁶ mou⁵ giin³	お久しぶりです
對唔住	deui³ m⁴ jyu⁶	すみません，ごめんなさい
辛苦晒	san¹ fuu² saai³	ご苦労さま
再見	jooi³ giin³	さようなら，又会いましょう
拜拜	baai¹ baai³	さようなら

五、構文 🔊-21

1. **肯定文** 主語 ＋ 動詞 ＋ 目的語

    A 係 B　A は B です。

    我 <u>係</u> 日 本 人。
    ngoo⁵　hai⁶　yat⁹　buun²　yan⁴．

    （私は日本人です。）

2. **否定文** 主語 ＋ 唔 ＋ 動詞 ＋ 目的語

    A 唔係 B　A は B ではありません。

    佢 <u>唔</u> <u>係</u> 東 京 人。
    keui⁵　m⁴　hai⁶　dung¹　ging¹　yan⁴．

    （彼は東京の人ではありません。）

3. **単純疑問文** 主語 ＋ 動詞 ＋ 唔 ＋ 動詞 ＋ 目的語 ＋ 呀？

    A 係唔係 B 呀？　A は B ですか？

    你 <u>係</u> <u>唔</u> <u>係</u> 田 中 先 生 <u>呀</u>？
    nei⁵　hai⁶　m⁴　hai⁶　tiin⁴　jung¹　siin¹　saang¹　aa³？

    （あなたは田中さんですか？）

4. 人称代名詞 ＋ 哋〜たち 🔊-22

	単　　数	複　　数
第一人称	我（私） ngoo⁵	我　哋（私たち） ngoo⁵ dei⁶
第二人称	你（あなた） nei⁵	你　哋（あなたたち） nei⁵ dei⁶
第三人称	佢（彼，彼女） keui⁵	佢　哋（彼ら，彼女たち） keui⁵ dei⁶

◇注：広東語の"哋"は人称代名詞の後しか使いません。

例：我　哋　都　係　留　學　生。
　　ngoo⁵ dei⁶ dou¹ hai⁶ lau⁴ hook⁹ saang¹.

（私たちはみんな留学生です。）

5. 都係 🔊-23

（1）〜も…です。

a. 肯定文　主語＋都係＋目的語　〜も…です。

　　陳　先　生　都　係　香　港　人。
　　chan⁴ siin¹ saang¹ dou¹ hai⁶ heung¹ gong² yan⁴.

（陳さんも香港人です。）

b. 否定文　主語＋都唔係＋目的語　〜も…ではありません。

　　山　本　先　生　都　唔　係　東　京　人。
　　saan¹ buun² siin¹ saang¹ dou¹ m⁴ hai⁶ dung¹ ging¹ yan⁴.

（山本さんも東京の人ではありません。）

c. 疑問文　主語＋係唔係＋都係＋目的語　〜も…ですか？

你 係 唔 係 都 係 中 國 人 呀？
nei5　hai6　m4　hai6　dou1　hai6　jung1　gwook8　yan4　aa3 ?

（あなたも中国人ですか？）

（２）（みんな）すべて〜です。

a. 肯定文　主語（複数形）＋都係＋目的語　（みんな）すべて〜です。

佢 哋 都 係 星 加 坡 人。
keui5　dei6　dou1　hai6　sing1　gaa3　boo1　yan4.

（彼らはみんなシンガポール人です。）

b. 否定文　主語（複数形）＋都唔係＋目的語
　　　　　　　　　　　　　（みんな）すべて〜ではありません。

佢 哋 都 唔 係 護 士。
keui5　dei6　dou1　m4　hai6　wuu6　sii6.

（彼女たちはみんな看護師ではありません。）

（３）〜そうです。（文末に置く）

a. 肯定文

林 小 姐 係 留 學 生， 我 都 係。
lam4　siiu2　jee2　hai6　lau4　hook9　saang1,　ngoo5　dou1　hai6.

（林さんは留学生です。私もそうです。）

b. 否定文

山田小姐唔係京都人，
saan¹ tiin⁴ siiu² jee² m⁴ hai⁶ ging¹ dou¹ yan⁴,

我都唔係。
ngoo⁵ dou¹ m⁴ hai⁶.

（山田さんは京都の人ではありません。私も違います。）

六、練習問題

A. 話す練習

a. 置き換え練習

1. 我係<u>日本人</u>。
    中國人
    英國人
    美國人
    香港人

    （私は日本人です。）

2. 佢唔係<u>東京人</u>。
    大阪人
    廣州人
    北京人　（bak7　ging1　yan4）
    上海人　（seung6　hooi2　yan4）

    （彼は東京の人ではありません。）

3. 你係唔係<u>田中先生</u>呀？
    山田小姐
    李先生
    學生　　（hook9　saang1　学生）
    醫生　　（yii1　sang1　医者）

    （あなたは田中さんですか？）

4. 佢哋係唔係都係留學生呀？
    護士（wuu⁶ sii⁶）
    香港人
    北海道人
    廣州人

(彼らはみんな留学生ですか？)

b．次の文を疑問文に直しなさい。

1. 佢係加拿大人。
2. 山本先生係北海道人。
3. 佢哋係留學生。
4. 我係護士。
5. 鈴木（ling⁴ muk⁹）先生係醫生。

c．次の例に基づいて、質問に答えなさい。

例： 你係唔係日本人呀？　　　　　　（香港人）

　　⇒唔係，我唔係日本人，我係香港人。

1. 陳（chan⁴）小姐係唔係上海人呀？　（廣東人）
2. 佢係唔係九州人呀？　　　　　　　（大阪人）
3. 你哋係唔係護士呀？　　　　　　　（學生）
4. 田中先生係唔係東京人呀？　　　　（京都人）
5. 黃（wong⁴）小姐係唔係上海人呀？（廣州人）

d． 次の文章をよく読んで、日本語に直しなさい。

田中小姐係大阪人，佢係護士。山田先生都係大阪人，佢係醫生。
李小姐係香港人，陳小姐係廣州人，佢哋都係留學生。

B． 書く練習

a．次の単語を漢字に直し、例文を作りなさい。

1. ngoo^5
2. yat^9 buun^2 yan^4
3. nei^5 dei^6
4. heung^1 gong^2 yan^4
5. keui^5 dei^6
6. dung^1 ging^1 yan^4

b．次の文を広東語に直しなさい。

1. 彼女も学生ですか？
2. あなたはどこの人ですか？
3. 彼らはみんな留学生です。
4. 彼女たちはみんな看護師ですか？
5. 広東人は中国人ですか？
6. 彼は九州の人ではなく、北海道の人です。
7. 鈴木さんは東京の人です。山田さんもそうです。
8. あなたたちはどこの国の人ですか？

第二課

請 問 貴 姓 呀？
ching² man⁶ gwai³ sing³ aa³ ?

（お名前は何とおっしゃいますか？）

一、会話 🔊-24

1. A： 小 姐, 請 問 貴 姓 呀？
   siiu² jee², ching² man⁶ gwai³ sing³ aa³ ?

   B： 我 姓 李, 英 文 名 叫 做 Lucy。
   ngoo⁵ sing³ lei⁵, ying¹ man⁴ meng² giiu³ jou⁶ Lucy.

   先 生, 你 貴 姓 呀？
   siin¹ saang¹, nei⁵ gwai³ sing³ aa³ ?

   A： 我 姓 高 井。 佢 係 我 太 太,
   ngoo⁵ sing³ gou¹ jeng². keui⁵ hai⁶ ngoo⁵ taai³ taai²,

   叫 紀 子。
   giiu³ gei² jii².

2. A： 你 哋 嘅 廣 東 話 先 生 叫
   nei⁵ dei⁶ gee³ gwong² dung¹ waa² siin¹ saang¹ giiu³

   乜 嘢 名 呀？
   mat⁷ yee⁵ meng² aa³ ?

   B： 佢 姓 葉, 英 文 名 叫 做
   keui⁵ sing³ yiip⁹, ying¹ man⁴ meng² giiu³ jou⁶

   David。
   David.

3. A： 你 姐 姐 係 唔 係 空 中 小 姐
   nei⁵ jee⁴ jee¹ hai⁶ m⁴ hai⁶ hung¹ jung¹ siiu² jee²

   呀？
   aa³ ?

   B： 係, 佢 係 日 航 嘅 空 中 小 姐。
   hai⁶, keui⁵ hai⁶ yat⁹ hong⁴ gee³ hung¹ jung¹ siiu² jee².

4. A: 李 先 生 嘅 仔 係 香 港 大
　　　lei⁵ siin¹ saang¹ gee³ jai² hai⁶ heung¹ gong² daai⁶
　　學 嘅 學 生 定 係 中 文 大
　　hook⁹ gee³ hook⁹ saang¹ ding⁶ hai⁶ jung¹ man⁴ daai⁶
　　學 嘅 學 生 呀？
　　hook⁹ gee³ hook⁹ saang¹ aa³？
　B: 佢 係 香 港 大 學 嘅 學 生。
　　　keui⁵ hai⁶ heung¹ gong² daai⁶ hook⁹ gee³ hook⁹ saang¹.

5. A: 佢 係 你 哥 哥 定 係 你 細
　　　keui⁵ hai⁶ nei⁵ goo⁴ goo¹ ding⁶ hai⁶ nei⁵ sai³
　　佬 呀？
　　lou² aa³？
　B: 佢 係 我 哥 哥。
　　　keui⁵ hai⁶ ngoo⁵ goo⁴ goo¹.

6. A: 你 啲 仔 女 係 唔 係 都 係
　　　nei⁵ dii¹ jai² neui² hai⁶ m⁴ hai⁶ dou¹ hai⁶
　　大 學 生 呀？
　　daai⁶ hook⁹ saang¹ aa³？
　B: 係， 個 仔 係 大 學 三 年 級
　　　hai⁶, goo³ jai² hai⁶ daai⁶ hook⁹ saam¹ niin⁴ kap⁷
　　嘅 學 生， 個 女 係 大 學 一
　　gee³ hook⁹ saang¹, goo³ neui² hai⁶ daai⁶ hook⁹ yat⁷
　　年 級 嘅 學 生。
　　niin⁴ kap⁷ gee³ hook⁹ saang¹.

7. A: 鈴 木 先 生， 你 啲 細 路 幾
　　　ling⁴ muk⁹ siin¹ saang¹, nei⁵ dii¹ sai³ lou⁶ gei²
　　多 歲 呀？
　　doo¹ seui³ aa³？
　B: 大 仔 今 年 九 歲， 細 仔 七
　　　daai⁶ jai² gam¹ niin⁴ gau² seui³, sai³ jai² chat⁷
　　歲。
　　seui³.

8. A: 請 問, 你 嘅 電 話 係 幾 多
ching² man⁶, nei⁵ gee³ diin⁶ waa² hai⁶ gei² doo¹
號 呀?
hou⁶ aa³

B: 我 嘅 電 話 係 3 6 6 1
ngoo⁵ gee³ diin⁶ waa² hai⁶ saam¹ luk⁹ luk⁹ yat⁷
6 6 6 3。
luk⁹ luk⁹ luk⁹ saam¹

二、単語と表現 🔊-25

1.	請問	ching² man⁶	（応）	（人にものを尋ねる時）ちょっとお伺いしたいのですが，お尋ねします
2.	貴姓	gwai³ sing³	（応）	（相手の名前を尋ねる時）お名前は？
3.	姓	sing³	（名）	姓
4.	英文名	ying¹ man⁴ meng²	（名）	英語名
5.	叫做	giiu³ jou⁶	（動）	（名は）～といいます（「叫」だけでも使える）
6.	高井	gou¹ jeng²	（名）	高井
7.	太太	taai³ taai²	（名）	①～夫人（結婚している女性に使う敬称。英語の「Mrs」）②妻
8.	紀子	gei² jii²	（名）	紀子
9.	嘅	gee³	（助）	～の（後ろにくるものが単数の時）
10.	廣東話	gwong² dung¹ waa²	（名）	広東語
11.	乜嘢	mat⁷ yee⁵	（疑）	何，どんな
12.	乜嘢名	mat⁷ yee⁵ meng²	（疑）	何という名前？
13.	葉	yiip⁹	（名）	葉
14.	姐姐	jee⁴ jee¹	（名）	姉（家姐 gaa¹ jee¹ ともいう）

15.	空中小姐	hung¹ jung¹ siiu² jee²	（名）	スチュワーデス
16.	日航	yat⁹ hong⁴	（名）	日本航空
17.	仔	jai²	（名）	息子
18.	香港大學	heung¹ gong² daai⁶ hook⁹	（名）	香港大学
19.	學生	hook⁹ saang¹	（名）	学生
20.	定係	ding⁶ hai⁶	（接）	それとも～，あるいは～です（選択疑問文で使う）
21.	中文大學	jung¹ man⁴ daai⁶ hook⁹	（名）	中文大学
22.	哥哥	goo⁴ goo¹	（名）	兄（大佬 daai⁶ lou² ともいう）
23.	細佬	sai³ lou²	（名）	弟（弟弟 dai⁴ dai² ともいう）
24.	啲	dii¹	（助）	～の（後にくるものが複数の時）
25.	仔女	jai² neui²	（名）	子供たち
26.	大學生	daai⁶ hook⁹ saang¹	（名）	大学生
27.	個	goo³	（指）	①この，その（英語の「the」）②数量詞（個数を表す）
28.	三年級	saam¹ niin⁴ kap⁷	（名）	三年生
29.	女	neui²	（名）	娘
30.	一年級	yat⁷ niin⁴ kap⁷	（名）	一年生

31.	鈴木	ling⁴ muk⁹	（名）	鈴木
32.	細路	sai³ lou⁶	（名）	子供
33.	幾多歲	gei² doo¹ seui³	（疑）	いくつ，何歲
34.	歲	seui³	（名）	歲
35.	大仔	daai⁶ jai²	（名）	長男
36.	今年	gam¹ niin⁴	（名）	今年
37.	細仔	sai³ jai²	（名）	末っ子（男の子）
38.	電話	diin⁶ waa²	（名）	電話
39.	號	hou⁶	（名）	番号，番

第二課

三、訳

1. A： お嬢さん、ちょっとお伺いしたいのですが、お名前は何とおっしゃいますか？
   B： 私は李と申します、英語名はLucyといいます。あなたのお名前は？
   A： 私は高井と申します。彼女は私の妻で、紀子といいます。

2. A： あなたたちの広東語の先生のお名前は何といいますか？
   B： 先生の姓は葉で、英語名はDavidといいます。

3. A： お姉さんはスチュワーデスですか？
   B： はい、姉は日本航空のスチュワーデスです。

4. A： 李さんの息子さんは香港大学の学生ですか、それとも中文大学の学生ですか？
   B： 彼は香港大学の学生です。

5. A： 彼はあなたのお兄さんですか、それとも弟さんですか？
   B： 彼は私の兄です。

6. A： お子さんたちはみんな大学生ですか？
   B： はい、息子は大学三年生で、娘は大学一年生です。

7. A： 鈴木さん、お子さんたちは何歳ですか？
   B： 長男は今年九歳で、下の子は七歳です。

8. A： すみません、あなたの電話番号は何番ですか？
   B： 私の電話番号は3661-6663です。

四、補充単語 🔊-26

1.「家族の呼び方」

爸爸	baa4 baa1	お父さん
老豆	lou5 dau6	お父さん（自分の父親に対して親しみを込めて）
爹哋	dee1 dii4	お父さん（外来語）
媽媽	maa4 maa1	お母さん
老母	lou5 mou2	お母さん（自分の母親に対して親しみを込めて）
媽咪	maa1 mii4	お母さん（外来語）
兄弟	hing1 dai6	兄弟
姉妹	jii2 muui2	姉妹
妹妹	muui4 muui2	妹
細妹	sai3 muui2	妹，末の妹
阿爺	aa3 yee4	おじいさん（父方）
阿嫲	aa3 maa4	おばあさん（父方）
外公	ngooi6 gung1	おじいさん（母方）
外婆	ngooi6 poo4	おばあさん（母方）
老公	lou5 gung1	夫

第二課

老婆　　　lou⁵ poo⁴　　　　妻

◇注：「老豆」「老母」は非常にくだけた言い方なので、あまり人の親に対しては言いません。

五、構文 🔊-27

1. 請問 ちょっとお伺いしたいのですが

a. <u>請 問</u> 你 係 邊 度 人 呀？
ching² man⁶ nei⁵ hai⁶ biin¹ dou⁶ yan⁴ aa³ ?

（ちょっとお伺いしたいのですが、あなたはどこの人ですか？）

b. <u>請 問</u> 你 貴 姓 呀？
ching² man⁶ nei⁵ gwai³ sing³ aa³ ?

（ちょっとお尋ねしたいのですが、お名前は何とおっしゃいますか？）

c. <u>請 問</u> 佢 哋 係 唔 係 日 本 人 呀？
ching² man⁶ keui⁵ dei⁶ hai⁶ m⁴ hai⁶ yat⁹ buun² yan⁴ aa³ ?

（ちょっとお伺いしたいのですが、彼らは日本人ですか？）

d. <u>請 問</u> 你 係 唔 係 山 田 小 姐 呀？
ching² man⁶ nei⁵ hai⁶ m⁴ hai⁶ saan¹ tiin⁴ siiu² jee² aa³ ?

（ちょっとお伺いしたいのですが、あなたは山田さんですか？）

2. 〜嘅 〜啲 〜の（所有、所属関係を表す。） 🔊-28

（１）〜嘅 （後ろにくるものが単数の時に用いる）

a. 我 哥 哥 <u>嘅</u> 女 朋 友 係 香
ngoo⁵ goo⁴ goo¹ gee³ neui⁵ pang⁴ yau⁵ hai⁶ heung¹

港 人。
gong² yan⁴.

（兄のガールフレンドは香港人です。）

b. 田 中 小 姐 係 我 家 姐 嘅
   tiin4 jung1 siu2 jee2 hai6 ngoo5 gaa1 jee1 gee3

   同 事。
   tung4 sii6

   （田中さんは姉の同僚です。）

◇注：［人称代名詞＋嘅＋名詞］の形をとる時、後に続く名詞が親族や所属機関である場合、又は既に熟語化している場合は、「嘅」は省略することができます。

　　我嘅太太　　　　⇒　　我太太

　　你嘅媽媽嘅同事　⇒　　你媽媽嘅同事

（２）～啲　（後ろにくるものが複数の時に用いる。）

a. 我 啲 兄 弟 姊 妹 都 係 大
   ngoo5 dii1 hing1 dai6 jii2 muui2 dou1 hai6 daai6

   學 生。
   hook9 saang1

   （わたしの兄弟はみんな大学生です。）

b. 佢 啲 同 學 係 唔 係 都 係
   keui5 dii1 tung4 hook9 hai6 m4 hai6 dou1 hai6

   中 國 人 呀？
   jung1 gwook8 yan4 aa3 ?

   （彼のクラスメートはみんな中国人ですか？）

3. 選択疑問文　A定係B　Aですか、それともBですか？ 🔊-29

a. 王　小　姐　係　醫　生　定　係　護　士
　　wong⁴ siu² jee² hai⁶ yii¹ sang¹ ding⁶ hai⁶ wuu⁶ sii⁶

　呀？
　aa³?

（王さんは医者ですか、それとも看護師ですか？）

b. 佢　係　你　家　姐　定　係　你　妹　妹
　　keui⁵ hai⁶ nei⁵ gaa¹ jee¹ ding⁶ hai⁶ nei⁵ muui⁴ muui²

　呀？
　aa³?

（彼女はお姉さんですか、それとも妹さんですか？）

4. 「0〜99」の数字 🔊-30

0	零	ling⁴		6	六	luk⁹
1	一	yat⁷		7	七	chat⁷
2	二	yii⁶		8	八	baat⁸
3	三	saam¹		9	九	gau²
4	四	sei³		10	十	sap⁹
5	五	ng⁵				

例：我嘅電話係：03-3661-6788

◇注：10以上の数の数え方については、広東語も日本語と同じように「十進法」
　　　で数を数えます。20以上99までの数字は2種類の言い方があります。

11	十一	sap⁹	yat⁷
12	十二	sap⁹	yii⁶

13	十三	sap⁹ saam¹		
14	十四	sap⁹ sei³		
15	十五	sap⁹ ng⁵		
16	十六	sap⁹ luk⁹		
17	十七	sap⁹ chat⁷		
18	十八	sap⁹ baat⁸		
19	十九	sap⁹ gau²		
20	二十	yii⁶ sap⁹	又は（廿	yaa⁶）
21	二十一	yii⁶ sap⁹ yat⁷	又は（廿一	yaa⁶ yat⁷）
22	二十二	yii⁶ sap⁹ yii⁶	又は（廿二	yaa⁶ yii⁶）
30	三十	saam¹ sap⁹	又は（卅呀	saa¹ aa⁶）
31	三十一	saam¹ sap⁹ yat⁷	又は（卅呀一	saa¹ aa⁶ yat⁷）
40	四十	sei³ sap⁹	又は（四呀	sei³ aa⁶）
41	四十一	sei³ sap⁹ yat⁷	又は（四呀一	sei³ aa⁶ yat⁷）
50	五十	ng⁵ sap⁹	又は（五呀	ng⁵ aa⁶）
60	六十	luk⁹ sap⁹	又は（六呀	luk⁹ aa⁶）
70	七十	chat⁷ sap⁹	又は（七呀	chat⁷ aa⁶）
80	八十	baat⁸ sap⁹	又は（八呀	baat⁸ aa⁶）
90	九十	gau² sap⁹	又は（九呀	gau² aa⁶）
99	九十九	gau² sap⁹ gau²	又は（九呀九	gau² aa⁶ gau²）

六、練習問題

A. 話す練習

a．置き換え練習

1. 佢係你<u>家姐</u>定係你<u>妹妹</u>呀？

   阿嫲   外婆
   哥哥   弟弟
   大仔   細仔

（彼女はお姉さんですか、それとも妹さんですか？）

2. 你啲<u>仔女</u>係唔係都係<u>大學生</u>呀？

   同學   日本人
   同事   廣東人
   兄弟姊妹 醫生

（あなたの子供たちはみんな大学生ですか？）

3. 李小姐係<u>廣東話嘅先生</u>定係

   中文大學嘅學生
   空中小姐

<u>北京話嘅先生</u>呀？

香港大學嘅學生
護士

（李さんは広東語の先生ですか、それとも北京語の先生ですか？）

b. 次の電話番号を読んでみましょう。

1. 104, 106, 177, 110, 119
2. 03-8833-3504
3. 03-6489-1111
4. 03-2632-7650
5. 001-852-891-2555
6. 001-86-1-512-5710
7. 自分の電話番号も言ってみましょう。

我嘅電話係：

c. 次の質問に答え、日本語に直しなさい。

1. 佢係林小姐定係陳小姐呀？　　　　　　　　（林小姐）

2. 你細佬係東京大學嘅學生定係九州大學嘅學生呀？　　　　　　　　（東京大學）

3. 山本太太係京都人定係大阪人呀？　　　　　　　　（京都人）

4. 你哋嘅廣東話先生係葉先生定係方（fong1）小姐呀？　　　　　　　　（葉先生）

d. 次の文章をよく読んで、日本語に直しなさい。

方小姐係木村（muk9 chyun1）先生嘅女朋友，係國泰（gwook8 taai3 キャセイ航空）嘅空中小姐。林小姐係佢嘅同事，佢哋都係香港人。方小姐嘅妹妹係林小姐嘅細佬嘅同學，佢哋都係大學三年級嘅學生。

B. 書く練習

a．次の単語を漢字に直しなさい。

1. ching² man⁶
2. gwai³ sing³
3. mat⁷ yee⁵ meng²
4. baa⁴ baa¹
5. daai⁶ lou²
6. siin¹ saang¹
7. taai³ taai²
8. gaa¹ jee¹

b．次の文を広東語に直しなさい。

1. お名前は何といいますか？
2. 高井さんのお嬢さんは今年何歳ですか？
3. 彼のお姉さんはスチュワーデスです、妹さんもそうです。
4. 彼らはみんな私の子供です。
5. 田中さんのお父さんは大学教授（教授　gaau³ sau⁶）です。
6. 彼女は私の妻で、香港人です。
7. 彼は鈴木さんですか、それとも山本さんですか？

第三課

我 鍾 意 香 港 電 影。
ngoo⁵ jung¹ yii³ heung¹ gong² diin⁶ ying²

（私は香港映画が好きです。）

一、会話 🔊 -31

1. A: 你 哋 鍾 唔 鍾 意 香 港 電 影
   nei⁵ dei⁶ jung¹ m⁴ jung¹ yii³ heung¹ gong² diin⁶ ying²
   呀？
   aa³ ?

   B: 鍾 意， 我 哋 都 好 鍾 意 香
   jung¹ yii³, ngoo⁵ dei⁶ dou¹ hou² jung¹ yii³ heung¹
   港 電 影。
   gong² diin⁶ ying²。

2. A: 佢 鍾 唔 鍾 意 唱 歌 呀？
   keui⁵ jung¹ m⁴ jung¹ yii³ cheung³ goo¹ aa³ ?

   B: 唔 鍾 意， 佢 唔 鍾 意 唱 歌，
   m⁴ jung¹ yii³, keui⁵ m⁴ jung¹ yii³ cheung³ goo¹,
   不 過 佢 好 鍾 意 跳 舞。
   bat⁷ gwoo³ keui⁵ hou² jung¹ yii³ tiiu³ mou⁵。

3. A: 山 本 先 生 鍾 意 中 國
   saan¹ buun² siin¹ saang¹ jung¹ yii³ jung¹ gwook⁸
   菜 定 係 泰 國 菜 呀？
   chooi³ ding⁶ hai⁶ taai³ gwook⁸ chooi³ aa³ ?

   B: 佢 鍾 意 中 國 菜。
   keui⁵ jung¹ yii³ jung¹ gwook⁸ chooi³。

4. A: 你 妹 妹 飲 唔 飲 咖 啡 呀？
   nei5 muui4 muui2 yam2 m4 yam2 gaa3 fee1 aa3 ?

   B: 唔 飲， 佢 唔 飲 咖 啡， 佢 飲
   m4 yam2, keui5 m4 yam2 gaa3 fee1, keui5 yam2

   茶。
   chaa4.

5. A: 林 小 姐 想 飲 啤 酒 定 係 可
   lam4 siiu2 jee2 seung2 yam2 bee1 jau2 ding6 hai6 hoo2

   樂 呀？
   look9 aa3 ?

   B: 佢 想 飲 可 樂， 佢 唔 鍾 意
   keui5 seung2 yam2 hoo2 look9, keui5 m4 jung1 yii3

   飲 啤 酒。
   yam2 bee1 jau2.

6. A: 你 哋 去 邊 度 呀？
   nei5 dei6 heui3 biin1 dou6 aa3 ?

   B: 我 哋 去 食 飯。
   ngoo5 dei6 heui3 sik9 faan6.

7. A: 你 想 食 乜 嘢 呀？
   nei5 seung2 sik9 mat7 yee5 aa3 ?

   B: 我 想 食 日 本 菜。
   ngoo5 seung2 sik9 yat9 buun2 chooi3.

8. A: 你 想 唔 想 去 香 港 呀？
   nei5 seung2 m4 seung2 heui3 heung1 gong2 aa3 ?

   B: 想， 我 好 想 去 香 港。
   seung2, ngoo5 hou2 seung2 heui3 heung1 gong2.

二、単語と表現 🔊-32

1. 鍾意 　　jung¹ yii³ 　　（動）好む，気に入る
2. 電影 　　diin⁶ ying² 　　（名）映画
3. 好 　　hou² 　　（副）とても，非常に
4. 唱歌 　　cheung³ goo¹ 　　（動）歌を歌う
5. 不過 　　bat⁷ gwoo³ 　　（接）しかし，けれども
6. 跳舞 　　tiiu³ mou⁵ 　　（動）踊る，ダンス
7. 菜 　　chooi³ 　　（名）料理，野菜
8. 中國菜 　　jung¹ gwook⁸ chooi³ 　　（名）中国料理
9. 泰國菜 　　taai³ gwook⁸ chooi³ 　　（名）タイ料理
10. 飲 　　yam² 　　（動）飲む
11. 咖啡 　　gaa³ fee¹ 　　（名）コーヒー
12. 茶 　　chaa⁴ 　　（名）お茶
13. 想 　　seung² 　　（助）（動詞の前に置いて）〜したい，したがる
14. 啤酒 　　bee¹ jau² 　　（名）ビール
15. 可樂 　　hoo² look⁹ 　　（名）コーラ
16. 去 　　heui³ 　　（動）行く

17. 邊度	biin[1] dou[6]	（疑）	どこ
18. 食	sik[9]	（動）	食べる
19. 飯	faan[6]	（名）	ご飯（"食飯"は［食事をする］という熟語）
20. 日本菜	yat[9] buun[2] chooi[3]	（名）	日本料理

三、訳

1. A： あなたたちは香港映画が好きですか？
   B： はい、私たちはみんな香港映画が大好きです。

2. A： 彼は歌を歌うのが好きですか？
   B： いいえ、彼は歌うのは好きではありません。でも、踊ることは大好きです。

3. A： 山本さんは中国料理が好きですか、それともタイ料理が好きですか？
   B： 彼は中国料理が好きです。

4. A： 妹さんはコーヒーを飲みますか？
   B： いいえ、妹はコーヒーを飲みません。お茶を飲みます。

5. A： 林さんはビールを飲みたがっていますか、それともコーラを飲みたがっていますか？
   B： 彼女はコーラを飲みたがっています。彼女はビールが好きではありません。

6. A： あなたたちはどこへ行きますか？
   B： 私たちは食事に行きます。

7. A： あなたは何を食べたいですか？
   B： 私は日本料理を食べたいです。

8. A： あなたは香港へ行きたいですか？
   B： はい、私は香港へとても行きたいです。

四、補充単語 🔊-33

1. よく使う動詞

嚟	lai⁴（lei⁴とも読む）	来る
入嚟	yap⁹ lai⁴	入ってくる
入去	yap⁹ heui³	入っていく
出嚟	cheut⁷ lai⁴	出てくる
出去	cheut⁷ heui³	出ていく
返	faan¹	帰る
返嚟	faan¹ lai⁴	帰ってくる
返去	faan¹ heui³	帰っていく
返學	faan¹ hook⁹	学校へ行く，通学する
返工	faan¹ gung¹	会社へ行く，通勤する
睇	tai²	（テレビ、映画などを）見る（新聞、雑誌などを）読む
聽	teng¹	聞く
講	gong²	言う，話す
寫	see²	書く
傾偈	king¹ gai²	話をする

第三課

起身	hei² san¹	起きる
瞓覺	fan³ gaau³	寝る
煮飯	jyu² faan⁶	食事を作る
買嘢	maai⁵ yee⁵	買物をする
行	haang⁴	歩く
搭	daap⁸	乗る
落	look⁹	(車を) 降りる (雨などが) 降る
學	hook⁹	学ぶ, 勉強する
教	gaau³	教える

五、構文

1.「主語 ＋ 動詞 ＋ 目的語」の疑問、肯定、否定文 🔊-34

(第一課の「構文」を参考)

a.　　　我　去　香　港。
　　　　ngoo5　heui3　heung1　gong2.

（私は香港へ行きます。）

単純疑問文：你　去　唔　去　香　港　呀？
　　　　　　nei5　heui3　m4　heui3　heung1　gong2　aa3？

（あなたは香港へ行きますか？）

肯定：去，　我　去　香　港。
　　　heui3,　ngoo5　heui3　heung1　gong2.

（はい、私は香港へ行きます。）

否定：唔　去，　我　唔　去　香　港。
　　　m4　heui3,　ngoo5　m4　heui3　heung1　gong2.

（いいえ、私は香港へ行きません。）

選択疑問文：你　去　香　港　定　係　上　海
　　　　　　nei5　heui3　heung1　gong2　ding6　hai6　seung6　hooi2
呀？
aa3？

（あなたは香港へ行きますか、それとも上海へ行きますか？）

疑問詞疑問文：你　去　邊　度　呀？
　　　　　　　nei5　heui3　biin1　dou6　aa3？

（あなたはどこへ行きますか？）

b. 佢 飲 啤 酒。
　　keui5　yam2　bee1　jau2.

（彼はビールを飲みます。）

単純疑問文：佢 飲 唔 飲 啤 酒 呀？
　　　　　　keui5　yam2　m4　yam2　bee1　jau2　aa3　?

（彼はビールを飲みますか？）

肯定：飲， 佢 飲 啤 酒。
　　　yam2,　keui5　yam2　bee1　jau2.

（はい、彼はビールを飲みます。）

否定：唔 飲， 佢 唔 飲 啤 酒。
　　　m4　yam2,　keui5　m4　yam2　bee1　jau2.

（いいえ、彼はビールを飲みません。）

疑問詞疑問文：佢 飲 乜 嘢 呀？
　　　　　　　keui5　yam2　mat7　yee5　aa3　?

（彼は何を飲みますか？）

2. **（1）鍾意 ＋ 名詞** 　〜が好きです。 🔊 **-35**

　　（2）鍾意 ＋ 動詞 　〜することが好きです。（連動動詞）

a. 我 鍾 意 廣 東 話。
　　ngoo5　jung1　yii3　gwong2　dung1　waa2.

（私は広東語が好きです。）

b. 田 中 小 姐 唔 鍾 意 飲 酒。
　　tiin4　jung1　siiu2　jee2　m4　jung1　yii3　yam2　jau2.

（田中さんはお酒を飲むのは好きではありません。）

c. 我　太　太　好　鍾　意　旅　行。
　　ngoo5　taai3　taai2　hou2　jung1　yii3　leui5　hang4.

（妻は旅行がとても好きです。）

◇注：「好」などの程度を表す副詞は動詞の前に置く。

d. 你　鍾　唔　鍾　意　睇　電　影　呀？
　　nei5　jung1　m4　jung1　yii3　tai2　diin6　ying2　aa3？

（あなたは映画を見ることが好きですか？）

◇注：2文字からなる動詞は最初の文字だけを重ねる。

e. 佢　哋　鍾　意　東　京　定　係　京
　　keui5　dei6　jung1　yii3　dung1　ging1　ding6　hai6　ging1
　　都　呀？
　　dou1　aa3？

（彼らは東京が好きですか、それとも京都が好きですか？）

3. 想 + 動詞　～したい。，～したがる。（願望を表す助動詞） 🔊-36

a. 我　想　返　香　港。
　　ngoo5　seung2　faan1　heung1　gong2.

（私は香港に帰りたいです。）

b. 佢　唔　想　去　美　國。
　　keui5　m4　seung2　heui3　mei5　gwook8.

（彼はアメリカへ行きたくありません。）

c. 你　想　唔　想　飲　啤　酒　呀？
　　nei5　seung2　m4　seung2　yam2　bee1　jau2　aa3？

（あなたはビールを飲みたいですか？）

d. 李 先 生 想 買 乜 嘢 呀？
   lei5 siin1 saang1 seung2 maai5 mat7 yee5 aa3 ?

   （李さんは何を買いたがっていますか？）

e. 你 哋 想 去 新 宿 定 係 銀
   nei5 dei6 seung2 heui3 san1 suk7 ding6 hai6 ngan4
   座 呀？
   joo6 aa3 ?

   （あなたたちは新宿へ行きたいですか、それとも銀座へ行きたいですか？）

4. 不過　～が，しかし（逆接を表す接続詞） 🔊-37

a. 佢 係 美 國 人， 不 過 佢
   keui5 hai6 mei5 gwook8 yan4, bat7 gwoo3 keui5
   太 太 係 中 國 人。
   taai3 taai2 hai6 jung1 gwook8 yan4.

   （彼はアメリカ人ですが、彼の奥さんは中国人です。）

b. 佢 係 英 國 人， 不 過 佢
   keui5 hai6 ying1 gwook8 yan4, bat7 gwoo3 keui5
   唔 鍾 意 英 國。
   m4 jung1 yii3 ying1 gwook8.

   （彼はイギリス人ですが、イギリスが好きではありません。）

c. 高 井 先 生 好 鍾 意 飲 啤
   gou1 jeng2 siin1 saang1 hou2 jung1 yii3 yam2 bee1
   酒， 不 過 佢 唔 鍾 意 飲
   jau2, bat7 gwoo3 keui5 m4 jung1 yii3 yam2
   威 士 忌。
   wai1 sii6 gei2.

（高井さんはビールは大好きですが、ウイスキーは好きではありません。）

d.　佢 係 日 本 人， 不 過 佢
　　keui5 hai6 yat9 buun2 yan4, bat7 gwoo3 keui5

　　唔 鍾 意 食 日 本 菜。
　　m4 jung1 yii3 sik9 yat9 buun2 chooi3.

（彼は日本人ですが、日本料理を食べるのは好きではありません。）

5. （1）乜嘢　　　（何）

（2）乜嘢 ＋ 名詞（何の，どんな）　🔊-38

a.　你 想 食 乜 嘢 呀？
　　nei5 seung2 sik9 mat7 yee5 aa3 ?

（あなたは何を食べたいですか？）

b.　佢 哋 想 飲 乜 嘢 酒 呀？
　　keui5 dei6 seung2 yam2 mat7 yee5 jau2 aa3 ?

（彼らはどんなお酒を飲みたがっていますか？）

c.　陳 小 姐 想 睇 乜 嘢 電 影
　　chan4 siiu2 jee2 seung2 tai2 mat7 yee5 diin6 ying2

呀？
aa3 ?

（陳さんは何の映画を見たいですか？）

d.　你 細 佬 想 學 乜 嘢 呀？
　　nei5 sai3 lou2 seung2 hook9 mat7 yee5 aa3 ?

（弟さんは何を勉強したいですか？）

六、練習問題

A. 話す練習

a. 置き換え練習

1. 佢好鍾意旅行。
    買嘢
    煮飯
    瞓覺

（彼女は旅行がとても好きです。）

2. 你想唔想學廣東話呀？
    睇電影
    返日本
    去香港

（あなたは広東語を勉強したいですか？）

3. 你鍾意飲乜嘢酒呀？
   聽 音樂
   睇 電影
   唱 歌

（あなたは何のお酒が好きですか？）

b．次の例に基づいて、質問に答えなさい。

例： 你睇唔睇英文（ying1 man4 英語（の））報紙（bou3 jii2 新聞）呀？（中文（jung1 man4 中国語（の））報紙）
⇒唔睇，我唔睇英文報紙，我睇中文報紙。

1. 你去唔去公園呀？　　　　　（圖書館　tou4　syu1　guun2 図書館）

2. 佢鍾唔鍾意日本電影呀？　　（香港電影）

3. 你哋食唔食法國菜呀？　　　（意大利菜）

4. 山本先生飲唔飲啤酒呀？　　（日本酒 yat9　buun2　jau2）

5. 佢哋唱唔唱歌呀？　　　　　（跳舞）

c．次の文をよく読んで、日本語に直しなさい。

山田小姐係日本大學三年級學生，佢好鍾意香港。佢都好鍾意飲中國茶，不過唔鍾意飲水仙茶（seui2 siin1 chaa4 水仙茶）。佢想去香港，想學廣東話。佢都想學北京話。

B. 書く練習

a．次の単語を漢字に直しなさい。

1. jung1 yii3
2. heung1 gong2 diin6 ying2
3. jung1 gwook8 chooi3
4. yam2 chaa4

5. biin¹ dou⁶ **6.** mat⁷ yee⁵

b．次の文を広東語に直しなさい。

1. 彼女は日本に帰りたがっています。

2. あなたは広東語を勉強したいですか？

3. 彼らはどこへ行きたがっていますか？

4. 私はコーラを飲みたいです。あなたは何を飲みたいですか？

5. 私たちも日本料理が好きです。

6. 山田さんは何のお酒を飲みたがっていますか？日本酒ですか、それとも紹興酒ですか？（紹興酒 siiu⁶ hing³ jau²）

7. 友達の奥さんは北京料理は好きではありませんが、広東料理は好きです。

8. 彼は会社に行きたくありません。

コラム

広東語と広州語

　中国語は、「北方語」、「呉語」、「湘語」、「粤語」、「客家語」、「福建語」などの語系から構成されていると言われていますが、それぞれの語系はさらにいくつかの方言から構成されています。そして、ここで言う「粤語」が、日本で『広東語』と言われる言語です。粤という字は、中国では広東省の略称です。

　また、広東省の中には、「広州語」、「客家語」、「潮州語」、「台山語」、「順徳語」、「中山語」などの方言があります。昔から広東省内の人々は、コミュニケーションをよくするために、省都である広州市の方言、広州語を共通の言葉として使っています。

　しかし、広州市に住んでいる人々の中には、地方から来た人もいますので、なまりのある広州語もあります。そこで、通常もっとも歴史があり、長期定住者の多い広州市の西関区域あたりの言葉が、標準広州語として研究されています。

　つまり、現在、広東省、香港、マカオ、東南アジア、およびアメリカに住む人々の話す『広東語』は、広州語を中心とする広東語であると理解していただいてよいと思います。

第四課

嗰 啲 係 乜 嘢 呀？
goo² dii¹ hai⁶ mat⁷ yee⁵ aa³ ?

（それらは何ですか？）

一、会話 🔊-39

1. A：嗰 啲 係 乜 嘢 呀？
      goo² dii¹ hai⁶ mat⁷ yee⁵ aa³ ?
   B：呢 啲 係 中 文 雜 誌。
      nii¹ dii¹ hai⁶ jung¹ man⁴ jaap⁹ jii³.

2. A：嗰 個 手 袋 係 唔 係 你 嘅 呀？
      goo² goo³ sau² dooi² hai⁶ m⁴ hai⁶ nei⁵ gee³ aa³ ?
   B：係, 呢 個 手 袋 係 我 嘅。
      hai⁶, nii¹ goo³ sau² dooi² hai⁶ ngoo⁵ gee³.

3. A：邊 本 書 係 你 㗎？ 呢 本 定
      biin¹ buun² syu¹ hai⁶ nei⁵ gaa³ ? nii¹ buun² ding⁶
      係 嗰 本 呀？
      hai⁶ goo² buun² aa³ ?
   B：嗰 本。
      goo² buun².

4. A：嗰 本 係 乜 嘢 辭 典 呀？
      goo² buun² hai⁶ mat⁷ yee⁵ chii⁴ diin² aa³ ?
   B：呢 本 係 廣 東 話 辭 典。
      nii¹ buun² hai⁶ gwong² dung¹ waa² chii⁴ diin².

5. A：邊 個 係 你 細 佬 呀？
      biin¹ goo³ hai⁶ nei⁵ sai³ lou² aa³ ?
   B：嗰 個 係 我 細 佬。
      goo² goo³ hai⁶ ngoo⁵ sai³ lou².

6. A: 邊 位 係 你 哋 嘅 先 生 呀？
　　　biin¹ wai² hai⁶ nei⁵ dei⁶ gee³ siin¹ saang¹ aa³ ?

　　B: 呢 位 係 我 哋 嘅 先 生。
　　　nii¹ wai² hai⁶ ngoo⁵ dei⁶ gee³ siin¹ saang¹.

7. A: 你 先 生 喺 邊 度 做 嘢 呀？
　　　nei⁵ siin¹ saang¹ hai² biin¹ dou⁶ jou⁶ yee⁵ aa³ ?

　　B: 我 先 生 喺 銀 行 做 事。
　　　ngoo⁵ siin¹ saang¹ hai² ngan⁴ hong⁴ jou⁶ sii⁶.

8. A: 你 喺 邊 度 住 呀？
　　　nei⁵ hai² biin¹ dou⁶ jyu⁶ aa³ ?

　　B: 我 喺 橫 濱 住。
　　　ngoo⁵ hai² waang⁴ ban¹ jyu⁶.

9. A: 田 中 小 姐 喺 邊 度 學 廣
　　　tiin⁴ jung¹ siiu² jee² hai² biin¹ dou⁶ hook⁹ gwong²
　　　東 話 呀？
　　　dung¹ waa² aa³ ?

　　B: 佢 喺 廣 東 話 文 化 中 心
　　　keui⁵ hai² gwong² dung¹ waa² man⁴ faa³ jung¹ sam¹
　　　學。
　　　hook⁹.

10. A: 陳 小 姐 喺 邊 度 嚟 呀？
　　　chan⁴ siiu² jee² hai² biin¹ dou⁶ lai⁴ aa³ ?

　　B: 佢 喺 香 港 嚟。
　　　keui⁵ hai² heung¹ gong² lai⁴.

第四課

二、単語と表現 🔊-40

1. 嗰啲　　goo² dii¹　　（代）それら（の），あれら（の）

2. 呢啲　　nii¹ dii¹　　（代）これら（の）

3. 雜誌　　jaap⁹ jii³　　（名）雑誌

4. 嗰個　　goo² goo³　　（代）それ，あれ，その，あの

5. 手袋　　sau² dooi²　　（名）かばん

6. 呢個　　nii¹ goo³　　（代）これ，この

7. 本　　buun²　　（量）〜冊（雑誌、本などの数量詞）

8. 書　　syu¹　　（名）本

9. 㗎　　gaa³　　（助）〜のか（＝嘅呀が音変化）（確認などの疑問助詞）

10. 辭典　　chii⁴ diin²　　（名）辞書，辞典

11. 邊個　　biin¹ goo³　　（疑）だれ，どの，どちらの

12. 邊位　　biin¹ wai²　　（疑）どなた（丁寧な聞き方）

13. 位　　wai²　　（量）〜人（人を数える数量詞。丁寧な言い方）

14. 喺　　hai²　　（動）〜にいる，〜にある
　　　　　　　　　　（介）〜に，〜で，〜から

15. 做嘢　　jou⁶ yee⁵　　（動）働く，仕事をする（做事 jou⁶ sii⁶ ともいう。）

16.	銀行	ngan⁴ hong⁴	（名）	銀行
17.	住	jyu⁶	（動）	住む
18.	橫濱	waang⁴ ban¹	（名）	横浜
19.	文化	man⁴ faa³	（名）	文化
20.	中心	jung¹ sam¹	（名）	センター，中心

第四課

三、訳

1. A： それらはなんですか？
   B： これらは中国語の雑誌です。

2. A： そのカバンはあなたのですか？
   B： はい、このカバンは私のです。

3. A： どの本があなたのですか、これですか、それともあれですか？
   B： あれです。

4. A： それは何の辞書ですか？
   B： これは広東語の辞書です。

5. A： どの人があなたの弟さんですか？
   B： あれが私の弟です。

6. A： どなたがあなたたちの先生ですか？
   B： この方が私たちの先生です。

7. A： あなたのご主人はどこに勤めていますか？
   B： 私の主人は銀行に勤めています。

8. A： あなたはどこに住んでいますか？
   B： 私は横浜に住んでいます。

9. A： 田中さんはどこで広東語を勉強していますか？
   B： 彼女は広東語文化センターで勉強しています。

10. A： 陳さんはどこから来ますか？
    B： 彼女は香港から来ます。

四、補充単語 🔊-41

1．文具類

書包	syu¹ baau¹	（学生用）かばん
筆記簿	bat⁷ gei³ bou²	ノート
原子筆	yun⁴ jii² bat⁷	ボールペン
鉛筆	yun⁴ bat⁷	鉛筆
墨水筆	mak⁹ seui² bat⁷	万年筆
墨水	mak⁹ seui²	インク
＊筆盒	bat⁷ hap²	筆箱
＊膠擦	gaau¹ chaat²	消しゴム
＊間尺	gaan³ cheek²	定規
較剪	gaau³ jiin²	はさみ
刀仔	dou¹ jai²	ナイフ

◇注：＊印の単語は、入声母音で本来なら第7、8、9声になりますが、この三つは特別で第2声の発音になります。

2. いろいろな職場、職種の言い方 🔊-42

公司	gung¹ sii¹	会社
證券	jing³ gyun³	証券
保險	bou² hiim²	保険
貿易	mau⁶ yik⁹	貿易
旅行社	leui⁵ hang⁴ see⁵	旅行社
航空公司	hong⁴ hung¹ gung¹ sii¹	航空会社
百貨公司	baak⁸ foo³ gung¹ sii¹	デパート，百貨店
酒店	jau² diim³	ホテル
酒樓	jau² lau⁴	（高級）レストラン
餐廳	chaan¹ teng¹	レストラン
珠寶店	jyu¹ bou² diim³	宝石店
免税店	miin⁵ seui³ diim³	免税店
寫字樓	see² jii⁶ lau⁴	オフィス
醫院	yii¹ yun²	病院
詢問處	seun¹ man⁶ chyu³	受付
經理	ging¹ lei⁵	マネージャー

總經理	jung² ging¹ lei⁵	社長
秘書	bei³ syu¹	秘書
工程師	gung¹ ching⁴ sii¹	エンジニア
波士	boo¹ sii²	上司
記者	gei³ jee²	記者

第四課

五、構文

1. 指示代詞 「こそあど」言葉 🔊-43

（1）事　物

単　数	複　数
呢　個　（これ，この） nii¹　goo³	呢　啲　（これらの） nii¹　dii¹
嗰　個　（それ，あれ， goo²　goo³　その，あの）	嗰　啲　（それらの， goo²　dii¹　あれらの）
邊　個　（どれ，どの） biin¹　goo³	邊　啲　（どれ，どの） biin¹　dii¹

a. <u>呢　個</u>　係　我　嘅　筆　盒。
　　nii¹　goo³　hai⁶　ngoo⁵　gee³　bat⁷　hap²．

（これは私の筆箱です。）

b. <u>呢　啲</u>　鉛　筆　係　妹　妹　嘅。
　　nii¹　dii¹　yun⁴　bat⁷　hai⁶　muui⁴　muui²　gee³．

（これらの鉛筆は妹のです。）

c. <u>嗰　個</u>　係　乜　嘢　呀？
　　goo²　goo³　hai⁶　mat⁷　yee⁵　aa³？

（それは何ですか？）

d. <u>邊　啲</u>　書　係　你　嘅　呀？
　　biin¹　dii¹　syu¹　hai⁶　nei⁵　gee³　aa³？

（どの本があなたのですか？）

（2）人 物 🔊-44

単　数	複　数
呢　個（この人） nii¹ goo³ 呢　位（この方） nii¹ wai²	呢　啲（この人たち） nii¹ dii¹
嗰　個（その人、あの人） goo² goo³ 嗰　位（その方、あの方） goo² wai²	嗰　啲（その人たち、あの人たち） goo² dii¹
邊　個（誰、どの人） biin¹ goo³ 邊　位（どなた） biin¹ wai²	邊　啲（どの人たち） biin¹ dii¹

第四課

a. <u>呢　個</u>　係　邊　個　嘅　細　路　呀？
　　nii¹ goo³　hai⁶　biin¹ goo³　gee³　sai³ lou⁶　aa³ ?

（この子は誰の子供ですか？）

b. <u>嗰　位</u>　係　唔　係　你　先　生　呀？
　　goo² wai²　hai⁶　m⁴　hai⁶　nei⁵　siin¹ saang¹　aa³ ?

（あの方はあなたのご主人ですか？）

c. <u>嗰　啲</u>　學　生　都　係　日　本　人。
　　goo² dii¹　hook⁹ saang¹　dou¹　hai⁶　yat⁹ buun² yan⁴.

（あの学生たちはみんな日本人です。）

d. 請　問　<u>你</u>　<u>係</u>　邊　位　呀？
　　ching² man⁶　nei⁵　hai⁶　biin¹ wai²　aa³ ?

（ちょっとお伺いしたいのですが、どちら様ですか？）

（3）場　所 🔊-45

呢　度，	呢　處	（ここ）
nii¹ dou⁶,	nii¹ syu³	
嗰　度，	嗰　處	（そこ，あそこ）
goo² dou⁶,	goo² syu³	
邊　度，	邊　處	（どこ）
biin¹ dou⁶,	biin¹ syu³	

a. <u>呢　度</u>　係　我　嘅　屋　企。
　　nii¹　dou⁶　hai⁶　ngoo⁵　gee³　nguk⁷　kei²．

　（ここは私の家です。）

b. <u>嗰　處</u>　係　圖　書　館。
　　goo²　syu³　hai⁶　tou⁴　syu¹　guun²．

　（あそこは図書館です。）

c. 佢　喺　<u>邊　度</u>　住　呀？
　keui⁵　hai²　biin¹　dou⁶　jyu⁶　aa³　？

　（彼はどこに住んでいますか？）

d. <u>邊　度</u>　係　寫　字　樓　呀？
　　biin¹　dou⁶　hai⁶　see²　jii⁶　lau⁴　aa³　？

　（どこがオフィスですか？）

2. 数量詞　🔊-46

　日本語の「一本のペン」「一冊の本」「車一台」と同じ様に、広東語でも物を数えたり、指したりする時には数詞と名詞の間に数量詞を加えなければなりません。名詞により決まった数量詞を用いますので、よく注意してください。広東語における数量詞の種類は数多くあります。次によく使われている数量詞を紹介しましょう。

「個」goo³　　適用範囲の最も広い数量詞。
　　　　　　人間または、時計、リンゴのような丸い物や箱など。

一個學生　　yat⁷ goo³ hook⁹ saang¹　（一人の学生）
一個手錶　　yat⁷ goo³ sau² biiu¹　（一つの腕時計）
一個西瓜　　yat⁷ goo³ sai¹ gwaa¹　（一個のすいか）
一個蘋果　　yat⁷ goo³ ping⁴ gwoo²　（一個のリンゴ）

「枝」jii¹　　筆、竹などのような固く細長い形の物、または瓶入りの酒、ジュースなど。

一枝原子筆　yat⁷ jii¹ yun⁴ jii² bat⁷　（一本のボールペン）
一枝啤酒　　yat⁷ jii¹ bee¹ jau²　（一本のビール）
一枝蠟燭　　yat⁷ jii¹ laap⁹ juk⁷　（一本のろうそく）

「張」jeung¹　紙、机、椅子、ベッドなどの、表面が平らな物。

一張相　　　yat⁷ jeung¹ seung²　（一枚の写真）
一張櫈　　　yat⁷ jeung¹ dang³　（一脚の椅子）
一張床　　　yat⁷ jeung¹ chong⁴　（一台のベッド）

「條」tiiu⁴　魚、ネクタイ、ズボン、タオル、髪、縄、橋、道路、川などの細長い形の物。

一條裙　　　yat⁷ tiiu⁴ kwan⁴　（一枚のスカート）
一條蛇　　　yat⁷ tiiu⁴ see⁴　（一匹の蛇）
一條街　　　yat⁷ tiiu⁴ gaai¹　（一本の細い道）

「架」gaa³　　テレビ、ラジオのような家電製品、飛行機、車、列車、カメラ、OA機器など動かして使う物。

一架電視機　yat⁷ gaa³ diin⁶ sii⁶ gei¹　（一台のテレビ）
一架相機　　yat⁷ gaa³ seung² gei¹　（一台のカメラ）
一架的士　　yat⁷ gaa³ dik⁷ sii²　（一台のタクシー）

第四課

「間」gaan^1　部屋、家、学校、ビルなど。

一間屋	yat^7　gaan^1　nguk^7	（一軒の家）
一間大廈	yat^7　gaan^1　daai^6　haa^6	（一棟のビルディング）
一間學校	yat^7　gaan^1　hook^9　haau^6	（学校一校）

◇注：屋＝house　屋企＝home

「隻」jeek^8　適用範囲の比較的広い数量詞。動物や、指輪、腕輪、れんげ（スプーン）、茶碗、船。または手、箸、目などの二つで一組になっている物の片方。

一隻狗	yat^7　jeek^8　gau^2	（一匹の犬）
一隻戒指	yat^7　jeek^8　gaai^3　jii^2	（一本の指輪）
一隻船	yat^7　jeek^8　syun^4	（一隻の船）

「對」deui^3　イヤリング、靴、靴下、箸などのペアになっている物。
「雙」seung^1

一對耳環	yat^7　deui^3　yii^5　waan^2	（一組のイヤリング）
一對鞋	yat^7　deui^3　haai^4	（一足の靴）
一雙筷子	yat^7　seung^1　faai^3　jii^2	（一膳の箸）

「碗」wuun^2　お碗に入ったご飯、ラーメン、スープなど。

一碗飯	yat^7　wuun^2　faan^6	（一膳のご飯）
一碗麵	yat^7　wuun^2　miin^6	（一杯のラーメン）
一碗湯	yat^7　wuun^2　tong^1	（一杯のスープ）

「杯」buui^1　茶碗、カップに入ったコーヒー、お茶、グラスに入ったビール、牛乳など。

一杯紅茶	yat^7　buui^1　hung^4　chaa^4	（一杯の紅茶）
一杯牛奶	yat^7　buui^1　ngau^4　naai^5	（一杯の牛乳）
一杯咖啡	yat^7　buui^1　gaa^3　fee^1	（一杯のコーヒー）

「本」buun² 　雑誌、本、辞書などの書籍類。
「部」bou⁶

一本雜誌	yat⁷ buun² jaap⁹ jii³	（一冊の雑誌）
一本書	yat⁷ buun² syu¹	（一冊の本）
一部小説	yat⁷ bou⁶ siiu² syut⁸	（一編の小説）

「件」giin⁶ 　シャツ、セーター、コートなどの衣類やステーキ、ケーキなど薄い物。または事柄、案件など。

一件冷衫	yat⁷ giin⁶ laang¹ saam¹	（一枚のセーター）
一件蛋糕	yat⁷ giin⁶ daan⁶ gou¹	（一切れのケーキ）
一件事	yat⁷ giin⁶ sii⁶	（ひとつの事柄）

※量詞、指示代詞を使うにあたって、注意が必要な点　🔊-47

（1）「呢」「嗰」「邊」＋ 数詞 ＋ 数量詞

　指示代詞は必ず数量詞といっしょに用います。数が二つ以上の場合は、指示代詞と数量詞の間に数詞を入れます。一つのときは数詞は省略できます。

a. 呢　兩　枝　原　子　筆
　　nii¹　leung⁵　jii¹　yun⁴　jii²　bat⁷

（この二本のボールペン）

b. 嗰　三　件　冷　衫
　　goo²　saam¹　giin⁶　laang¹　saam¹

（あの三枚のセーター）

c. 邊　五　張　相
　　biin¹　ng⁵　jeung¹　seung²

（どの五枚の写真）

d. 呢 一 條 裙 → 呢條裙
　　nii¹　yat⁷　tiiu⁴　kwan⁴

（このスカート）

e. 嗰 一 架 電 視 機 → 嗰架電視機
　　goo²　yat⁷　gaa³　diin⁶　sii⁶　gei¹

（あのテレビ）

f. 邊 一 隻 戒 指 → 邊隻戒指
　　biin¹　yat⁷　jeek⁸　gaai³　jii²

（どの指輪）

（２）「嘅」「啲」と数量詞の関係

　「私の本」と言うとき、「我嘅書」となりますが、この「嘅」は数量詞と置き換えることができます。また、「啲」はもともと複数であることを表す数量詞なので、後ろに数量詞はつけません。

「嘅」の言い換え

　我嘅書　　　→　我本書
　你嘅原子筆　→　你枝原子筆
　田中先生嘅鞋→　田中先生對鞋
　我哋嘅學校　→　我哋間學校
　佢哋嘅電視機→　佢哋架電視機

数量詞「啲」の用法

（正）	（誤）
我<u>啲</u>手錶	我<u>啲個</u>手錶
山本太太<u>啲</u>耳環	山本太太<u>啲對</u>耳環
佢哋<u>啲</u>相	佢哋<u>啲張</u>相
呢<u>啲</u>啤酒	呢<u>啲枝</u>啤酒
嗰<u>啲</u>大廈	嗰<u>啲間</u>大廈

3. 喺の用法 🔊-48

（1）主語 ＋ 喺 ＋ 場所　　［動詞］〜にいる，〜にある

a. 佢 喺 學 校。
　 keui5　hai2　hook9　haau6.

　（彼は学校にいます。）

b. 蛋 糕 唔 喺 雪 櫃。
　 daan6　gou1　m4　hai2　syut8　gwai6.

　（ケーキは冷蔵庫にありません。）

c. 我 本 字 典 喺 唔 喺 嗰 度 呀？
　 ngoo5　buun2　jii6　diin2　hai2　m4　hai2　goo2　dou6　aa3？

　（私の辞書はあそこにありますか？）

d. 田 中 小 姐 喺 邊 度 呀？
　 tiin4　jung1　siiu2　jee2　hai2　biin1　dou6　aa3？

　（田中さんはどこにいますか？）

（2）主語 ＋ 喺 ＋ 場所 ＋ 動詞　　［介詞］〜に，〜で，〜から

a. 李　先　生　喺　證　券　公　司
　　lei5　siin1　saang1　hai2　jing3　gyun3　gung1　sii1
　　做　嘢。
　　jou6　yee5.

（李さんは証券会社に勤めています。）

b. 今　晚　佢　唔　喺　屋　企　食　飯。
　　gam1　maan5　keui5　m4　hai2　nguk7　kei2　sik9　faan6.

（今晩、彼は自宅で食事をしません。）

c. 佢　喺　邊　度　學　日　文　呀？
　　keui5　hai2　biin1　dou6　hook9　yat9　man4　aa3 ?

（彼はどこで日本語を勉強していますか？）

d. 佢　喺　香　港　去　北　海　道，
　　keui5　hai2　heung1　gong2　heui3　bak7　hooi2　dou6,
　　不　過　我　喺　東　京　去。
　　bat7　gwoo3　ngoo5　hai2　dung1　ging1　heui3.

（彼は香港から北海道へ行きますが、私は東京から参ります。）

六、練習問題

A. 話す練習

a. 置き換え練習

1. 呢個<u>手錶</u>係邊個嘅呀？
    條 裙
    架 相機

   （この時計は誰のですか？）

2. 我個<u>手袋</u>喺<u>屋企</u>定係喺<u>公司</u>呀？
    架 車（chee1）
    本 書

   （私のかばんは家にありますか、それとも、会社にありますか？）

3. 我喺<u>貿易公司</u><u>做嘢</u>。
    大學　　教英文
    京都　　住

   （私は貿易会社に勤めています。）

4. 佢喺<u>大阪</u>去<u>香港</u>。
    北京　　東京
    上海　　北海道

   （彼は大阪から香港へ行きます。）

b. ____の所に適当な数量詞を入れて、発音の練習をしなさい。

1. 一____茶
2. 兩____蘋果
3. 三____書
4. 四____學校
5. 五____衫（saam1 シャツ）
6. 六____的士
7. 七____魚（yu2）
8. 八____鉛筆
9. 九____櫈
10. 十____湯麵（tong1 miin6 スープ麵）

c. 次の例に基づいて質問に答え、日本語に直しなさい。

例： 你喺邊度住呀？　　　　　　　（香港）
　　⇒我喺香港住。

1. 邊個係日本留學生呀？　　　　（佢）
2. 邊位係你哋嘅中文先生呀？　　（王先生）
3. 你朋友喺邊度教廣東話呀？　　（大學）
4. 邊杯咖啡係你嘅呀？　　　　　（嗰杯）
5. 我對鞋喺邊度呀？　　　　　　（嗰度）
6. 呢架車係邊個嘅呀？　　　　　（鈴木先生）

d．次の文章をよく読んで、日本語に直しなさい。

田中小姐係王小姐嘅朋友。田中小姐喺旅行社做嘢，佢喺橫濱住。王小姐喺保險公司做嘢，佢喺世田谷區（sai³ tiin⁴ guk⁷ keui¹）住。不過佢哋嘅公司都喺銀座。

B．書く練習

a．次の単語を漢字に直しなさい。

1. goo² goo³
2. biin¹ dou⁶
3. nii¹ dii¹
4. biin¹ wai²
5. hai² yat⁹ buun²
6. hai² gung¹ sii¹

b．指示代詞と数量詞を使って広東語に直しなさい。

1. 六個のすいか
2. 十本のボールペン
3. 二枚のセーター
4. この二軒の家
5. あの五台のタクシー
6. どのネクタイ（領袗 leng⁵ taai¹）
7. 李さんのこの指輪
8. 彼らのあのケーキ
9. 私たちのこれらの写真
10. 田中さんのお兄さんの八冊の小説

c．次の文を広東語に直しなさい。

1. あなたのお兄さんの会社はどこにありますか？
2. あそこは図書館ではありません、オフィスです。
3. あの方は友達のお父様です。
4. あの学生達はどこの国の人ですか？
5. それらの本はだれのですか？

6. 私はこのスカートが好きではありません。

7. 彼はそのコーヒーが飲みたいです。

8. 陳さんは香港から来ますが、李さんは広州から来ます。

9. あなたはレストランで食事をしますか、それとも家で食事をしますか？

10. このバス（巴士 baa[1] sii[2]）は新宿へ行きます。

コラム

話し言葉と書き言葉

　方言というのは時間の推移に伴って消失してしまうものもあれば、新しい言葉が加えられて、存続し、発展していくものもあります。存続するためには、経済面での独立性を持つ、あるいは政治面での独立性を持つ必要があります。広東省は昔から中央政府より離れており、地理的にも、経済的にも、政治的にもある程度の独立性を持っていました。

　しかし、方言としての広東語は長い間、理論的に整理されずに、話し言葉にとどまっていました。書き言葉としては、北方語（いまの普通話）が標準語として用いられ、公式文書や普通の書籍などはすべて、標準語で書かれています。

　現在、広東省、香港、およびマカオでも公式文書には標準語が用いられています。しかし、日常会話などでは、話し言葉としての広東語が使われています。

　最近の広東省では、標準語が普及して、標準語の書き言葉が広東語読みになって使われたりしています。このため、広東省地区で使われている広東語と、標準語の普及していない香港の広東語と、若干使い方に違いがでてきています。しかし、発音はどちらも同じです。

第五課

你 有 冇 香 港 地 圖 呀？
nei⁵　yau⁵　mou⁵　heung¹　gong²　dei⁶　tou⁴　aa³　？

（香港の地図を持っていますか？）

一、会話 🔊-49

1. A： 你 有 冇 香 港 地 圖 呀？
nei⁵　yau⁵　mou⁵　heung¹　gong²　dei⁶　tou⁴　aa³　？

B： 有， 我 有 香 港 地 圖。
yau⁵，　ngoo⁵　yau⁵　heung¹　gong²　dei⁶　tou⁴．

---

2. A： 田 中 小 姐 有 冇 相 機 呀？
tiin⁴　jung¹　siiu²　jee²　yau⁵　mou⁵　seung²　gei¹　aa³　？

B： 有， 田 中 小 姐 有 相 機，
yau⁵，　tiin⁴　jung¹　siiu²　jee²　yau⁵　seung²　gei¹，

不 過 冇 菲 林。
bat⁷　gwoo³　mou⁵　fei¹　lam²．

---

3. A： 請 問 你 有 幾 多 筒 菲 林
ching²　man⁶　nei⁵　yau⁵　gei²　doo¹　tung⁴　fei¹　lam²

呀？
aa³　？

B： 我 淨 係 有 一 筒 菲 林。
ngoo⁵　jing⁶　hai⁶　yau⁵　yat⁷　tung⁴　fei¹　lam²．

---

4. A： 香 港 有 冇 日 本 人 呀？
heung¹　gong²　yau⁵　mou⁵　yat⁹　buun²　yan⁴　aa³　？

B： 有， 香 港 有 好 多 日 本 人。
yau⁵，　heung¹　gong²　yau⁵　hou²　doo¹　yat⁹　buun²　yan⁴．

---

5. A： 日 本 有 冇 外 國 人 呀？
yat⁹　buun²　yau⁵　mou⁵　ngooi⁶　gwook⁸　yan⁴　aa³　？

B: 有, 日本有好多種外國
   yau5, yat9 buun2 yau5 hou2 doo1 jung2 ngooi6 gwook8
   人。譬如美國人, 英國
   yan4. pei3 yu4 mei5 gwook8 yan4, ying1 gwook8
   人, 中國人, 韓國人, 泰
   yan4, jung1 gwook8 yan4, hoon4 gwook8 yan4, taai3
   國人等等。
   gwook8 yan4 dang2 dang2.

6. A: 王小姐有冇兄弟姊妹
     wong4 siiu2 jee2 yau5 mou5 hing1 dai6 jii2 muui2
     呀?
     aa3 ?
   B: 冇, 佢冇兄弟姊妹, 佢係
     mou5, keui5 mou5 hing1 dai6 jii2 muui2, keui5 hai6
     獨女。
     duk9 neui2.

7. A: 你有幾多個細路呀?
     nei5 yau5 gei2 doo1 goo3 sai3 lou6 aa3 ?
   B: 我有一個女同埋一個
     ngoo5 yau5 yat7 goo3 neui2 tung4 maai4 yat7 goo3
     仔, 你呢?
     jai2, nei5 nee1 ?
   A: 我淨係有一個仔。
     ngoo5 jing6 hai6 yau5 yat7 goo3 jai2.

8. A: 你屋企有幾個人呀?
     nei5 nguk7 kei2 yau5 gei2 goo3 yan4 aa3 ?
   B: 爸爸, 媽媽, 一個哥哥,
     baa4 baa1, maa4 maa1, yat7 goo3 goo4 goo1,
     一個細妹, 連埋我總共
     yat7 goo3 sai3 muui2, liin4 maai4 ngoo5 jung2 gung6
     有五個人。
     yau5 ng5 goo3 yan4.

二、単語と表現 🔊-50

1. 有　　　yau5　　　　　　　　（動）ある，いる，持っている，所有している
2. 冇　　　mou5　　　　　　　　（動）ない，いない，持っていない，所有していない
3. 地圖　　dei6 tou4　　　　　　（名）地図
4. 菲林　　fei1 lam2　　　　　　（名）フィルム
5. 幾多　　gei2 doo1　　　　　　（疑）いくつの
6. 筒　　　tung4　　　　　　　　（量）〜本（フィルムなどの数量詞）
7. 淨係　　jing6 hai6　　　　　　（副）〜だけ，〜しかない
8. 好多　　hou2 doo1　　　　　　（形）たくさんの，数多い，いっぱい
9. 好多種　hou2 doo1 jung2　　　（形）いろいろな，多種類の
10. 外國人　ngooi6 gwook8 yan4　（名）外国人
11. 譬如　　pei3 yu4　　　　　　（接）例えば
12. 等等　　dang2 dang2　　　　（助）などなど
13. 獨女　　duk9 neui2　　　　　（名）一人っ子（女の子）
14. 同埋　　tung4 maai4　　　　（接）〜と〜（"同"だけでも使う）
15. 連埋　　liin4 maai4　　　　　（動）〜を含む
16. 總共　　jung2 gung6　　　　（名）全部，合計

三、訳

1. A： あなたは香港の地図を持っていますか？
   B： はい、私は香港の地図を持っています。

2. A： 田中さんはカメラを持っていますか？
   B： はい、田中さんはカメラを持っていますが、フィルムがありません。

3. A： ちょっとお伺いしたいのですが、フィルムを何本持っていますか？
   B： フィルムは一本しか持っていません。

4. A： 香港には日本人がいますか？
   B： はい、香港にはたくさんの日本人がいます。

5. A： 日本には外国人がいますか？
   B： はい、日本にはいろいろな外国人がいます。例えばアメリカ人、イギリス人、中国人、韓国人、タイ人などです。

6. A： 王さんには兄弟がいますか？
   B： いいえ、彼女には兄弟がいません。彼女は一人っ子です。

7. A： あなたには子供が何人いますか？
   B： 私には娘が一人と息子が一人います。あなたは？
   A： 私には息子が一人だけいます。

8. A： お宅は何人家族ですか？
   B： 父、母、兄が一人と妹が一人、それと私を含めて全部で五人です。

四、補充単語 🔊-51

1．旅行関係

旅遊指南	leui⁵ yau⁴ jii² naam⁴	ガイドブック
導遊	dou⁶ yau⁴	ガイド
遊客	yau⁴ haak⁸	観光客
觀光	guun¹ gwong¹	観光（する）
旅行團	leui⁵ hang⁴ tyun⁴	ツアー
旅遊巴	leui⁵ yau⁴ baa¹	観光バス
小巴	siiu² baa¹	ミニバス
行李	hang⁴ lei⁵	荷物
手提行李	sau² tai⁴ hang⁴ lei⁵	手荷物
翻譯	faan¹ yik⁹	通訳（する）

2．地　名 🔊-52

九龍	gau² lung⁴	九龍
尖沙咀	jiim¹ saa¹ jeui²	チムサァチョイ
中環	jung¹ waan⁴	セントラル
金鐘	gam¹ jung¹	アドミラリティ

灣仔	waan¹ jai²	ワンチャイ
銅鑼灣	tung⁴ loo⁴ waan¹	コーズウェイベイ
跑馬地	paau² maa⁵ dei²	ハッピーバレー
赤柱	cheek⁸ chyu⁵	スタンレー
淺水灣	chiin² seui² waan¹	レパルスベイ
香港仔	heung¹ gong² jai²	アバディーン
山頂	saan¹ deng²	ビクトリアピーク
旺角	wong⁶ gook⁸	モンコック
女人街	neui⁵ yan² gaai¹	女人街
置地廣場	jii³ dei⁶ gwong² cheung⁴	ランドマーク
時代廣場	sii⁴ dooi⁶ gwong² cheung⁴	タイムズスクエア
海洋公園	hooi² yeung⁴ gung¹ yun²	オーシャンパーク

第五課

五、構文 🔊-53

1.「所有」と「存在」を表す動詞 " 有 " の用法

「～が…を持っている」又は「～に…がある」などといった所有や存在を表す時「有」を使います。

（1）主語（人物）＋ 有 ＋ 目的語　AはBを持っています。（所有を表す言い方）

佢 有 好 多 香 港 嘅 電
keui⁵ yau⁵ hou² doo¹ heung¹ gong² gee³ diin⁶
影 雜 誌。
ying² jaap⁹ jii³.

（彼は香港の映画雑誌をたくさん持っています。）

単純疑問文：佢 有 冇 香 港 嘅 電 影
keui⁵ yau⁵ mou⁵ heung¹ gong² gee³ diin⁶ ying²
雜 誌 呀？
jaap⁹ jii³ aa³ ?

（彼は香港の映画雑誌を持っていますか？）

肯定：有， 佢 有 好 多 香 港
yau⁵, keui⁵ yau⁵ hou² doo¹ heung¹ gong²
嘅 電 影 雜 誌。
gee³ diin⁶ ying² jaap⁹ jii³.

（はい、彼は香港の映画雑誌をたくさん持っています。）

否定：冇， 佢 冇 香 港 嘅 電
mou⁵, keui⁵ mou⁵ heung¹ gong² gee³ diin⁶
影 雜 誌。
ying² jaap⁹ jii³.

（いいえ、彼は香港の映画雑誌を持っていません。）

疑問詞疑問文：佢 有 乜 嘢 雜 誌 呀？
keui5 yau5 mat7 yee5 jaap9 jii3 aa3 ?

（彼は何の雑誌を持っていますか？）

（２）主語（人物）＋ 有 ＋ 目的語　AにはBがいます。

我 有 一 個 大 佬。
ngoo5 yau5 yat7 goo3 daai6 lou2.

（私には兄が一人います。）

単純疑問文：你 有 冇 兄 弟 姊 妹 呀？
nei5 yau5 mou5 hing1 dai6 jii2 muui2 aa3 ?

（あなたには兄弟がいますか？）

肯定：有， 我 有 一 個 大 佬。
yau5, ngoo5 yau5 yat7 goo3 daai6 lou2.

（はい、私には兄が一人います。）

否定：冇， 我 冇 兄 弟 姊 妹。
mou5, ngoo5 mou5 hing1 dai6 jii2 muui2.

（いいえ、私には兄弟がいません。）

疑問詞疑問文：你 有 幾 多 兄 弟 姊 妹 呀？
nei5 yau5 gei2 doo1 hing1 dai6 jii2 muui2 aa3 ?

（あなたには兄弟が何人いますか？）

（３）主語（場所）＋ 有 ＋ 目的語　AにはBがいます／あります。
（存在を表す言い方）

課 室 有 四 個 學 生。
foo3 sat7 yau5 sei3 goo3 hook9 saang1.

（教室には学生が四人います。）

単純疑問文：課 室 有 冇 學 生 呀？
foo³ sat⁷ yau⁵ mou⁵ hook⁹ saang¹ aa³ ?

（教室には学生がいますか？）

肯定：有， 課 室 有 四 個 學 生。
yau⁵, foo³ sat⁷ yau⁵ sei³ goo³ hook⁹ saang¹.

（はい、教室には学生が四人います。）

否定：冇， 課 室 冇 學 生。
mou⁵, foo³ sat⁷ mou⁵ hook⁹ saang¹.

（いいえ、教室には学生はいません。）

疑問詞疑問文：課 室 有 幾 多 個 學 生
foo³ sat⁷ yau⁵ gei² doo¹ goo³ hook⁹ saang¹

呀？
aa³ ?

（教室には学生が何人いますか？）

2. 数詞 "兩" の用法 🔊 -54

数詞 "二" と "兩" はいずれも数字 "2" ですが、数量詞の前では "兩" を用い、"二" は用いません。

a. 我 有 兩 本 廣 東 話 嘅
　 ngoo⁵ yau⁵ leung² buun² gwong² dung¹ waa² gee³

字 典。
jii⁶ diin²。

（私は広東語の辞書を二冊持っています。）

b. 我 屋 企 有 兩 架 電 視 機。
　 ngoo⁵ nguk⁷ kei² yau⁵ leung⁵ gaa³ diin⁶ sii⁶ gei¹。

（私の家にはテレビが二台あります。）

c. 佢 有 兩 個 細 路。
　　keui5　yau5　leung5　goo3　sai3　lou6.

（彼女には子供が二人います。）

3. **主語 + 淨係 + 動詞**　～だけ，～しかありません。（強調）　🔊-55

a. 呢 間 圖 書 館 淨 係 有 中
　　nii1　gaan1　tou4　syu1　guun2　jing6　hai6　yau5　jung1
　　文 雜 誌。
　　man4　jaap9　jii3.

（この図書館には中国語の雑誌しかありません。）

b. 呢 個 旅 行 團 淨 係 去 香
　　nii1　goo3　leui5　hang4　tyun4　jing6　hai6　heui3　heung1
　　港， 唔 去 澳 門。
　　gong2,　m4　heui3　ou3　muun2.

（このツアーは香港しか行きません、マカオには行きません。）

c. 細 妹 淨 係 飲 牛 奶， 唔
　　sai3　muui2　jing6　hai6　yam2　ngau4　naai5,　m4
　　飲 茶。
　　yam2　chaa4.

（妹は牛乳しか飲みません、お茶は飲みません。）

d. 淨 係 我 去 廣 州， 佢 哋
　　jing6　hai6　ngoo5　heui3　gwong2　jau1,　keui5　dei6
　　唔 去。
　　m4　heui3.

（私だけが広州へ行きます、彼らは行きません。）

◇注：主語を強調する時は、主語の前に「淨係」を置きます。

第五課

4. 名詞A ＋ 同埋 ＋ 名詞B　AとB（並列を表す接続助詞）　🔊-56
　　名詞A ＋ 同 ＋ 名詞B

a. 山 本 先 生 同 鈴 木 先 生 都
　 saan¹ buun² siin¹ saang¹ tung⁴ ling⁴ muk⁹ siin¹ saang¹ dou¹
　 係 東 京 人。
　 hai⁶ dung¹ ging¹ yan⁴

（山本さんも鈴木さんも東京の人です。）

b. 田 中 小 姐 有 香 港 人 同 埋
　 tiin⁴ jung¹ siiu² jee² yau⁵ heung¹ gong² yan⁴ tung⁴ maai⁴
　 北 京 人 嘅 朋 友。
　 bak⁷ ging¹ yan⁴ gee³ pang⁴ yau⁵

（田中さんには香港人と北京人の友達がいます。）

c. 佢 同 埋 我 都 唔 飲 日 本 茶。
　 keui⁵ tung⁴ maai⁴ ngoo⁵ dou¹ m⁴ yam² yat⁹ buun² chaa⁴

（彼も私も日本茶を飲みません。）

5. 好多種 ＋ 名詞　いろいろな〜，いろんな種類の〜　🔊-57

a. 嗰 間 舖 頭 有 好 多 種 中 國
　 goo² gaan¹ pou³ tau² yau⁵ hou² doo¹ jung² jung¹ gwook⁸
　 茶。
　 chaa⁴

（あの店にはいろんな種類の中国茶があります。）

b. 我 有 好 多 種 外 文 參 考 書。
　 ngoo⁵ yau⁵ hou² doo¹ jung² ngooi⁶ man⁴ chaam¹ haau² syu¹

（私はいろいろな外国語の参考書を持っています。）

c. 佢 睇 好 多 種 報 紙。
　 keui5 tai2 hou2 doo1 jung2 bou3 jii2.

（彼はいろいろな新聞を読みます。）

6. 連埋 ＋ 名詞A ＋ 總共〜　Aを含めて全部で〜である。　🔊-58

「總共」は「全部で〜」という意味になります。

a. 李 先 生 嘅 屋 企 連 埋 佢
　 lei5 siin1 saang1 gee3 nguk7 kei2 liin4 maai4 keui5
　 阿 嫲 總 共 有 五 個 人。
　 aa3 maa4 jung2 gung6 yau5 ng5 goo3 yan4.

（李さんの家はおばあさんを入れて全部で五人です。）

b. 呢 個 旅 行 團 連 埋 野 村
　 nii1 goo3 leui5 hang4 tyun4 liin4 maai4 yee5 chyun1
　 太 太 總 共 係 十 個 人。
　 taai3 taai2 jung2 gung6 hai6 sap9 goo3 yan4.

（このツアーは野村夫人を入れて全部で十人です。）

c. 連 埋 呢 本 書 你 總 共 有
　 liin4 maai4 nii1 buun2 syu1 nei5 jung2 gung6 yau5
　 幾 多 本 廣 東 話 嘅 書 呀？
　 gei2 doo1 buun2 gwong2 dung1 waa2 gee3 syu1 aa3?

（この本を含めてあなたは全部で広東語の本を何冊持っていますか？）

d. 我 啲 行 李 連 埋 呢 個 手
　 ngoo5 dii1 hang4 lei5 liin4 maai4 nii1 goo3 sau2
　 袋 有 三 件。
　 dooi2 yau5 saam1 giin6.

（私の荷物はこのバッグを含めて全部で三個です。）
　　◇注：「連埋」だけで使うこともできます。

六、練習問題

A. 話す練習

a．置き換え練習

1. 我有一個<u>細佬</u>同一個<u>妹妹</u>。
       仔   女
       家姐   哥哥

   （私には弟が一人と妹が一人います。）

2. 佢間公司有<u>兩個外國人</u>。
         好多部電視機
         好多種參考書

   （彼の会社には外国人が二人います。）

3. 而家 (yii4 gaa1 今)我淨係<u>想學廣東話</u>。
           想去澳洲旅行
           鍾意睇佢嘅電影

   （私は広東語しか勉強したくありません。）

4. 連埋呢<u>張</u>CD，我總共有十<u>張</u>。
      個手袋   個
      條裙   條

   （このCDを含めて、私は全部で十枚持っています。）

b．次の例に基づいて、質問に答えなさい。

例： 你有冇菲林呀？　　　　　（Yes, 二本）
　　⇒有，我有兩筒菲林。
　　你有冇原子筆呀？　　　　（No, 鉛筆）
　　⇒冇，我冇原子筆，不過我有鉛筆。

1. 山本先生有冇細路呀？　　　（Yes, 二人）

2. 佢有冇家姐呀？　　　　　　（No, 兄）

3. 你有冇廣東話嘅字典呀？（Yes, 二冊）

4. 嗰間學校有冇留學生呀？（Yes, いろいろな）

5. 呢間公司有冇香港人呀？（No, 広州の人）

6. 你屋企有冇電視機呀？　　（Yes, 二台）

7. 王小姐有冇兄弟姊妹呀？（Yes, 妹一人と弟一人）

c．次の文章をよく読んで、日本語に直しなさい。

呢間學校係廣東話嘅專門（jyun¹ muun⁴ 專門）學校，好多人喺呢度學廣東話。學校有一間圖書館，圖書館有好多種廣東話嘅參考書、雜誌同埋報紙。木村小姐同埋田中小姐都係呢間學校嘅學生。木村小姐有一個哥哥同埋一個細佬，不過田中小姐冇兄弟姊妹，佢係獨女。

B. 書く練習

a．次の単語を漢字に直しなさい。

1. ngooi6 gwook8 yan4
2. yau5 mou5
3. hou2 doo1 jung2
4. jing6 hai6
5. leui5 hang4 see5
6. liin4 maai4

b．例に基づいて、次の文を下線部分を聞く疑問文に直し、そして日本語に訳しなさい。

例： 我<u>係</u>日本人。　　Q. 你係唔係日本人呀？
　　 我係<u>日本人</u>。　　Q. 你係邊國人呀？
　　 <u>我</u>係日本人。　　Q. 邊個係日本人呀？

1. 我有<u>兩架</u>相機。

2. 陳小姐喺<u>香港島</u>（heung1 gong2 dou2 香港島）住。

3. 我嘅朋友喺文化中心學<u>廣東話</u>。

4. 佢係<u>高井先生</u>。

5. 鈴木先生喺大學教<u>英文</u>。

6. 佢太太鍾意食<u>中國菜同泰國菜</u>。

7. 呢間學校有<u>十個</u>日本留學生。

8. <u>山田小姐</u>有好多種電影雜誌。

9. 嗰本書係<u>李先生</u>嘅。

10. 呢枝筆係我嘅。

11. 廣東人好鍾意飲茶。

c．次の文を広東語に直しなさい。

1. あなたには兄弟が何人いますか？

2. 彼女は何の雑誌を持っていますか？

3. 私の家にはテレビはありますが、ビデオ（錄影機 luk9 ying2 gei1）はありません。

4. 劉（lau4）さんはコーヒーしか飲みません。

5. 私たちには息子が一人だけいます。

6. 彼はお酒を飲むことだけが好きです。

7. 山本さんと葉さんもあなたの同僚ですか？

8. 彼女のカバンにはいろいろな物（嘢 yee5 物）があります。例えば雑誌、辞書、鉛筆、万年筆、ノートなどです。

9. あなたの会社は林さんを含めて何人の外国人がいますか？

10. このカバンとこのカメラは田中さんのです。

第六課

嗰 件 恤 衫 點 賣 呀？
goo² giin⁶ seut⁷ saam¹ diim² maai⁶ aa³ ?

（あのシャツはいくらですか？）

一、会話　🔊-59

1. A： 請 問 有 冇 恤 衫 呀？
      ching² man⁶ yau⁵ mou⁵ seut⁷ saam¹ aa³ ?

   B： 有， 要 幾 大 哂 士 呀？
      yau⁵, yiiu³ gei² daai⁶ saai¹ sii² aa³ ?

   A： 要 中 碼 同 埋 大 碼。
      yiiu³ jung¹ maa⁵ tung⁴ maai⁴ daai⁶ maa⁵.

---

2. A： 嗰 件 恤 衫 點 賣 呀？
      goo² giin⁶ seut⁷ saam¹ diim² maai⁶ aa³ ?

   B： 一 百 五 十 文 一 件。
      yat⁷ baak⁸ ng⁵ sap⁹ man¹ yat⁷ giin⁶.

   A： 呢 件 呢？
      nii¹ giin⁶ nee¹ ?

   B： 一 百 八 十 文。
      yat⁷ baak⁸ baat⁸ sap⁹ man¹.

   A： 我 買 兩 件， 平 啲 啦。
      ngoo⁵ maai⁵ leung⁵ giin⁶, peng⁴ dii¹ laa¹.

   B： 噉， 兩 件 總 共 三 百 文。
      gam², leung⁵ giin⁶ jung² gung⁶ saam¹ baak⁸ man¹.

3. A: 嗰 個 手 袋 幾 多 錢 一 個 呀？
goo² goo³ sau² dooi² gei² doo¹ chiin² yat⁷ goo³ aa³?

B: 三 百 七 十 文。
saam¹ baak⁸ chat⁷ sap⁹ man¹.

A: 平 啲 啦, 兩 百 文 得 唔 得 呀？
peng⁴ dii¹ laa¹, leung⁵ baak⁸ man¹ dak⁷ m⁴ dak⁷ aa³?

B: 唔 得, 三 百 五 十 文 啦。
m⁴ dak⁷, saam¹ baak⁸ ng⁵ sap⁹ man¹ laa¹.

A: 咁 貴 我 唔 買 喇。
gam³ gwai³ ngoo⁵ m⁴ maai⁵ laa³.

---

4. A: 小 姐, 想 買 乜 嘢 呀？
siiu² jee², seung² maai⁵ mat⁷ yee⁵ aa³?

B: 我 想 買 兩 件 冷 衫。
ngoo⁵ seung² maai⁵ leung⁵ giin⁶ laang¹ saam¹.

A: 要 乜 嘢 顏 色 呀？
yiiu³ mat⁷ yee⁵ ngaan⁴ sik⁷ aa³?

B: 黃 色 同 埋 綠 色。
wong⁴ sik⁷ tung⁴ maai⁴ luk⁹ sik⁷.

A: 呢 兩 件 你 鍾 唔 鍾 意 呀？
nii¹ leung⁵ giin⁶ nei⁵ jung¹ m⁴ jung¹ yii³ aa³?

B: 好 靚, 我 好 鍾 意。兩 件 總 共 幾 錢 呀？
hou² leng³, ngoo⁵ hou² jung¹ yii³. leung⁵ giin⁶ jung² gung⁶ gei² chiin² aa³?

A: 五 百 文, 好 抵 買 㗎。
ng⁵ baak⁸ man¹, hou² dai² maai⁵ gaa³.

5. A：請 問 有 冇 絲 綢 背 心 呀？
   ching² man⁶ yau⁵ mou⁵ sii¹ chau⁴ buui³ sam¹ aa³ ?

   B：有， 要 幾 多 件 呀？
   yau⁵, yiiu³ gei² doo¹ giin⁶ aa³ ?

   A：兩 件 白 色， 三 件 粉 紅 色，
   leung⁵ giin⁶ baak⁹ sik⁷, saam¹ giin⁶ fan² hung⁴ sik⁷,

   五 件 黑 色， 總 共 幾 錢 呀？
   ng⁵ giin⁶ hak⁷ sik⁷, jung² gung⁶ gei² chiin² aa³ ?

   B：絲 綢 背 心 一 件 三 十 文，
   sii¹ chau⁴ buui³ sam¹ yat⁷ giin⁶ saam¹ sap⁹ man¹,

   十 件 總 共 三 百 文。
   sap⁹ giin⁶ jung² gung⁶ saam¹ baak⁸ man¹.

---

6. A：呢 個 手 錶 好 靚， 你 鍾 唔
   nii¹ goo³ sau² biiu¹ hou² leng³, nei⁵ jung¹ m⁴

   鍾 意 呀？
   jung¹ yii³ aa³ ?

   B：幾 錢 一 個 呀？
   gei² chiin² yat⁷ goo³ aa³ ?

   A：五 百 六 十 文。
   ng⁵ baak⁸ luk⁹ sap⁹ man¹.

   B：嗰 個 呢？
   goo² goo³ nee¹ ?

   A：嗰 個 平 啲， 三 百 七 十 文。
   goo² goo³ peng⁴ dii¹, saam¹ baak⁸ chat⁷ sap⁹ man¹.

   B：噉， 唔 該 俾 嗰 個 我 啦。
   gam², m⁴ gooi¹ bei² goo² goo³ ngoo⁵ laa¹.

7. A: 嗰 本 廣 東 話 字 典 幾 錢
goo² buun² gwong² dung¹ waa² jii⁶ diin⁶ gei² chiin²
呀？
aa³ ?

B: 四 百 八 十 文。
sei³ baak⁸ baat⁸ sap⁹ man¹.

A: 唔 該 俾 兩 本 我。
m⁴ gooi¹ bei² leung⁵ buun² ngoo⁵.

---

8. A: 請 問 有 冇 張 學 友 嘅 CD
ching² man⁶ yau⁵ mou⁵ jeung¹ hook⁹ yau⁵ gee³ CD
呀？
aa³ ?

B: 有， 國 語 同 埋 廣 東 話 嘅
yau⁵, gwook⁸ yu⁵ tung⁴ maai⁴ gwong² dung¹ waa² gee³
歌 都 有， 你 要 邊 種 呀？
goo¹ dou¹ yau⁵, nei⁵ yiiu³ biin¹ jung² aa³ ?

A: 我 要 廣 東 話 嘅。
ngoo⁵ yiiu³ gwong² dung¹ waa² gee³.

B: 九 十 文 一 張。
gau² sap⁹ man¹ yat⁷ jeung¹.

第六課

二、単語と表現 🔊-60

1. 恤衫　　seut7 saam1　　（名）シャツ，ブラウス
2. 點　　　diim2　　　　　（疑）どのように，どういうふうに（動詞の前に置く）
3. 賣　　　maai6　　　　　（動）売る
4. 點賣　　diim2 maai6　　（疑）（値段が）いくら
5. 要　　　yiu3　　　　　 （動）欲しい，いる
6. 幾大　　gei2 daai6　　 （疑）どの大きさ（サイズに対し）
7. 晒士　　saai1 sii2　　 （名）サイズ
8. 中碼　　jung1 maa5　　 （名）Mサイズ
9. 大碼　　daai6 maa5　　 （名）Lサイズ
10. 文　　　man1　　　　　（名）ドル（香港ドルをいう時の単位）
11. 平　　　peng4　　　　　（形）安い
12. 啲　　　dii1　　　　　 （副）（より）少し〜，もっと〜（形容詞の後に置く）
13. 平啲　　peng4 dii1　　 （形）（より）少し安い，少し安く
14. 啦　　　laa1　　　　　 （語）〜してください，〜しましょう（依頼、命令、勧誘、同意などを表す）
15. 噉　　　gam2　　　　　（接）それでは，じゃあ

16.	幾多錢	gei² doo¹ chiin²	（疑）いくら（「幾錢」でも用いる）
17.	得	dak⁷	（動）出来る，いい，大丈夫
18.	唔得	m⁴ dak⁷	（動）出来ない，だめ
19.	咁	gam³	（副）こんなに，そのように（形容詞の前に置く）
20.	貴	gwai³	（形）（値段が）高い
21.	買	maai⁵	（動）買う
22.	喇	laa³	（語）〜ですよ，〜です（動作や状態の完成又は決定などを表す）
23.	顏色	ngaan⁴ sik⁷	（名）色
24.	黃色	wong⁴ sik⁷	（形）黄色，黄色い
25.	綠色	luk⁹ sik⁷	（形）緑
26.	靚	leng³	（形）きれい
27.	抵買	dai² maai⁵	（形）買い得
28.	㗎	gaa³	（語）〜ですよ（自分の意思、判断、意見などを強く相手に押しつけようとする気持ちを表す）
29.	絲綢	sii¹ chau⁴	（名）シルク
30.	背心	buui³ sam¹	（名）タンクトップ，ベスト

第六課

31.	白色	baak⁹ sik⁷	（形）	白，白い
32.	粉紅色	fan² hung⁴ sik⁷	（形）	ピンク色
33.	黑色	hak⁷ sik⁷	（形）	黒，黒い
34.	唔該	m⁴ gooi¹	（応）	①（謝意を表す）どうもありがとう，どうもすみません ②（人に依頼する時）すみませんが〜お願いします，すみません，〜してください
35.	俾	bei²	（動）	①もらう，くれる，払う ②（注文をする時）〜をください
36.	張學友	jeung¹ hook⁹ yau⁵	（名）	ジャッキー・チュン（香港の有名な歌手）
37.	國語	gwook⁸ yu⁵	（名）	中国語（北京語を指す）

三、訳

1. A： ちょっとお伺いしたいのですが、シャツはありますか？
   B： ありますが、サイズはどのくらいですか？
   A： MとLサイズです。

2. A： あのシャツはいくらですか？
   B： 一枚150香港ドルです。
   A： これは？
   B： 180香港ドル。
   A： 二枚買いますから、少し安くしてくださいよ。
   B： じゃあ、二枚で300香港ドル。

3. A： あのかばんは一個いくらですか？
   B： 370香港ドルです。
   A： 少し安くして、200香港ドルにできませんか？
   B： それはできません。350香港ドルにしましょう。
   A： そんなに高いなら買いません。

4. A： お嬢さん、何をお求めですか？
   B： セーターを二枚買いたいのですが。
   A： 何色がいいですか？
   B： 黄色と緑色です。
   A： この二枚はいかがでしょうか？
   B： とてもきれいですね、気に入りました。二枚でいくらですか？
   A： 500香港ドルです。とてもお買い得ですよ。

5. A: ちょっとお聞きしたいのですが、シルクのタンクトップはありますか？

　　B: あります。何枚必要ですか？

　　A: 白二枚とピンク三枚と黒五枚。全部でいくらですか？

　　B: シルクのタンクトップは一枚30香港ドルですから、十枚で合計300香港ドルです。

6. A: この腕時計はきれいでしょう。いかがですか？

　　B: ひとついくらですか？

　　A: 560香港ドルです。

　　B: あれは？

　　A: あれは少し安いです、370香港ドルです。

　　B: じゃあ、あの腕時計をください。

7. A: その広東語の辞書はいくらですか？

　　B: 480香港ドルです。

　　A: では、二冊ください。

8. A: すみません、ジャッキー・チュンのCDはありますか？

　　B: はい、北京語の歌も広東語の歌もあります。どちらがいいですか？

　　A: 広東語のほうを下さい。

　　B: 一枚90香港ドルです。

四、補充単語 🔊-61

1. 主な色

紅色	hung⁴ sik⁷	赤
藍色	laam⁴ sik⁷	青，ブルー
紫色	jii² sik⁷	紫
灰色	fuui¹ sik⁷	灰色，グレー
肉色	yuk⁹ sik⁷	肌色
橙色	chaang² sik⁷	オレンジ色
啡色	fee¹ sik⁷	茶色

2. 衣服類 🔊-62

西裝	sai¹ jong¹	スーツ（男性用）
套裝	tou³ jong¹	スーツ（女性用），ツーピース
制服	jai³ fuk⁹	制服
面衫	miin² saam¹	上着
T恤	T seut⁷	Tシャツ
底裙	dai² kwan⁴	スリップ

第六課

迷你裙	mai⁴ nei⁵ kwan⁴	ミニスカート
底衫	dai² saam¹	肌着, 下着
底褲	dai² fuu³	パンツ（下着）
褲	fuu³	パンツ, ズボン
襪	mat⁹	靴下
絲襪	sii¹ mat⁹	ストッキング
手巾仔	sau² gan¹ jai²	ハンカチ
領呔	leng⁵ taai¹	ネクタイ
皮帶	pei⁴ daai²	ベルト

3. 常用形容詞 [I] 🔊-63

大	daai⁶	大きい	⇔	細	sai³	小さい
多	doo¹	多い	⇔	少	siiu²	少ない
新	san¹	新しい	⇔	舊	gau⁶	古い
長	cheung⁴	長い	⇔	短	dyun²	短い
高	gou¹	（背などが）高い	⇔	矮	ngai²	低い

肥	fei4	太った	⇔	瘦	sau3	痩せた
				奀	ngan1	痩せた
遠	yun5	遠い	⇔	近	kan5	近い
快	faai3	（速度が）速い	⇔	慢	maan6	遅い
早	jou2	（時間が）早い	⇔	晏	ngaan3	遅い
				遲	chii4	遅い
凍	dung3	冷たい 寒い	⇔	熱	yiit9	熱い
暖	lyun5	暖かい	⇔	涼	leung4	涼しい
厚	hau5	厚い	⇔	薄	book9	薄い
難	naan4	難しい	⇔	容易	yung4 yii6	やさしい
輕	heng1	軽い	⇔	重	chung5	重い
緊	gan2	（サイズが）きつい	⇔	鬆	sung1	ゆるい
淺	chiin2	（深さが）浅い （色が）薄い	⇔	深	sam1	深い 濃い

第六課

五、構文

1. 百以上の数の数え方 🔊-64

広東語では101、1010など桁と桁の間にゼロがある時は、そのゼロを「零 ling4」と読みます。但し、ゼロが二つ以上あっても、一度だけ「零」と読みます。

100	一百	yat7 baak8
101	一百零一	yat7 baak8 ling4 yat7
102	一百零二	yat7 baak8 ling4 yii6
110	一百一十	yat7 baak8 yat7 sap9
111	一百一十一	yat7 baak8 yat7 sap9 yat7
120	一百二十	yat7 baak8 yii6 sap9
1,000	一千	yat7 chiin1
1,010	一千零一十	yat7 chiin1 ling4 yat7 sap9
1,020	一千零二十	yat7 chiin1 ling4 yii6 sap9
1,100	一千一百	yat7 chiin1 yat7 baak8
10,000	一萬	yat7 maan6
10,001	一萬零一	yat7 maan6 ling4 yat7
一億	一億	yat7 yik7

2. 通貨の数え方 🔊-65

香港ドル（HK$）では「１ドル（一文 yat7 man1）」が基本単位で、「10セント」は「一毫 yat7 hou4」又は「一毫子 yat7 hou4 jii2」といい、「１セント」は「一個仙 yat7 goo3 siin1」と分けて言っています。

HK$0.02	兩個仙	leung⁵ goo³ siin¹
HK$0.50	五毫子	ng⁵ hou⁴ jii²
HK$10	十文	sap⁹ man¹
HK$100	一百文	yat⁷ baak⁸ man¹
HK$1,030	一千零三十文	yat⁷ chiin¹ ling⁴ saam¹ sap⁹ man¹
HK$2,000	兩千文	leung⁵ chiin¹ man¹
HK$10,500	一萬零五百文	yat⁷ maan⁶ ling⁴ ng⁵ baak⁸ man¹

又、「5.5ドル」のように、後ろにセントがつく場合、ドルの単位は通常「文」ではなく「個」を使います。セントを言う時、一番最後にくる単位は省略されます。又、「1.20ドル」と言う時は1ドルの「一 yat⁷」は略されます。

HK$1.2	個二	goo³ yii⁶
HK$1.5	個半	goo³ buun³
HK$2.2	兩個二	leung⁵ goo³ yii⁶
HK$7.83	七個八毫三	chat⁷ goo³ baat⁸ hou⁴ saam¹
HK$65.5	六十五個半	luk⁹ sap⁹ ng⁵ goo³ buun³
HK$53.67	五十三個六毫七	ng⁵ sap⁹ saam¹ goo³ luk⁹ hou⁴ chat⁷
HK$109.4	一百零九個四	yat⁷ baak⁸ ling⁴ gau² goo³ sei³
HK$2,004.3	兩千零四個三	leung⁵ chiin¹ ling⁴ sei³ goo³ saam¹

3. 形容詞を使った表現 🔊-66

（1）形容詞文の肯定、否定、疑問文

形容詞の肯定、否定、疑問文の構造は動詞と同じです。又、肯定文では通常形容詞の前に、副詞「好」を置きます。

肯定文：呢 枝 筆 好 貴。
　　　　nii¹　jii¹　bat⁷　hou²　gwai³.

（このペンはとても高いです。）

否定文：呢 枝 筆 唔 貴。
　　　　nii¹　jii¹　bat⁷　m⁴　gwai³.

（このペンは高くありません。）

疑問文：呢 枝 筆 貴 唔 貴 呀？
　　　　nii¹　jii¹　bat⁷　gwai³　m⁴　gwai³　aa³？

（このペンは高いですか？）

（2）形容詞 ＋ 啲　少し〜，もっと〜，ちょっと，もう少し

　この「啲」は複数を表す量詞ではなく、形容詞の後ろについて、「もう少し〜である」という比較を表す意味になります。

a．平 啲 啦。
　　peng⁴　dii¹　laa¹.

（少し安くして下さい。）

b．呢 件 恤 衫 貴 啲。
　　nii¹　giin⁶　seut⁷　saam¹　gwai³　dii¹.

（このシャツはちょっと高いです。）

c．請 問 有 冇 大 啲 嘅 手 袋 呀？
　　ching²　man⁶　yau⁵　mou⁵　daai⁶　dii¹　gee³　sau²　dooi²　aa³？

（ちょっとお伺いしたいのですが、もっと大きなかばんはありますか？）

d. 呢 部 電 視 機 新 啲。
　　nii¹　bou⁶　diin⁶　sii⁶　gei¹　san¹　dii¹.

（このテレビの方が新しいです。）

（3）咁 + 形容詞　こんなに，そんなに

　この「咁」は程度を表す副詞で，形容詞の前に置き，「こんなに，そんなに」という強調を表します。

a. 你 屋 企 咁 遠， 我 唔 去。
　　nei⁵　nguk⁷　kei²　gam³　yun⁵,　ngoo⁵　m⁴　heui³.

（お宅がそんなに遠くては、私は行きません。）

b. 佢 唔 鍾 意 咁 短 嘅 裙。
　　keui⁵　m⁴　jung¹　yii³　gam³　dyun²　gee³　kwan⁴.

（彼女はこんなに短いスカートは好きではありません。）

c. 呢 件 冷 衫 咁 靚， 喺 邊
　　nii¹　giin⁶　laang¹　saam¹　gam³　leng³,　hai²　biin¹
　度 買 㗎？
　　dou⁶　maai⁵　gaa³？

（こんなにきれいなセーターをどこで買ったのですか？）

d. 呢 杯 茶 咁 熱， 佢 唔 飲。
　　nii¹　buui¹　chaa⁴　gam³　yiit⁹,　keui⁵　m⁴　yam².

（こんなに熱いお茶は、彼は飲みません。）

4．〜得唔得呀？　〜することができますか？，〜して大丈夫ですか？

　肯定文の後ろにこの「得唔得呀？」を付けると「…することができますか？」という許可を求める言い方になります。答え方は動詞と同様、肯定なら「得」否定ならば「唔得」となります。

🔊-67

a. A：媽咪，我睇電視得唔得呀？
　　maa¹　mii⁴,　ngoo⁵ tai² diin⁶ sii⁶ dak⁷ m⁴ dak⁷ aa³?

（お母さん、テレビを見てもいい？）

　B：得。
　　dak⁷.

（いいわよ。）

b. A：喺呢度食煙得唔得呀？
　　hai² nii¹ dou⁶ sik⁹ yiin¹ dak⁷ m⁴ dak⁷ aa³?

（ここでタバコを吸ってもいいですか？）

　B：唔得。
　　m⁴ dak⁷.

（だめです。）

c. 佢喺你屋企住得唔得呀？
　keui⁵ hai² nei⁵ nguk⁷ kei² jyu⁶ dak⁷ m⁴ dak⁷ aa³?

（彼女はあなたのお宅に泊まれますか？）

5. 點 ＋ 動詞　どの様に〜，どういうふうに〜　🔊-68

a. 呢個字點讀呀？
　nii¹ goo³ jii⁶ diim² duk⁹ aa³?

（この字はどのように読みますか？）

b. 你 嘅 名 點 寫 呀？
   nei⁵ gee³ meng² diim² see² aa³ ?

   （あなたの名前はどのように書きますか？）

c. 嗰 間 學 校 點 去 呀？
   goo² gaan¹ hook⁹ haau⁶ diim² heui³ aa³ ?

   （あの学校へはどうやって行きますか？）

d. 佢 點 嚟 尖 沙 咀 呀？
   keui⁵ diim² lai⁴ jiim¹ saa¹ jeui² aa³ ?

   （彼はどうやってチムサァチョイに来ますか？）

6. ～啦　～して下さい，～しましょう　🔊-69

a. 請 飲 茶 啦。
   ching² yam² chaa⁴ laa¹.

   （どうぞお茶を飲んでください。）

b. 快 啲 啦。
   faai³ dii¹ laa¹.

   （もっと速くしてください。）

c. 我 哋 一 齊 去 香 港 啦。
   ngoo⁵ dei⁶ yat⁷ chai⁴ heui³ heung¹ gong² laa¹.

   （一緒に香港へ行きましょうよ。）

d. 唔 該, 講 廣 東 話 啦。
   m⁴ gooi¹, gong² gwong² dung¹ waa² laa¹.

   （すみません、広東語で話してください。）

第六課

7. 動詞「俾」の使い方 🔊-70

（1）主語 ＋ 俾 ＋ 直接目的語（物）＋ 間接目的語（人）

〜を…にあげる（くれる），〜をください。

a. 佢 俾 呢 本 書 李 先 生。
   keui5 bei2 nii1 buun2 syu1 lei5 siin1 saang1.

（彼はこの本を李さんにあげます。）

b. 爸 爸 俾 錢 我。
   baa4 baa1 bei2 chiin2 ngoo5.

（父は私にお金をくれます。）

c. 我 俾 呢 架 相 機 你。
   ngoo5 bei2 nii1 gaa3 seung2 gei1 nei5.

（私はこのカメラをあなたにあげます。）

d. 唔 該, 俾 杯 啤 酒 我。
   m4 gooi1, bei2 buui1 bee1 jau2 ngoo5.

（すみません、ビールをください。）

（2）主語 ＋ 俾 ＋ 金錢 払う

今 日 我 俾 錢。
gam1 yat9 ngoo5 bei2 chiin2.

（今日は私が払います。）

六、練習問題

A. 話す練習

a．置き換え練習

1. <u>呢對鞋</u>好<u>靚</u>，不過<u>緊</u>啲。
   佢間屋企好大　　　　　遠啲
   呢架電視機好平　　　　款色（fuun² sik⁷ 型）舊啲
   （この靴はとてもきれいですが、少しきついです。）

2. <u>呢架相機咁平</u>，你喺邊度買㗎？
   呢件恤衫咁靚
   呢部辭典咁薄
   （こんなに安いカメラをどこで買ったのですか？）

3. 我喺呢度<u>食煙</u>得唔得呀？
   　　　瞓覺
   　　　跳舞
   （ここでタバコを吸ってもいいですか？）

4. 你想俾邊本小説佢呀？
   　　條裙
   　　張ＣＤ
   （あなたはどの小説を彼にあげたいのですか？）

b．次の数字を広東語で言いなさい。

23　　35　　98　　105　　124　　678
931　　1,023　　2,004　　3,156　　41,523　　10,068

c．次の金銭の数を広東語で言いなさい。（HK$ ～）

0.05   0.08   0.20   0.70   0.85   3.00   4.50   12.3   1.40

1.50   2.50   6.35   48.1   63.05   1.70

100   270   305   850   950.93   105.2   406.3   800.5   1,000

1,001.3   1,060   3,000   5,036.8   10,000   18,000

d．次の会話をよく読んで、日本語に直しなさい。

王　：早晨，田中小姐。

田中：早晨，王小姐。

王　：你去邊度呀？

田中：我去銅鑼灣，想買啲手信（sau² seun³ お土産）。

王　：我都想去銅鑼灣，我哋一齊去啦。

田中：好呀。點去呀？

王　：搭地鐵（daap⁸ dei⁶ tiit⁸ 地下鉄に乗る）去。

　　　你想買啲乜嘢呀？

田中：我想買手袋、絲綢恤衫同埋T恤。

王　：噉，去嗰間百貨公司啦。

（店で）

田中：呢個手袋靚定係嗰個手袋靚呀？

王　：兩個都好靚。不過，你鍾意乜嘢顏色呀？

田中：我鍾意藍色嘅。

王　：噉，嗰個好啲。

田中：(店員に) 唔該，俾嗰個藍色嘅手袋我，幾錢呀？

店員：六百八十文。

田中：咁貴，平啲得唔得呀？

店員：你要幾個呀？

田中：我買兩個。

店員：噉，平啲俾你啦。

B. 書く練習

a．次の発音表記を漢字に直しなさい。

1. gei² doo¹ chiin²
2. peng⁴ dii¹
3. dak⁷ m⁴ dak⁷
4. dai² maai⁵
5. goo² tiiu⁴ kwan⁴ diim² maai⁶ aa³ ?
6. m⁴ gooi¹, bei² leung⁵ buui¹ gaa³ fee¹ ngoo⁵.

b. 次の文を日本語に訳し、更に否定文と疑問文に直しなさい。

1. 佢細佬好高。
2. 陳小姐間學校好遠。
3. 香港嘅夜景（yee6 ging2 夜景）好靚。
4. 德國車好貴。
5. 嗰碗湯好熱。
6. 李先生間屋企好大。

c. 次の文を広東語に直しなさい。

1. すみません、もっと大きな部屋（房 fong2）がありますか？
2. ちょっとお尋ねしたいのですが、新宿へはどうやって行きますか？
3. すみません、あの香水（香水 heung1 seui2）は一本いくらですか？
4. あなたは何色のセーターが好きですか？赤ですか、それとも黄色ですか？
5. このカバンはとても高いですが、あれはもう少し安いです。
6. どうぞ（請 ching2）入ってください。
7. 家へ帰っていいですか？
8. このテレビはこんなに古いから、私はいりません。
9. 私の広東語の先生は香港の雑誌をたくさんくれます。
10. すみません、新聞を一部（份 fan6 部）ください。

第七課

今 日 係 幾 號 呀？
gam¹ yat⁹ hai⁶ gei² hou⁶ aa³ ?

（今日は何日ですか？）

一、会話 🔊-71

1. A: 今　　日　　係　　幾　　號　　呀？
   　　gam¹ yat⁹ hai⁶ gei² hou⁶ aa³ ?
   B: 今　　日　　係　　二　　十　　六　　號。
   　　gam¹ yat⁹ hai⁶ yii² sap⁹ luk⁹ hou⁶.

2. A: 琴　　日　　係　　禮　　拜　　幾　　呀？
   　　kam⁴ yat⁹ hai⁶ lai⁵ baai³ gei² aa³ ?
   B: 琴　　日　　係　　禮　　拜　　三。
   　　kam⁴ yat⁹ hai⁶ lai⁵ baai³ saam¹.

3. A: 下　　個　　禮　　拜　　六　　係　　幾　　號　　呀？
   　　haa⁶ goo³ lai⁵ baai³ luk⁹ hai⁶ gei² hou⁶ aa³ ?
   B: 下　　個　　禮　　拜　　六　　係　　二　　號。
   　　haa⁶ goo³ lai⁵ baai³ luk⁹ hai⁶ yii⁶ hou⁶.

4. A: 你　　嘅　　生　　日　　係　　幾　　月　　幾　　號　　呀？
   　　nei⁵ gee³ saang¹ yat⁹ hai⁶ gei² yut⁹ gei² hou⁶ aa³ ?
   B: 我　　嘅　　生　　日　　係　　一　　月　　二　　十　　號。
   　　ngoo⁵ gee³ saang¹ yat⁹ hai⁶ yat⁷ yut⁹ yii⁶ sap⁹ hou⁶.
   　　你　　呢？　　你　　係　　邊　　一　　年　　出　　世　　㗎？
   　　nei⁵ nee¹ ? nei⁵ hai⁶ biin¹ yat⁷ niin⁴ cheut⁷ sai³ gaa³ ?
   A: 我　　係　　1　　9　　6　　5　　年　　出　　世　　嘅。
   　　ngoo⁵ hai⁶ yat⁷ gau² luk⁹ ng⁵ niin⁴ cheut⁷ sai³ gee³.

5. A: 你 聽 日 使 唔 使 返 學 呀？
   nei⁵ ting¹ yat⁹ sai² m⁴ sai² faan¹ hook⁹ aa³ ?

   B: 唔 使， 我 唔 使 返 學。 你 呢？
   m⁴ sai², ngoo⁵ m⁴ sai² faan¹ hook⁹. nei⁵ nee¹?

   你 聽 日 使 唔 使 返 工 呀？
   nei⁵ ting¹ yat⁹ sai² m⁴ sai² faan¹ gung¹ aa³ ?

   A: 聽 日 係 禮 拜 六， 本 來 唔 使
   ting¹ yat⁹ hai⁶ lai⁵ baai³ luk⁹, buun² looi⁴ m⁴ sai²

   返 工， 不 過， 因 爲 公 司 好 忙，
   faan¹ gung¹, bat⁷ gwoo³, yan¹ wai⁶ gung¹ sii¹ hou² mong⁴,

   所 以 聽 日 要 返 工。
   soo² yii⁵ ting¹ yat⁹ yiiu³ faan¹ gung¹.

6. A: 今 個 禮 拜 六 你 使 唔 使 去 練
   gam¹ goo³ lai⁵ baai³ luk⁹ nei⁵ sai² m⁴ sai² heui³ liin⁶

   習 網 球 呀？
   jaap⁹ mong⁵ kau⁴ aa³ ?

   B: 要， 因 爲 再 下 個 禮 拜 六 有
   yiiu³, yan¹ wai⁶ jooi³ haa⁶ goo³ lai⁵ baai³ luk⁹ yau⁵

   比 賽， 所 以 呢 個 禮 拜 日 日
   bei² chooi³, soo² yii⁵ nii¹ goo³ lai⁵ baai³ yat⁹ yat⁹

   都 要 練 習。
   dou¹ yiiu³ liin⁶ jaap⁹.

7. A: 你 返 學 使 唔 使 搭 地 鐵 呀？
   nei⁵ faan¹ hook⁹ sai² m⁴ sai² daap⁸ dei⁶ tiit⁸ aa³ ?

   B: 唔 使。 我 返 學 唔 使 搭 地 鐵，
   m⁴ sai². ngoo⁵ faan¹ hook⁹ m⁴ sai² daap⁸ dei⁶ tiit⁸,

   不 過 要 搭 巴 士。 你 呢？ 你 搭
   bat⁷ gwoo³ yiiu³ daap⁸ baa¹ sii². nei⁵ nee¹? nei⁵ daap⁸

   乜 嘢 返 學 呀？
   mat⁷ yee⁵ faan¹ hook⁹ aa³ ?

   A: 我 唔 使 搭 地 鐵。 因 爲 學 校
   ngoo⁵ m⁴ sai² daap⁸ dei⁶ tiit⁸. yan¹ wai⁶ hook⁹ haau⁶

   好 近， 我 行 路 返 學。
   hou² kan⁵, ngoo⁵ haang⁴ lou⁶ faan¹ hook⁹.

8. A: 你 出 年 打 唔 打 算 去 中 國 呀？
nei⁵ cheut⁷ niin² daa² m⁴ daa² syun³ heui³ jung¹ gwook⁸ aa³?

B: 我 出 年 唔 打 算 去 中 國 喇，我 想 去 泰 國。
ngoo⁵ cheut⁷ niin² m⁴ daa² syun³ heui³ jung¹ gwook⁸ laa³, ngoo⁵ seung² heui³ taai³ gwook⁸.

9. A: 你 係 唔 係 每 年 都 去 香 港 旅 行 呀？
nei⁵ hai⁶ m⁴ hai⁶ muui⁵ niin⁴ dou¹ heui³ heung¹ gong² leui⁵ hang⁴ aa³?

B: 係 呀，我 年 年 暑 假 都 去 香 港，因 爲 我 好 鍾 意 香 港。
hai⁶ aa³, ngoo⁵ niin⁴ niin⁴ syu² gaa³ dou¹ heui³ heung¹ gong², yan¹ wai⁶ ngoo⁵ hou² jung¹ yii³ heung¹ gong².

10. A: 下 個 禮 拜 想 同 朋 友 去 你 屋 企。你 禮 拜 幾 最 得 閑 呀？
haa⁶ goo³ lai⁵ baai³ seung² tung⁴ pang⁴ yau⁵ heui³ nei⁵ nguk⁷ kei². nei⁵ lai⁵ baai³ gei² jeui³ dak⁷ haan⁴ aa³?

B: 禮 拜 六 嘅 下 晝 最 得 閑。
lai⁵ baai³ luk⁹ gee³ haa⁶ jau³ jeui³ dak⁷ haan⁴.

11. A: 後 晚 禮 拜 五 同 我 一 齊 去 睇 電 影 好 唔 好 呀？
hau⁶ maan⁵ lai⁵ baai³ ng⁵ tung⁴ ngoo⁵ yat⁷ chai⁴ heui³ tai² diin⁶ ying² hou² m⁴ hou² aa³?

B: 對 唔 住，後 晚 我 要 開 會，好 忙，唔 得 閑 同 你 一 齊 去。第 日 再 去 啦。
deui³ m⁴ jyu⁶, hau⁶ maan⁵ ngoo⁵ yiiu³ hooi¹ wuui², hou² mong⁴, m⁴ dak⁷ haan⁴ tung⁴ nei⁵ yat⁷ chai⁴ heui³. dai⁶ yat⁹ jooi³ heui³ laa¹.

二、単語と表現 🔊-72

1. 今日 　　　　gam¹ yat⁹　　　　（名）今日
2. 幾號 　　　　gei² hou⁶　　　　（疑）何日
3. ～號 　　　　hou⁶　　　　　　（名）～日
4. 琴日 　　　　kam⁴ yat⁹　　　　（名）昨日（「噚日 cham⁴ yat⁹」とも言う）
5. 禮拜 　　　　lai⁵ baai³　　　　（名）週（「星期 sing¹ kei⁴」とも言う）
6. 禮拜幾 　　　lai⁵ baai³ gei²　　（疑）何曜日
7. 禮拜三 　　　lai⁵ baai³ saam¹　（名）水曜日
8. 下個禮拜 　　haa⁶ goo³ lai⁵ baai³　（名）来週
9. 禮拜六 　　　lai⁵ baai³ luk⁹　　（名）土曜日
10. 生日 　　　　saang¹ yat⁹　　　（名）誕生日
11. 幾月 　　　　gei² yut⁹　　　　（疑）何月
12. ～月 　　　　yut⁹　　　　　　（名）～月
13. 係～嘅 　　　hai⁶～ gee³　　　～たのです
14. 邊（一）年 　biin¹ (yat⁷) niin⁴　（疑）何年
15. 出世 　　　　cheut⁷ sai³　　　（動）生まれる
16. 聽日 　　　　ting¹ yat⁹　　　　（名）明日
17. 使唔使+動詞　sai² m⁴ sai²　　　（助動）～する必要がありますか
18. 唔使（+動詞）m⁴ sai²　　　　　（助動）～する必要がない，～しなくてもよい
19. 本來 　　　　buun² looi⁴　　　（接）本来
20. 因爲 　　　　yan¹ wai⁶　　　　（接）なぜなら～ので

21.	忙	mong⁴	（形）忙しい
22.	所以	soo² yii⁵	（接）だから～
23.	要＋動詞	yiiu³	（助動）～しなければならない，もうすぐ～する，～したい
24.	今個禮拜	gam¹ goo³ lai⁵ baai³	（名）今週（「呢個禮拜」とも言う）
25.	練習	liin⁶ jaap⁹	（名）練習（する）
26.	網球	mong⁵ kau⁴	（名）テニス
27.	再下個禮拜	jooi³ haa⁶ goo³ lai⁵ baai³	（名）再来週
28.	比賽	bei² chooi³	（名）試合（をする）
29.	日日	yat⁹ yat⁹	（名）毎日
30.	地鐵	dei⁶ tiit⁸	（名）地下鉄
31.	巴士	baa¹ sii²	（名）バス
32.	學校	hook⁹ haau⁶	（名）学校
33.	行路	haang⁴ lou⁶	（動）歩く
34.	出年	cheut⁷ niin²	（名）来年
35.	打算＋動詞	daa² syun³	（助動）～するつもりだ
36.	每年	muui⁵ niin⁴	（名）毎年
37.	年年	niin⁴ niin⁴	（名）毎年
38.	暑假	syu² gaa³	（名）夏休み
39.	朋友	pang⁴ yau⁵	（名）友達
40.	最	jeui³	（副）最も，一番

41.	得閑	dak7 haan4	（動）	暇である
42.	下晝	haa6 jau3	（名）	午後
43.	後晚	hau6 maan5	（名）	あさっての晩
44.	禮拜五	lai5 baai3 ng5	（名）	金曜日
45.	一齊	yat7 chai4	（副）	一緒に
46.	好	hou2	（形）	よい
47.	開會	hooi1 wuui2	（動）	会議を開く
48.	第日	dai6 yat9	（名）	後日，別の日
49.	再	jooi3	（副）	もう一度，また

コーズウェイベイ

三、訳

1. A：今日は何日ですか？
   B：今日は26日です。

2. A：昨日は何曜日ですか？
   B：昨日は水曜日です。

3. A：来週の土曜日は何日ですか？
   B：来週の土曜日は2日です。

4. A：あなたの誕生日は何月何日ですか？
   B：私の誕生日は1月20日です。あなたは？何年生まれですか？
   A：私は1965年生まれです。

5. A：あなたは明日学校へ行かなければなりませんか？
   B：いいえ、行かなくてもいいです。あなたは？明日会社へ行かなければなりませんか？
   A：明日は土曜日で、本来なら行かなくてもいいのですが、会社がとても忙しいので、明日は行かなければなりません。

6. A：今週の土曜日、あなたはテニスの練習へ行かなければなりませんか？
   B：はい、再来週の土曜日に試合があるので、今週は毎日練習に行かなければなりません。

7. A：あなたは通学に地下鉄を使う必要がありますか？
   B：いいえ、地下鉄に乗る必要はありませんが、バスに乗らなければなりません。あなたはどうやって学校へ行きますか？
   A：私は地下鉄に乗る必要はありません。学校はとても近いので、歩いて通います。

8. A： あなたは来年中国へ行くつもりですか？
   B： 私は来年は中国へは行かないつもりです。タイに行きたいです。

9. A： あなたは毎年香港へ旅行に行きますか？
   B： はい、私は毎年夏休みは香港へ行きます。香港が大好きだからです。

10. A： 来週友達と一緒にお宅に伺いたいのですが、何曜日が一番お暇ですか？
    B： 土曜日の午後が一番暇です。

11. A： あさっての晩、金曜日に、私と一緒に映画を見に行きませんか？
    B： ごめんなさい。あさっての晩は会議に出席しなければならないので、忙しくてあなたと一緒に行く暇がありません。後日また行きましょう。

スタンレーマーケット

四、補充単語

1. 曜日　「禮拜」または「星期」を使います。週を言うときは「禮拜、星期」の前に数量詞「個」を使います。

禮拜日	lai[5] baai[3] yat[9]	日曜日
禮拜一	lai[5] baai[3] yat[7]	月曜日
禮拜二	lai[5] baai[3] yii[6]	火曜日
禮拜三	lai[5] baai[3] saam[1]	水曜日
禮拜四	lai[5] baai[3] sei[3]	木曜日
禮拜五	lai[5] baai[3] ng[5]	金曜日
禮拜六	lai[5] baai[3] luk[9]	土曜日
禮拜幾	lai[5] baai[3] gei[2]	何曜日
幾多個禮拜	gei[2] doo[1] goo[3] lai[5] baai[3]	何週間
幾個禮拜	gei[2] goo[3] lai[5] baai[3]	数週間
一個禮拜	yat[7] goo[3] lai[5] baai[3]	１週間
兩個禮拜	leung[5] goo[3] lai[5] baai[3]	２週間
邊個禮拜	biin[1] goo[3] lai[5] baai[3]	どの週
再上個禮拜	jooi[3] seung[6] goo[3] lai[5] baai[3]	先々週
上個禮拜	seung[6] goo[3] lai[5] baai[3]	先週
呢個禮拜	nii[1] goo[3] lai[5] baai[3]	今週
今個禮拜	gam[1] goo[3] lai[5] baai[3]	今週
下個禮拜	haa[6] goo[3] lai[5] baai[3]	来週

再下個禮拜	jooi³ haa⁶ goo³ lai⁵ baai³	再来週
今個禮拜一	gam¹ goo³ lai⁵ baai³ yat⁷	今週の月曜日
週末	jau¹ muut⁹	週末

2. **日付** 何日と言うときは「號」、何日間と言うときは「日」を使います。

一號	yat⁷ hou⁶	1日
二號	yii⁶ hou⁶	2日
兩日	leung⁵ yat⁹	2日間
十日	sap⁹ yat⁹	10日間
幾多日	gei² doo¹ yat⁹	何日間
幾日	gei² yat⁹	何日間，数日間
邊日	biin¹ yat⁹	どの日
大前日	daai⁶ chiin⁴ yat⁹	さきおととい
前日	chiin⁴ yat⁹	おととい
琴日	kam⁴ yat⁹	昨日
噚日	cham⁴ yat⁹	昨日
今日	gam¹ yat⁹	今日
聽日	ting¹ yat⁹	明日
後日	hau⁶ yat⁹	あさって
大後日	daai⁶ hau⁶ yat⁹	しあさって

3. ～月 何月と言うときは「月」、期間を表す何か月間と言うときは「月」の前に数量詞「個」をおきます。

一月	yat⁷ yut⁹	1月
二月	yii⁶ yut⁹	2月
十二月	sap⁹ yii⁶ yut⁹	12月
兩個月	leung⁵ goo³ yut⁹	2か月
十個月	sap⁹ goo³ yut⁹	10か月
幾多個月	gei² doo¹ goo³ yut⁹	何か月
幾個月	gei² goo³ yut⁹	数か月
幾月	gei² yut⁹	何月
邊個月	biin¹ goo³ yut⁹	どの月
上個月	seung⁶ goo³ yut⁹	先月
今個月	gam¹ goo³ yut⁹	今月
呢個月	nii¹ goo³ yut⁹	今月
下個月	haa⁶ goo³ yut⁹	来月
月頭	yut⁹ tau⁴	月初め
月尾	yut⁹ mei⁵	月末
上旬	seung⁶ cheun⁴	上旬
中旬	jung¹ cheun⁴	中旬
下旬	haa⁶ cheun⁴	下旬

第七課

4. 〜年 年号の読み方は各桁の数字を順番に読み、最後に「年」を付けます。

2005 年	yii6 ling4 ling4 ng5 niin4	
1997 年	yat7 gau2 gau2 chat7 niin4	
昭和 39 年	jiiu1 woo4 saam1 sap9 gau2 niin4	
平成 6 年	ping4 sing4 luk9 niin4	
令和元年	ling6 woo4 yun4 niin4	
兩年	leung5 niin4	2 年
三年	saam1 niin4	3 年
幾多年	gei2 doo1 niin4	何年間
幾年	gei2 niin4	何年間，数年間
邊（一）年	biin1 (yat7) niin4	何年
大前年	daai6 chiin4 niin4	さきおととし
前年	chiin4 niin4	おととし
舊年	gau6 niin2	去年
今年	gam1 niin4	今年
出年	cheut7 niin2	来年
後年	hau6 niin4	再来年
年頭	niin4 tau4	年始
年尾	niin4 mei5	年末

五、構文

1. 要 + 動詞　〜しなければならない（必要性、必然性を表す）　🔊-73

　　a．下 個 禮 拜 我 要 去 出 差。
　　　　haa6 goo3 lai5 baai3 ngoo5 yiiu3 heui3 cheut7 chaai1.
　　（来週私は出張しなければなりません。）

　　b．你 要 講 廣 東 話。
　　　　nei5 yiiu3 gong2 gwong2 dung1 waa2.
　　（あなたは広東語を話さなければなりません。）

　　c．細 佬 而 家 要 做 功 課。
　　　　sai3 lou2 yii4 gaa1 yiiu3 jou6 gung1 foo3.
　　（弟は今宿題をしなければなりません。）

2. 唔使 + 動詞　〜しなくてもいい，〜する必要がない　🔊-74

　　a．今 日 唔 使 煮 飯。
　　　　gam1 yat9 m4 sai2 jyu2 faan6.
　　（今日はご飯を作らなくてもいいです。）

　　b．疑問文：你 哋 今 日 使 唔 使 返 學 呀？
　　　　　　　　nei5 dei6 gam1 yat9 sai2 m4 sai2 faan1 hook9 aa3 ?
　　（あなたたちは今日学校へ行く必要がありますか？）

　　肯定：要，我 哋 今 日 要 返 學。
　　　　　yiiu3, ngoo5 dei6 gam1 yat9 yiiu3 faan1 hook9.
　　（はい、私たちは今日学校へ行かなければなりません。）

　　否定：唔 使，我 哋 今 日 唔 使 返 學。
　　　　　m4 sai2, ngoo5 dei6 gam1 yat9 m4 sai2 faan1 hook9.
　　（いいえ、私たちは今日学校へ行く必要はありません。）

◇注：疑問文を作るときは「使唔使」となり、文末に「呀」を加えます。肯定のときは「使」とは言わず、「要」を使い、否定の答え方では、「唔使」となります。使う言葉が変わることに注意してください。

3. 因爲＋（原因、理由を述べる文），所以＋（結果を述べる文） 🔊-75

「なぜなら～ので、だから…」と原因、結果を言うとき、この「因爲～、所以…」を使います。

a. <u>因爲</u> 佢 發 燒, <u>所以</u> 今 日 唔 嚟。
　　yan¹ wai⁶ keui⁵ faat⁸ siu¹, soo² yii⁵ gam¹ yat⁹ m⁴ lai⁴.
（彼は熱があるので、今日は来ません。）

b. <u>因爲</u> 小 林 小 姐 想 喺 香 港 做
　　yan¹ wai⁶ siu² lam⁴ siu² jee² seung² hai⁶ heung¹ gong² jou⁶
　嘢, <u>所以</u> 佢 要 學 廣 東 話。
　　yee⁵, soo² yii⁵ keui⁵ yiiu³ hook⁹ gwong² dung¹ waa².
（小林さんは香港で働きたいと思っているので、広東語を勉強しなければなりません。）

4. …，因爲～．…。（なぜなら）～ので。 🔊-76

a. 我 後 日 唔 去 睇 戲 喇, <u>因 爲</u> 我
　　ngoo⁵ hau⁶ yat⁹ m⁴ heui³ tai² hei³ laa³, yan¹ wai⁶ ngoo⁵
　要 加 班。
　　yiiu³ gaa¹ baan¹.
（私はあさって映画を見に行きません。なぜなら、残業しなければなりませんから。）

b. 我 而 家 唔 想 食 嘢, <u>因 爲</u> 我 感
　　ngoo⁵ yii⁴ gaa¹ m⁴ seung² sik⁹ yee⁵, yan¹ wai⁶ ngoo⁵ gam²
　冒。
　　mou⁶.
（私は今食べたくありません。なぜなら、風邪をひいているので。）

5. 打算＋動詞 ～するつもりです。 🔊-77

a. 我 <u>打 算</u> 下 個 禮 拜 日 返 北 海 道。
　　ngoo⁵ daa² syun³ haa⁶ goo³ lai⁵ baai³ yat⁹ faan¹ bak⁷ hooi² dou⁶.
（私は来週の日曜日に北海道へ帰るつもりです。）

b. 你 打 算 禮 拜 幾 去 嗰 間 學 校
   nei5 daa2 syun3 lai5 baai3 gei2 heui3 goo2 gaan1 hook9 haau6
   聽 課 呀？
   teng1 foo3 aa3 ?
   (あなたは何曜日にあの学校へ見学に行くつもりですか？)

c. 佢 打 唔 打 算 去 中 國 留 學 呀？
   keui5 daa2 m4 daa2 syun3 heui3 jung1 gwook8 lau4 hook9 aa3 ?
   (彼は中国へ留学するつもりですか？)

d. 我 妹 妹 唔 打 算 同 佢 結 婚。
   ngoo5 muui4 muui2 m4 daa2 syun3 tung4 keui5 giit8 fan1.
   (妹は彼と結婚するつもりはありません。)

6. 最＋形容詞　最も〜，一番〜　(形容詞の最上級) 🔊-78

a. 呢 個 班 邊 個 嘅 廣 東 話 最 叻
   nii1 goo3 baan1 biin1 goo3 gee3 gwong2 dung1 waa2 jeui3 leek7
   呀？
   aa3 ?
   (このクラスではだれの広東語が一番上手ですか？)

b. 上 個 禮 拜 最 忙。
   seung6 goo3 lai5 baai3 jeui3 mong4.
   (先週は一番忙しかったです。)

7. 唔得閑＋動詞　～する暇がない，～時間がない 🔊-79

a. 聽 日 佢 唔 得 閑 去 買 嘢。
ting1 yat9 keui5 m4 dak7 haan4 heui3 maai5 yee5.
（明日彼は買い物に行く暇がありません。）

b. 疑問文：下 個 禮 拜 日 你 得 唔 得 閑
haa6 goo3 lai5 baai3 yat9 nei5 dak7 m4 dak7 haan4
嚟 我 屋 企 呀？
lai4 ngoo5 nguk7 kei2 aa3 ?
（来週の日曜日、うちに来る時間がありますか？）

肯定：得 閑。下 個 禮 拜 日 我 得
dak7 haan4. haa6 goo3 lai5 baai3 yat9 ngoo5 dak7
閑 去 你 屋 企。
haan4 heui3 nei5 nguk7 kei2.
（はい、来週の日曜日、お宅に行く時間があります。）

否定：唔 得 閑，下 個 禮 拜 日 我
m4 dak7 haan4, haa6 goo3 lai5 baai3 yat9 ngoo5
唔 得 閑 去 你 屋 企。
m4 dak7 haan4 heui3 nei5 nguk7 kei2.
（いいえ、来週の日曜日、お宅に行く時間はありません。）

8. 同＋名詞＋一齊＋動詞．～と一緒に…をする。 🔊-80

a. 今 晚 我 同 田 中 小 姐 一 齊
gam1 maan5 ngoo5 tung4 tiin4 jung1 siiu2 jee2 yat7 chai4
食 飯。
sik9 faan6.
（今晩私は田中さんと一緒に食事をします。）

b. 我 唔 想 同 李 先 生 一 齊 去
ngoo5 m4 seung2 tung4 lei5 siin1 saang1 yat7 chai4 heui3
飲 酒。
yam2 jau2.
（私は李さんと一緒に飲みに行きたくありません。）

156

c．疑問文：<u>你</u> 今 日 <u>同 唔 同</u> 明 仔 <u>一 齊</u>
nei5 gam1 yat9 tung4 m4 tung4 ming4 jai2 yat7 chai4
返 學 呀？
faan1 hook9 aa3 ?

（あなたは今日明くんと一緒に学校へ行きますか？）

肯定：<u>同</u>, 我 今 日 <u>同</u> 明 仔 <u>一 齊</u>
tung4, ngoo5 gam1 yat9 tung4 ming4 jai2 yat7 chai4
返 學。
faan1 hook9.

（はい、私は今日明くんと一緒に学校へ行きます。）

否定：<u>唔 同</u>, 我 今 日 <u>唔 同</u> 明 仔
m4 tung4, ngoo5 gam1 yat9 m4 tung4 ming4 jai2
一 齊 返 學。
yat7 chai4 faan1 hook9.

（いいえ、私は今日明くんと一緒には学校へ行きません。）

六、練習問題

A. 話す練習

a．置き換え練習

1. 你聽日使唔使返工呀？
   　　　　　開會
   　　　　　加班

   （あなたは明日会社へ行かなければなりませんか？）

2. 因爲我感冒，所以唔想食嘢。
   　　　發燒（faat8 siu1 熱がある）
   　　　好飽（hou2 baau2 おなかが一杯）

   （私は風邪なので、食べたくありません。）

3. 我而家唔得閑同你玩 （waan2 遊ぶ）。
   　　　　　　傾偈（king1 gai2 話をする）
   　　　　　　飲茶

   （私は今あなたと遊ぶ時間がありません。）

4. 我打算下個月同媽咪一齊返香港。
   　　出年　　　　去旅行
   　　週末　　　　去滑雪（waat9 syut8 スキー）

   （私は来月母と一緒に香港に帰るつもりです。）

b．実際の状況にしたがって答え、日本語に訳しなさい。

1. 今日係幾月幾號禮拜幾呀？

2. 你嘅生日係幾月幾號呀？

3. 你禮拜幾學廣東話呀？

4. 你今個禮拜日打算去邊度呀？

5. 你喺邊度住呀？

6. 上個禮拜六係幾號呀？

c. 次の文をよく読んで、日本語に訳しなさい。

今日係禮拜六。下晝我打算同山田小姐一齊去廣東話文化中心聽課（teng¹ foo³ 授業を見学する）。本來我哋打算上個禮拜六去聽課，不過山田小姐嘅公司上個禮拜最忙，嗰日（goo² yat⁹ その日）佢要加班，唔得閑同我一齊去。

我哋嘅計劃（gai³ waak⁹ 計画）係禮拜一同禮拜四嘅夜晚（yee⁶ maan⁵ 夜）學廣東話，禮拜六下晝學北京話。因爲我哋出年要去廣州嘅分公司（fan¹ gung¹ sii¹ 支店）做嘢，所以我哋要學好（hook⁹ hou² マスターする）廣東話同北京話。

B. 書く練習

a. 次の発音表記を漢字に直しなさい。

1. gam¹ yat⁹　　**2.** biin¹ yat⁷ niin⁴
3. bei² chooi³　　**4.** lai⁵ baai³ gei²
5. nei⁵ maa⁴ maa¹ gee³ saang¹ yat⁹ hai⁶ gei² yut⁹ gei² hou⁶ aa³ ?
6. ngoo⁵ yii⁴ gaa¹ m⁴ dak⁷ haan⁴.
7. keui⁵ hai⁶ yat⁷ gau² chat⁷ ling⁴ niin⁴ cheut⁷ sai³ gee³.

b. 次の文を日本語に訳しなさい。

1. 下個週末你打算去邊度呀？

2. 你鍾唔鍾意同我哋一齊去旅行呀？

3. 因爲聽日打台風（daa² tooi⁴ fung¹ 台風がくる），所以唔使返學。

4. 呢幾個月都好忙，所以唔得閑去香港。

5. 你喺邊度出世呀？

6. 喺我嘅朋友之中（jii¹ jung¹ 〜の中で），佢嘅廣東話最叻。

7. 香港嘅點心（diim² sam¹ 点心）最好食（hou² sik⁹ おいしい）。

C. 次の文を広東語に訳しなさい。

1. 今日はだれの誕生日ですか？

2. あなたは何曜日の夜が一番お暇ですか？火曜日、木曜日、それとも土曜日の夜ですか？

3. ご主人もあなたと一緒にあの学校でフランス語（法文 faat⁸ man⁴）を勉強しますか？

4. 彼女は香港映画がとても好きなので、広東語を勉強したがっています。

5. 息子さんは、来月の中旬、それとも来月の月末にイギリスに出張に行きますか？

6. 明日の朝、私と一緒にランニング（跑步 paau² bou⁶）に行きませんか？

7. このレストランの中華料理は一番おいしいので、私は毎週日曜日に家族と一緒に飲茶をしに行きます。

第八課

而 家 幾 點 鐘 呀？
yii⁴　gaa¹　gei²　diim²　jung¹　aa³ ?

（今何時ですか？）

一、会話 🔊-81

1. A： 請　問　而　家　幾　點　鐘　呀？
ching² man⁶ yii⁴ gaa¹ gei² diim² jung¹ aa³ ?

B： 而　家　啱　啱　十　點　鐘。
yii⁴ gaa¹ ngaam¹ ngaam¹ sap⁹ diim² jung¹.

---

2. A： 今　晚　你　幾　點　鐘　上　課　呀？
gam¹ maan⁵ nei⁵ gei² diim² jung¹ seung⁵ foo³ aa³ ?

B： 今　晚　我　七　點　正　上　課。
gam¹ maan⁵ ngoo⁵ chat⁷ diim² jing³ seung⁵ foo³.

---

3. A： 琴　晚　你　幾　點　瞓　覺　呀？
kam⁴ maan⁵ nei⁵ gei² diim² fan³ gaau³ aa³ ?

B： 琴　晚　我　大　概　十　二　點　半　左　右
kam⁴ maan⁵ ngoo⁵ daai⁶ kooi³ sap⁹ yii⁶ diim² buun³ joo² yau⁶
瞓　覺。
fan³ gaau³.

A： 點　解　咁　夜　瞓　覺　呀？
diim² gaai² gam³ yee⁶ fan³ gaau³ aa³ ?

B： 因　爲　今　日　有　考　試，所　以　我　要
yan¹ wai⁶ gam¹ yat⁹ yau⁵ haau² sii³, soo² yii⁵ ngoo⁵ yiiu³
復　習　功　課。
fuk⁷ jaap⁹ gung¹ foo³.

4. A： 你 每 日 幾 點 起 身 呀？
nei⁵ muui⁵ yat⁹ gei² diim² hei² san¹ aa³ ?

B： 我 大 概 六 點 一 個 骨 左 右 起
ngoo⁵ daai⁶ kooi³ luk⁹ diim² yat⁷ goo³ gwat⁷ joo² yau⁶ hei²

身， 不 過 禮 拜 六 同 禮 拜 日
san¹, bat⁷ gwoo³ lai⁵ baai³ luk⁹ tung⁴ lai⁵ baai³ yat⁹

十 點 左 右 起 身。
sap⁹ diim² joo² yau⁶ hei² san¹.

---

5. A： 聽 日 嘅 飛 機 幾 點 起 飛 呀？
ting¹ yat⁹ gee³ fei¹ gei¹ gei² diim² hei² fei¹ aa³ ?

B： 下 晝 三 點 九 個 字。
haa⁶ jau³ saam¹ diim² gau² goo³ jii⁶.

---

6. A： 琴 晚 八 點 左 右 你 去 咗 邊 度
kam⁴ maan⁵ baat⁸ diim² joo² yau⁶ nei⁵ heui³ joo² biin¹ dou⁶

呀？
aa³ ?

B： 琴 晚 八 點 我 啱 啱 出 咗 街，
kam⁴ maan⁵ baat⁸ diim² ngoo⁵ ngaam¹ ngaam¹ cheut¹ joo² gaai¹,

同 啲 香 港 朋 友 去 新 宿 食 飯。
tung⁴ dii¹ heung¹ gong² pang⁴ yau⁵ heui³ san¹ suk⁷ sik⁹ faan⁶.

佢 哋 係 前 日 嚟 咗 日 本 嘅。
keui⁵ dei⁶ hai⁶ chiin⁴ yat⁹ lai⁴ joo² yat⁹ buun² gee³.

---

7. A： 你 哋 幾 點 嚟 咗 呢 度 呀？
nei⁵ dei⁶ gei² diim² lai⁴ joo² nii¹ dou⁶ aa³ ?

B： 大 概 半 個 鐘 頭 之 前。
daai⁶ kooi³ buun³ goo³ jung¹ tau⁴ jii¹ chiin⁴.

---

8. A： 舊 年 暑 假 你 去 咗 邊 度 旅 行
gau⁶ niin² syu² gaa³ nei⁵ heui³ joo² biin¹ dou⁶ leui⁵ hang⁴

呀？
aa³ ?

B：我 同 媽 媽 一 齊 去 咗 北 京 旅
　　ngoo5 tung4 maa4 maa1 yat7 chai4 heui3 joo2 bak7 ging1 leui5
　　行。我 媽 媽 係 第 一 次 去 中
　　hang4. ngoo5 maa4 maa1 hai6 dai6 yat7 chii3 heui3 jung1
　　國，所 以 佢 好 開 心。
　　gwook8, soo2 yii5 keui5 hou2 hooi1 sam1.

9. A：今 日 你 打 算 幾 點 返 屋 企
　　　gam1 yat9 nei5 daa2 syun3 gei2 diim2 faan1 nguk7 kei2
　　　呀？
　　　aa3 ?
　B：因 爲 今 日 好 忙，可 能 要 九 點
　　　yan1 wai6 gam1 yat9 hou2 mong4, hoo2 nang4 yiiu3 gau2 diim2
　　　以 後 返 屋 企。
　　　yii5 hau6 faan1 nguk7 kei2.
　A：噉，有 冇 打 電 話 返 屋 企 呀？
　　　gam2, yau5 mou5 daa2 diin6 waa6 faan1 nguk7 kei2 aa3 ?
　B：頭 先 打 咗 喇，唔 該。
　　　tau4 siin1 daa2 joo2 laa3, m4 gooi1.

10. A：我 而 家 可 唔 可 以 去 玩 呀？
　　　ngoo5 yii4 gaa1 hoo2 m4 hoo2 yii5 heui3 waan2 aa3 ?
　B：唔 可 以，因 爲 你 重 未 做 功 課。
　　　m4 hoo2 yii5, yan1 wai6 nei5 jung6 mei6 jou6 gung1 foo3.

11. A：放 工 之 後，想 去 書 店 買 書，
　　　fong3 gung1 jii1 hau6, seung2 heui3 syu1 diim3 maai5 syu1,
　　　今 日 你 幾 點 放 工 呀？
　　　gam1 yat9 nei5 gei2 diim2 fong3 gung1 aa3 ?
　B：可 能 六 點 左 右 可 以 走 喇。
　　　hoo2 nang4 luk9 diim2 joo2 yau6 hoo2 yii5 jau2 laa3.
　　　六 點 半 我 喺 車 站 等 你。
　　　luk9 diim2 buun3 ngoo5 hai2 chee1 jaam6 dang2 nei5.

第八課

163

二、単語と表現 🔊-82

1. 而家　　　　　　yii⁴ gaa¹　　　　　　（名）今
2. 幾點鐘　　　　　gei² diim² jung¹　　　（疑）何時（「幾點」とも言う）
3. 啱啱（＋動詞）　ngaam¹ ngaam¹　　　 （副）ちょうど（～したばかりだ）
4. 十點鐘　　　　　sap⁹ diim² jung¹　　　（名）10時（「十點」とも言う）
5. 今晚　　　　　　gam¹ maan⁵　　　　　（名）今晚
6. 上課　　　　　　seung⁵ foo³　　　　　（動）授業に出る，授業を始める
7. 七點正　　　　　chat⁷ diim² jing³　　　（名）7時ちょうど
8. 琴晚　　　　　　kam⁴ maan⁵　　　　　（名）昨晚
9. 大概　　　　　　daai⁶ kooi³　　　　　（副）だいたい
10. 十二點半　　　　sap⁹ yii⁶ diim² buun³　（名）12時半
11. 左右　　　　　　joo² yau⁶　　　　　　（名）～ごろ，～ぐらい
12. 點解　　　　　　diim² gaai²　　　　　（疑）なぜ，どうして
13. 咁　　　　　　　gam³　　　　　　　　（副）こんなに，そんなに
14. 咁夜　　　　　　gam³ yee⁶　　　　　（副）こんなに夜遅く
15. 考試　　　　　　haau² sii³　　　　　　（名）試験
16. 復習　　　　　　fuk⁷ jaap⁹　　　　　 （動）復習する
17. 功課　　　　　　gung¹ foo³　　　　　（名）宿題
18. 一個骨　　　　　yat⁷ goo³ gwat⁷　　　（名）15分（「三個字 saam¹ goo³ jii⁶」とも言う）
19. 飛機　　　　　　fei¹ gei¹　　　　　　（名）飛行機
20. 起飛　　　　　　hei² fei¹　　　　　　（動）離陸する，（飛行機で）出発する

21.	九個字	gau² goo³ jii⁶	（名）45分（「三個骨 saam¹ goo³ qwat⁷ とも言う）
22.	動詞＋咗	joo²	（助動）～した（動詞の過去形）
23.	出街	cheut⁷ gaai¹	（動）出かける
24.	半個鐘頭（～鐘頭）	buun³ goo³ jung¹ tau⁴	（名）30分，半時間（～時間）
25.	～之前	jii¹ chiin⁴	（名）～の前
26.	第一次	dai⁶ yat⁷ chii³	（名）初めて，第1回目
27.	開心	hooi¹ sam¹	（形）うれしい，楽しい
28.	可能	hoo² nang⁴	（助動）かもしれない，たぶん～だろう
29.	以後	yii⁵ hau⁶	（名）以後，その後
30.	打電話	daa² diin⁶ waa²	（動）電話をかける
31.	頭先	tau⁴ siin¹	（副）先程，ついさっき
32.	可以＋動詞	hoo² yii⁵	（助動）～できる，してもいい
33.	玩	waan²	（動）遊ぶ
34.	重未＋動詞	jung⁶ mei⁶	（助動）まだ～していない
35.	放工	fong³ gung¹	（動）会社が終わる
36.	～之後	jii¹ hau⁶	（接）～の後に，～してから
37.	書店	syu¹ diim³	（名）本屋
38.	走	jau²	（動）帰る，行く
39.	車站	chee¹ jaam⁶	（名）駅
40.	等	dang²	（動）待つ

第八課

三、訳

1. A：ちょっとお尋ねしますが、今何時ですか？
   B：今ちょうど10時です。

2. A：今晩何時に授業に出ますか？
   B：今晩私は7時ちょうどに授業に出ます。

3. A：昨晩、あなたは何時に寝ましたか？
   B：昨晩は、だいたい12時半頃に寝ました。
   A：どうしてそんなに遅く寝たのですか？
   B：今日試験があるので、私は復習しなければならなかったのです。

4. A：あなたは毎日何時に起きますか？
   B：だいたい6時15分に起きます。でも、土曜日と日曜日は10時頃起きます。

5. A：明日の飛行機は何時に出発しますか？
   B：午後3時45分です。

6. A：昨晩8時頃、あなたはどこへ行きましたか？
   B：昨晩8時頃は、出かけたところでした。香港の友達と新宿へご飯を食べに行きました。彼らはおととい日本に来たのです。

7. A：あなたたちは何時にここに来ましたか？
   B：だいたい30分前です。

8. A：昨年の夏休みに、あなたはどこへ旅行に行きましたか？
   B：私は母と一緒に北京へ旅行に行きました。母は、中国は初めてでしたので、大変喜びました。

9. A： 今日は何時に帰宅するつもりですか？
B： 今日はとても忙しいので、たぶん９時以降に帰宅します。
A： それでは、ご自宅に電話を入れましたか？
B： 先程電話をしました。ありがとう。

10. A： 今遊びに行ってもいいですか？
B： いいえ、遊びに行ってはいけません。まだ宿題をしていませんから。

11. A： 会社が終わってから、本屋へ本を買いに行きたいと思います。今日何時に仕事が終わりますか？
B： たぶん６時頃帰れるでしょう。６時半に駅で待っています。

セントラル

四、補充単語

1. 時刻の言い方

広東語の時刻の言い方には、いろいろな言い方があります。5分を1単位として「〜個字　goo³ jii⁶」または「疊〜 daap⁹」を使い、15分を1単位として「〜個骨　goo³ gwat⁷」と言います。

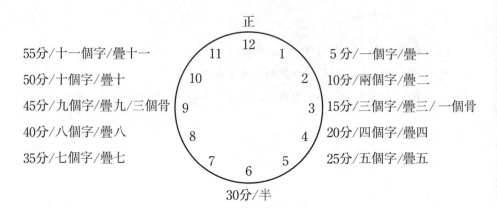

2:00	兩點（鐘）	leung⁵ diim² (jung¹)
	兩點正	leung⁵ diim² jing³
	啱啱兩點	ngaam¹ ngaam¹ leung⁵ diim²
2:01	兩點零一分（鐘）	leung⁵ diim² ling⁴ yat⁷ fan¹ (jung¹)
2:05	兩點零五分（鐘）	leung⁵ diim² ling⁴ ng⁵ fan¹ (jung¹)
	兩點一個字	leung⁵ diim² yat⁷ goo³ jii⁶
	兩點疊一	leung⁵ diim² daap⁹ yat⁷
2:10	兩點十分（鐘）	leung⁵ diim² sap⁹ fan¹ (jung¹)
	兩點兩個字	leung⁵ diim² leung⁵ goo³ jii⁶

	兩點疊二	leung⁵ diim² daap⁹ yii⁶
2:15	兩點十五分（鐘）	leung⁵ diim² sap⁹ ng⁵ fan¹ (jung¹)
	兩點三個字	leung⁵ diim² saam¹ goo³ jii⁶
	兩點疊三	leung⁵ diim² daap⁹ saam¹
	兩點一個骨	leung⁵ diim² yat⁷ goo³ gwat⁷
2:30	兩點三十分（鐘）	leung⁵ diim² saam¹ sap⁹ fan¹ (jung¹)
	兩點半	leung⁵ diim² buun²
2:45	兩點四十五分（鐘）	leung⁵ diim² sei³ sap⁹ ng⁵ fan¹ (jung¹)
	兩點九個字	leung⁵ diim² gau² goo³ jii⁶
	兩點疊九	leung⁵ diim² daap⁹ gau²
	兩點三個骨	leung⁵ diim² saam¹ goo³ gwat⁷
2:55	兩點五十五分（鐘）	leung⁵ diim² ng⁵ sap⁹ ng⁵ fan¹ (jung¹)
	兩點十一個字	leung⁵ diim² sap⁹ yat⁷ goo³ jii⁶
	兩點疊十一	leung⁵ diim² daap⁹ sap⁹ yat⁷
	爭一個字三點（鐘）	jaang¹ yat⁷ goo³ jii⁶ saam¹ diim² (jung¹)

◇注1：〜骨は英語の「quarter（of an hour）」の音訳語
◇注2：「疊」は「〜を指す、〜と重なる」という意味で、針が時計の文字（1〜11）を指していることを表します。
◇注3：「爭」は「足りない」という動詞で先におきます。

2. その他の時間に関する言い方

鐘頭	jung¹ tau⁴／小時 siiu² sii⁴	時間
幾時	gei² sii⁴	いつ
幾點（鐘）	gei² diim² (jung¹)	何時
幾多個鐘頭	gei² doo¹ goo³ jung¹ tau⁴	何時間
幾個鐘頭	gei² goo³ jung¹ tau⁴	数時間
兩點（鐘）	leung⁵ diim² (jung¹)	2時
兩個鐘頭	leung⁵ goo³ jung¹ tau⁴	2時間
幾分（鐘）	gei² fan¹ (jung¹)	何分，数分間
幾多分鐘	gei² doo¹ fan¹ jung¹	何分間
三分鐘	saam¹ fan¹ jung¹	3分，3分間
幾秒（鐘）	gei² miiu⁵ (jung¹)	何秒，数秒間
幾多秒鐘	gei² doo¹ miiu⁵ jung¹	何秒間
五十秒（鐘）	ng⁵ sap⁹ miiu⁵ (jung¹)	50秒，50秒間
朝（頭）早	jiiu¹ (tau⁴) jou²	朝
上晝	seung⁶ jau³	午前
日頭	yat⁹ tau²	昼間
晏晝	ngaan³ jau³	昼
下晝	haa⁶ jau³	午後
夜晚	yee⁶ maan⁵	夜

五、構文

1. 啱啱　　　　　　ちょうど
　　啱啱＋動詞＋咗　ちょうど～したばかり　🔊-83

a. 而　家　啱　啱　係　北　京　時　間　夜　晚
　 yii⁴ gaa¹ ngaam¹ngaam¹hai⁶ bak⁷ ging¹ sii⁴ gaan³ yee⁶ maan⁵
　 十　點。
　 sap⁹ diim²。

　（今はちょうど北京時間で夜10時です。）

b. 王　小　姐　啱　啱　喺　香　港　返　咗　嚟。
　 wong⁴ siiu² jee² ngaam¹ngaam¹hai² heung¹gong² faan¹ joo² lai⁴。

　（王さんは香港から帰ってきたばかりです。）

c. 架　巴　士　啱　啱　開　咗。
　 gaa³ baa¹ sii² ngaam¹ngaam¹hooi¹ joo²。

　（バスはちょうど出たところです。）

2. 大概～左右　だいたい～ごろ　🔊-84

a. 嗰　位　小　姐　大　概　二　十　歲　左　右。
　 goo² wai² siiu² jee² daai⁶ kooi³ yii⁶ sap⁹ seui³ joo² yau⁶。

　（あのお嬢さんはだいたい20歳ぐらいです。）

b. 聽　日　大　概　九　點　左　右　去　你　公
　 ting¹ yat⁹ daai⁶ kooi³ gau² diim² joo² yau⁶ heui³ nei⁵ gung¹
　 司。
　 sii¹。

　（明日あなたの会社にだいたい9時ごろ行きます。）

c. 而　家　室　外　溫　度　大　概　係　十　六
　 yii⁴ gaa¹ sat⁷ ngooi⁶ wan¹ dou⁶ daai⁶ kooi³ hai⁶ sap⁹ luk⁹
　 度　左　右。
　 dou⁶ joo² yau⁶。

　（今、外の気温はだいたい16度ぐらいです。）

3. 點解　どうして、なぜ（理由、原因を尋ねる疑問詞）🔊-85

答える文は「因爲〜，所以…」を伴います。

a. <u>點解</u>　你　今　日　咁　早　起　身　呀？
　　diim² gaai²　nei⁵　gam¹　yat⁹　gam³　jou²　hei²　san¹　aa³？

（どうして今日はそんなに早く起きたのですか？）

b. <u>點解</u>　琴　日　佢　冇　嚟　上　課　呀？
　　diim² gaai²　kam⁴　yat⁹　keui⁵　mou⁵　lai⁴　seung⁶　foo³　aa³？

（なぜ彼は昨日授業に来なかったのですか？）

c. <u>點解</u>　呢　個　班　啲　學　生　嘅　廣　東
　　diim² gaai²　nii¹　goo³　baan¹　dii¹　hook⁹　saang¹　gee³　gwong²　dung¹
　　話　咁　叻　呀？
　　waa²　gam³　leek⁷　aa³？

（どうしてこのクラスの生徒はこんなに広東語が上手なのですか？）

4. 動詞＋咗　〜し（てしまっ）た（動作や状態の完了を表す）🔊-86

a. 　　我　已　經　食　咗　飯。
　　　ngoo⁵　yii⁵　ging¹　sik⁹　joo²　faan⁶.

　　（私はもう食事をしました。）

単純疑問文：你　食　咗　飯　未　呀？
　　　　　　nei⁵　sik⁹　joo²　faan⁶　mei⁶　aa³？

（あなたはもう食事をしましたか？）

肯定：食　咗。
　　　sik⁹　joo².

（はい、食事をしました。）

否定：未，　我　重　未　食　飯。
　　　mei⁶,　ngoo⁵　jung⁶　mei⁶　sik⁹　faan⁶.

（いいえ、まだ食事をしていません。）

b．単純疑問文：佢 琴 日 有 冇 去 中 環 買 嘢 呀？
keui⁵ kam⁴ yat⁹ yau⁵ mou⁵ heui³ jung¹ waan⁴ maai⁵ yee⁵ aa³？

（彼は昨日セントラルへ買い物に行きましたか？）

◇注：「琴日、上個禮拜」など過去を表す時間副詞がある場合は「有冇＋動詞～呀？」を使う。

肯定：有， 佢 琴 日 有 去 中 環 買 嘢。
yau⁵， keui⁵ kam⁴ yat⁹ yau⁵ heui³ jung¹ waan⁴ maai⁵ yee⁵．

（はい、彼は昨日セントラルへ買い物に行きました。）

否定：冇， 佢 琴 日 冇 去 中 環 買 嘢。
mou⁵， keui⁵ kam⁴ yat⁹ mou⁵ heui³ jung¹ waan⁴ maai⁵ yee⁵．

（いいえ、彼は昨日セントラルへ買い物に行きませんでした。）

疑問詞疑問文：佢 琴 日 去 咗 邊 度 買 嘢 呀？
keui⁵ kam⁴ yat⁹ heui³ joo² biin¹ dou⁶ maai⁵ yee⁵ aa³？

（彼は昨日どこへ買い物に行きましたか？）

◇注：但し、疑問詞疑問文の場合は「動詞＋咗＋疑問詞＋呀？」を使う。

c． B B 瞓 咗 覺 未 呀？
bii⁴ bii¹ fan³ joo² gaau³ mei⁶ aa³？

（赤ちゃんは寝ましたか？）

d． 我 先 生 前 日 去 咗 美 國 出 差。
ngoo⁵ siin¹ saang¹ chiin⁴ yat⁹ heui³ joo² mei⁵ gwook⁸ cheut⁷ chaai¹．

（主人はおとといアメリカへ出張しました。）

5. ～之前　～の前 🔊-87

a. 食 飯 <u>之 前</u> 要 洗 手。
　　sik⁹ faan⁶ jii¹ chiin⁴ yiiu³ sai² sau².
（ご飯を食べる前には手を洗わなければなりません。）

b. 你 去 香 港 <u>之 前</u> 要 學 廣 東 話。
　　nei⁵ heui³ heung¹ gong² jii¹ chiin⁴ yiiu³ hook⁹ gwong² dung¹ waa².
（あなたは香港へ行く前に広東語を勉強しなければなりません。）

6. 可能＋動詞　たぶん～だろう，～かもしれない 🔊-88

a. 聽 日 <u>可 能</u> 落 雨。
　　ting¹ yat⁹ hoo² nang⁴ look⁹ yu⁵.
（明日はたぶん雨でしょう。）

b. 佢 今 個 禮 拜 六 <u>可 能</u> 唔 喺
　　keui⁵ gam¹ goo³ lai⁵ baai³ luk⁹ hoo² nang⁴ m⁴ hai²
屋 企。
nguk⁷ kei².
（彼は今週の土曜日はたぶん家にはいないでしょう。）

c. 呢 本 字 典 <u>可 能</u> 係 我 先 生 嘅。
　　nii¹ buun² jii⁶ diin² hoo² nang⁴ hai⁶ ngoo⁵ siin¹ saang¹ gee³.
（この字典はうちの主人のかもしれません。）

7. 可以＋動詞　① （許可を表す）～してもいい，よろしい
　　　　　　　　② （可能を表す）～することができる 🔊-89

a. 你 而 家 <u>可 以</u> 走 喇。
　　nei⁵ yii⁴ gaa¹ hoo² yii⁵ jau² laa³.
（もう帰ってもいいです。）

b. 你 <u>唔 可 以</u> 入 去
　　nei⁵ m⁴ hoo² yii⁵ yap⁹ heui³.
（あなたは入ってはいけません。）

c. 我 可 唔 可 以 睇 呢 本 雜 誌 呀?
　ngoo⁵ hoo² m⁴ hoo² yii⁵ tai² nii¹ buun² jaap⁹ jii³ aa³?
（この雑誌を読んでもいいですか？）

コラム

広東語の中の借用語

　広東省の省都広州市は、昔から貿易港として知られており、外来文化の吸収と同時に、外国語の借用も日常会話の中によく見られます。その借用語には、次の3種類があります。

1．音訳語

貼 士	士 班 拿	晒 士	泵	沙 律
tiip⁷ sii²	sii⁶ baan¹ naa¹	saai¹ sii²	bung¹	saa¹ leut⁹
tips	spanner	size	pump	salad
（チップ）	（スパナ）	（サイズ）	（ポンプ）	（サラダ）

三 文 治	乒 乓 波	波 士	菲 林
saam¹ man⁴ jii⁶	bing¹ pang¹ boo¹	boo¹ sii²	fei¹ lam²
sandwich	ping pong ball	boss	film
（サンドイッチ）	（卓球）	（社長）	（フィルム）

2．意訳語

牛 扒	朱 古 力	番 茄	迷 你 裙
ngau⁴ paa²	jyu¹ guu¹ lik⁷	faan¹ kee²	mai⁴ nei⁵ kwan⁴
beef steak	chocolate	tomato	miniskirt
（ビーフステーキ）	（チョコレート）	（トマト）	（ミニスカート）

3．音訳＋意訳（音意合訳）

奶 昔	可 口 可 樂	漢 堡 飽
naai⁵ sik⁷	hoo² hau² hoo² look⁹	hoon³ bou² baau¹
milk shake	Coca-Cola	hamburger
（ミルクシェイク）	（コカコーラ）	（ハンバーガー）

六、練習問題

A. 話す練習

a. 置き換え練習

1. 佢<u>返咗工</u>未呀？
   　　起咗身
   　　做咗功課

   （彼は会社へ行きましたか？）

2. 琴日你有冇<u>出街</u>呀？
   　　　　　煮飯
   　　　　　食藥（sik⁹ yeuk⁹ 薬を飲む）

   （昨日、あなたは出かけましたか？）

3. 林小姐啱啱<u>返咗屋企</u>。
   　　　　　去咗香港
   　　　　　結咗婚

   （林さんはうちに帰ったばかりです。）

4. 佢可能唔係<u>香港人</u>。
   　　　　　聽日要出差
   　　　　　下個月嚟日本

   （彼は香港人でないかもしれません。）

5. 你唔可以喺呢度<u>食煙</u>。
   　　　　　　　飲酒
   　　　　　　　瞓覺

   （あなたはここでたばこを吸ってはいけません。）

b．次の時刻を広東語に直しなさい。

1. 1:55
2. 3:00
3. 3:01
4. 3:05
5. 5:10
6. 6:15
7. 7:30
8. 8:40
9. 9:45
10. 11:50

c．実際の状況にしたがって答え、日本語に訳しなさい。

1. 你每日幾點鐘食早餐呀？
2. 今日你幾點鐘起身呀？幾點返工呀？幾點放工呀？
3. 琴日你幾點鐘瞓覺呀？點解呀？
4. 你今日晏晝喺邊度食飯呀？
5. 今日返學之前你去咗邊度呀？
6. 今日放學（fong³ hook⁹ 授業が終わる）以後你同唔同我哋一齊去飲酒呀？
7. 上個禮拜六你有冇出街呀？

d．次の文章をよく読んで、日本語に訳しなさい。

　　山田小姐而家喺香港大學留學。佢住喺中環。佢每日朝早七點鐘起身，七點半食早餐，八點三個骨搭巴士返學。佢喺香港大學學廣東話同埋北京話。晏晝佢喺學校嘅餐廳食午餐（ng⁵ chaan¹ 昼食，ランチ）。下晝佢喺圖書館復習功課。大概五點左右佢返屋企，夜晚教啲朋友日文。大概十二點鐘之前瞓覺。

B. 書く練習

a．次の発音表記を漢字に直し、日本語に訳しなさい。

1. gam¹　maan⁵
2. fong³　gung¹
3. hooi¹　sam¹
4. tau⁴　siin¹
5. daa²　diin⁶　waa²
6. chee¹　jaam⁶
7. ngoo⁵　ting¹　yat⁹　gau²　diim²　lai⁴．
8. keui⁵　dai⁶　yat⁷　chii³　sik⁹　jung¹　gwook⁸　chooi³．

b．次の文を日本語に訳しなさい。

1. 一日有二十四個鐘頭（小時），一個鐘頭（小時）有六十分鐘，一分鐘有六十秒。

2. 十五分鐘係一個骨，每五分鐘係一個字。

3. 琴日你同你先生去咗邊度飲茶呀？

4. 我今晚同聽晚都唔得閑，後晚去你屋企得唔得呀？

5. 點解上個禮拜同今個禮拜佢都冇嚟上課呀？

6. 王小姐可能同啲同學去咗北海道旅行，所以佢唔喺屋企。

7. 上課之前我可唔可以喺呢度睇香港嘅錄影帶（luk⁹ ying² daai² ビデオテープ）呀？

8. 佢哋大概下晝五點半左右嚟學校。

9. 我啱啱聽日去香港，同唔同我一齊去呀？

10. 點解咁夜佢重未返嚟呀？

c. 次の文を広東語に訳しなさい。

1. 9時前にテレビを見てもいいです。

2. あなたは午前何時に学校へ行きますか？何時に授業が終わりますか？

3. 先生は先ほど帰宅したばかりです。

4. 朝御飯を食べましたか？何時に食べましたか？

5. 子供たちはもう寝ましたか？

6. 今はアメリカ時間で朝の10時40分ですか？それとも夜の10時40分ですか？

7. 来週の月曜日、朝9時にうちの会社に来られますか？

8. 彼女はたぶん2時間程前に帰宅しました。

9. どうして私と一緒に中国旅行に行けないの？

ネイザンロード

第九課

飛機到咗幾耐呀？
fei¹ gei¹ dou³ joo² gei² nooi⁶ aa³ ?

（飛行機は到着してからどのくらいたちましたか？）

一、会話 🔊-90

1. A：飛 機 到 咗 幾 耐 呀？
　　　fei¹ gei¹ dou³ joo² gei² nooi⁶ aa³ ?

　　B：飛 機 到 咗 好 耐 喇。
　　　fei¹ gei¹ dou³ joo² hou² nooi⁶ laa³.

---

2. A：會 議 開 咗 幾 多 個 鐘 頭 呀？
　　　wuui⁶ yii⁵ hooi¹ joo² gei² doo¹ goo³ jung¹ tau⁴ aa³ ?

　　B：已 經 開 咗 個 幾 鐘 頭 喇。
　　　yii⁵ ging¹ hooi¹ joo² goo³ gei² jung¹ tau⁴ laa³.

---

3. A：田 中 小 姐 返 咗 日 本 幾 耐
　　　tiin⁴ jung¹ siiu² jee² faan¹ joo² yat⁹ buun² gei² nooi⁶
　　　呀？
　　　aa³ ?

　　B：佢 返 咗 日 本 三 個 月。
　　　keui⁵ faan¹ joo² yat⁹ buun² saam¹ goo³ yut⁹.

---

4. A：鈴 木 先 生 想 喺 香 港 住 幾 年
　　　ling⁴ muk⁹ siin¹ saang¹ seung² hai⁶ heung¹ gong² jyu⁶ gei² niin⁴
　　　呀？
　　　aa³ ?

　　B：佢 想 喺 香 港 住 兩、三 年。
　　　keui⁵ seung² hai⁶ heung¹ gong² jyu⁶ leung⁵, saam¹ niin⁴.

---

5. A：你 學 咗 廣 東 話 幾 耐 呀？
　　　nei⁵ hook⁹ joo² gwong² dung¹ waa² gei² nooi⁶ aa³ ?

　　B：我 啱 啱 開 始 學。 你 呢？
　　　ngoo⁵ ngaam¹ ngaam¹ hooi¹ chii² hook⁹. nei⁵ nee¹ ?

A：我 喺 香港 大學 學 咗 一 年。
　　ngoo⁵ hai² heung¹ gong² daai⁶ hook⁹ hook⁹ joo² yat⁷ niin⁴.

B：噉， 你 啲 廣東話 一 定 好 叻 喇。
　　gam², nei⁵ dii¹ gwong²dung¹ waa² yat⁷ ding⁶ hou² leek⁷ laa³.

6. A：你 一 日 學 幾 多 個 鐘頭 廣東話 呀？
　　　nei⁵ yat⁷ yat⁹ hook⁹ gei² doo¹ goo³ jung¹ tau⁴ gwong²dung¹ waa² aa³?

　　B：我 每 晚 由 九 點 到 十一 點 學 兩 個 鐘頭。
　　　ngoo⁵ muui⁵ maan⁵ yau⁴ gau² diim² dou³ sap⁹ yat⁷ diim² hook⁹ leung⁵ goo³ jung¹ tau⁴.

7. A：佢 走 咗 幾 耐 喇？
　　　keui⁵ jau² joo² gei² nooi⁶ laa³?

　　B：一 個 鐘頭 之 前 佢 已 經 走 咗 喇。
　　　yat⁷ goo³ jung¹ tau⁴ jii¹ chiin⁴ keui⁵ yii⁵ ging¹ jau² joo² laa³.

　　A：點 解 重 未 返 到 屋企 呀？
　　　diim² gaai³ jung⁶ mei⁶ faan¹ dou³ nguk⁷ kei² aa³?

　　B：可 能 係 塞 車 啦。
　　　hoo² nang⁴ hai⁶ sak⁷ chee¹ laa¹.

8. A：由 日 本 到 香 港 搭 飛 機 要 幾 多 個 鐘頭 呀？
　　　yau⁴ yat⁹ buun² dou³ heung¹ gong² daap⁸ fei¹ gei¹ yiiu³ gei² doo¹ goo³ jung¹ tau⁴ aa³?

　　B：大 概 要 四 個 鐘頭。
　　　daai⁶ kooi³ yiiu³ sei³ goo³ jung¹ tau⁴.

9. A：由 你 屋 企 嚟 呢 度 要 幾 耐 呀？
　　　yau⁴ nei⁵ nguk⁷ kei² lai⁴ nii¹ dou⁶ yiiu³ gei² nooi⁶ aa³?

第九課

B：如果搭巴士嚟嘅話唔使三
　　yu⁴ gwoo² daap⁸ baa¹ sii² lai⁴ gee³ waa² m⁴ sai² saam¹
　　個字,不過如果行路嚟嘅
　　goo³ jii⁶, bat⁷ gwoo³ yu⁴ gwoo² haang⁴ lou⁶ lai⁴ gee³
　　話差唔多要半個鐘頭。
　　waa² chaa¹ m⁴ doo¹ yiiu³ buun³ goo³ jung¹ tau⁴.

10. A：你一個星期返幾多日學
　　nei⁵ yat⁷ goo³ sing¹ kei⁴ faan¹ gei² doo¹ yat⁹ hook⁹
　　呀？
　　aa³?
　　B：我一個星期淨係返四日
　　ngoo⁵ yat⁷ goo³ sing¹ kei⁴ jing⁶ hai⁶ faan¹ sei³ yat⁹
　　學。
　　hook⁹.

11. A：山本先生一年去幾多次中
　　saan¹ buun² siin¹ saang¹ yat⁷ niin⁴ heui³ gei² doo¹ chii³ jung¹
　　國呀？
　　gwook⁸ aa³?
　　B：佢一年大概去中國七、八
　　keui⁵ yat⁷ niin⁴ daai⁶ kooi³ heui³ jung¹ gwook⁸ chat⁷, baat⁸
　　次。
　　chii³.

12. A：你一個月寫幾多封信俾你
　　nei⁵ yat⁷ goo³ yut⁹ see² gei² doo¹ fung¹ seun³ bei² nei⁵
　　女朋友呀？
　　neui⁵ pang⁴ yau⁵ aa³?
　　B：我一個月淨係寫一封信俾
　　ngoo⁵ yat⁷ goo³ yut⁹ jing⁶ hai⁶ see² yat⁷ fung¹ seun³ bei²
　　我女朋友。
　　ngoo⁵ neui⁵ pang⁴ yau⁵.

二、単語と表現 🔊-91

1.	到	dou³	(動)	到着する
2.	幾耐	gei² nooi⁶	(疑)	（時間について）どれほど，どのくらい
3.	好耐	hou² nooi⁶	(形)	長い間，ずいぶん前から
4.	耐	nooi⁶	(形)	（時間について）長い
5.	會議	wuui⁶ yii⁵	(名)	会議
6.	開	hooi¹	(動)	始まる
7.	已經	yii⁵ ging¹	(副)	すでに，もう
8.	個幾鐘頭	goo³ gei² jung¹ tau⁴	(名)	1時間ちょっと
9.	開始	hooi¹ chii²	(動)	開始する，始まる，始める
10.	一定	yat⁷ ding⁶	(副)	必ず，きっと
11.	好叻	hou² leek⁷	(形)	上手な
12.	每晚	muui⁵ maan⁵	(名)	毎晩
13.	由～到…	yau⁴ dou³	(連)	～から…まで
14.	返到	faan¹ dou³	(動)	到着する，着く
15.	可能	hoo² nang⁴	(副)	たぶん
16.	塞車	sak⁷ chee¹	(動)	（交通が）込む
17.	要	yiu³	(動)	（時間、お金が）かかる，必要とする
18.	如果（～嘅話）	yu⁴ gwoo² (～gee³ waa²)	(接)	（仮定を表す）もしも，もし～
19.	差唔多	chaa¹ m⁴ doo¹	(副)	だいたい
20.	幾多次	gei² doo¹ chii³	(疑)	何回

第九課

21.	〜次	chii³	（名）	〜回
22.	封	fung¹	（量）	〜通（手紙の数量詞）
23.	信	seun³	（名）	手紙
24.	俾	bei²	（介）	①〜に（…する），〜に（…してあげる／もらう） ②〜に（…される／させる）
25.	女朋友	neui⁵ pang⁴ yau⁵	（名）	ガールフレンド，彼女

オーシャンパークのケーブルカー

三、訳

1. A： 飛行機は到着してからどのくらいたちましたか？
   B： 飛行機は到着してからだいぶたちました。

2. A： 会議が始まってから何時間たちましたか？
   B： すでに1時間ちょっとたちました。

3. A： 田中さんが日本に帰ってどのくらいになりますか？
   B： 彼女が日本に帰って3か月になります。

4. A： 鈴木さんは香港に何年住みたいのですか？
   B： 彼は香港に2、3年ぐらい住みたがっています。

5. A： あなたはどのぐらい広東語を勉強しましたか？
   B： 私は始めたばかりです。あなたは？
   A： 私は香港大学で1年間勉強しました。
   B： それならあなたの広東語はきっとお上手ですね。

6. A： あなたは1日に何時間広東語を勉強していますか？
   B： 私は毎晩、9時から11時まで2時間勉強しています。

7. A： 彼が帰ってどのぐらいたちましたか？
   B： 1時間前に彼は帰りました。
   A： どうしてまだ家に着かないのですか？
   B： たぶん道が込んでいるのでしょう。

8. A： 日本から香港まで飛行機で何時間かかりますか？
   B： だいたい、4時間かかります。

9. A： 家からここに来るのに時間がどのぐらいかかりますか？
   B： もしバスで来れば15分もかかりませんが、歩いて来ればだいたい30分かかります。

10. A： あなたは週に何日間学校へ行きますか？
　　　B： 私は週に4日間だけ学校へ行きます。

11. A： 山本さんは年に何回中国へ行きますか？
　　　B： 彼は年にだいたい7、8回中国へ行きます。

12. A： あなたは月に何通の手紙をガールフレンドに書きますか？
　　　B： 私は月に手紙を1通だけ彼女に書きます。

スターフェリー

四、補充単語

1.「乗り物」

出租車	cheut⁷ jou¹ chee¹	レンタカー
私家車	sii¹ gaa¹ chee¹	自家用車
電單車	diin⁶ daan¹ chee¹	オートバイ
單車	daan¹ chee¹	自転車
貨車	foo³ chee¹	トラック
貨櫃車	foo³ gwai⁶ chee¹	コンテナトラック
電車	diin⁶ chee¹	路面電車
新幹線	san¹ goon³ siin³	新幹線
子彈火車	jii² daan² foo² chee¹	新幹線
火車	foo² chee¹	電車
直昇機	jik⁹ sing¹ gei¹	ヘリコプター
船	syun⁴	船
貨船	foo³ syun⁴	貨物船
渡海輪	dou⁶ hooi² leun⁴	フェリー
飛翼船	fei¹ yik⁹ syun⁴	ハイドロフォイル
噴射船	pan³ see⁶ syun⁴	ジェットフォイル
纜車	laam⁶ chee¹	ケーブルカー

第九課

五、構文

1. 時間の表現 🔊-92

（1）When（いつ、〜する）　主語＋時間詞＋動詞＋目的語
時間を表す状況語は、動詞の前におきます。

a. 你 每 日 朝 早 幾 點 起 身 呀？
　 nei⁵ muui⁵ yat⁹ jiu¹ jou² gei² diim² hei² san¹ aa³ ?
　（あなたは毎朝何時に起きますか？）

⇒ 我 每 日 朝 早 六 點 起 身。
　 ngoo⁵ muui⁵ yat⁹ jiu¹ jou² luk⁹ diim² hei² san¹.
　（私は毎朝6時に起きます。）

b. 佢 打 算 幾 時 去 香 港 留 學 呀？
　 keui⁵ daa² syun³ gei² sii⁴ heui³ heung¹ gong² lau⁴ hook⁹ aa³ ?
　（彼はいつ香港へ留学に行くつもりですか？）

⇒ 佢 打 算 出 年 去 香 港 留 學。
　 keui⁵ daa² syun³ cheut⁷ niin² heui³ heung¹ gong² lau⁴ hook⁶.
　（彼は来年香港へ留学に行くつもりです。）

c. 林 小 姐 禮 拜 幾 嚟 上 課 呀？
　 lam⁴ siiu² jee² lai⁵ baai³ gei² lai⁴ seung⁵ foo³ aa³ ?
　（林さんは何曜日に授業に来ますか？）

⇒ 林 小 姐 每 個 禮 拜 三 嚟 上 課。
　 lam⁴ siiu² jee² muui⁵ goo³ lai⁵ baai³ saam¹ lai⁴ seung⁵ foo³.
　（林さんは毎週水曜日に授業に来ます。）

d. 李 先 生 幾 多 個 月 之 前 返 咗
　 lei⁵ siin¹ saang¹ gei² doo¹ goo³ yut⁹ jii¹ chiin⁴ faan¹ joo²
　 中 國 呀？
　 jung¹ gwook⁸ aa³ ?
　（李さんは何か月前に中国に帰りましたか？）

⇒ 李　先　生　喺　兩　個　月　之　前　已　經
　 lei⁵ siin¹ saang¹ hai² leung⁵ goo³ yut⁹ jii¹ chiin⁴ yii⁵ ging¹
　 返　咗　中　國。
　 faan¹ joo² jung¹ gwook⁸.

（李さんは２か月前に中国に帰りました。）

e. 聽　晚　我　唔　喺　屋　企。
　 ting¹ maan⁵ ngoo⁵ m⁴ hai² nguk⁷ kei².

（明晩、私は家にはいません。）

◇注：時間を表す状況語を強調したい場合、文頭に置いてもよい。

（２）How long（どれくらいの時間〜する）

主語＋動詞＋目的語＋時間詞　🔊-93

時間を表す状況語は、必ず動詞の後ろにおきます。

a. 由　東　京　去　大　阪　要　幾　多　個　鐘
　 yau⁴ dung¹ ging¹ heui³ daai⁶ baan² yiiu³ gei² doo¹ goo³ jung¹
　 頭　呀？（東京から大阪へ行くには、何時間かかりますか？）
　 tau⁴ aa³ ?

⇒ 如　果　搭　新　幹　線　去，大　概　要　三
　 yu⁴ gwoo² daap⁸ san¹ goon³ siin³ heui³, daai⁶ kooi³ yiiu³ saam¹
　 個　鐘　頭，如　果　搭　飛　機　去，唔　使
　 goo³ jung¹ tau⁴, yu⁴ gwoo² daap⁸ fei¹ gei¹ heui³, m⁴ sai²
　 一　個　鐘　頭。
　 yat⁷ goo³ jung¹ tau⁴.

（もし新幹線で行けば、だいたい３時間くらいかかりますが、飛行機で行けば、１時間もかかりません。）

b. 你　學　咗　游　水　幾　耐　呀？
　 nei⁵ hook⁹ joo² yau⁴ seui² gei² nooi⁶ aa³ ?

（あなたはどのくらい泳ぎを習いましたか？）

⇒ 我　已　經　學　咗　一　年　喇。
　 ngoo⁵ yii⁵ ging¹ hook⁹ joo² yat⁷ niin⁴ laa³.

（もう１年習いました。）

c. 你 一 年 返 <u>幾 多 次</u> 香 港 呀?
　　nei5　yat7　niin4　faan1　gei2　doo1　chii3　heung1　gong2　aa3 ?

（あなたは年に何回香港へ帰りますか？）

⇒ 我 一 年 大 概 返 香 港 <u>兩、三 次</u>。
　　ngoo5　yat7　niin4　daai6　kooi3　faan1　heung1　gong2　leung5, saam1　chii3.

（私は年にだいたい２、３回香港に帰ります。）

2. 幾耐 （時間について）どれほど，どれくらい 🔊-94

a. 你 喺 呢 間 學 校 教 咗 日 文 <u>幾</u>
　　nei5　hai1　nii1　gaan1　hook9　haau6　gaau3　joo2　yat9　man4　gei2

<u>耐</u> 呀?
nooi6　aa3 ?

（この学校で日本語を教えてどのくらいになりますか？）

b. 林 小 姐 出 咗 去 <u>幾 耐</u> 呀?
　　lam4　siiu2　jee2　cheut7　joo2　heui3　gei2　nooi6　aa3 ?

（林さんは出かけてどのくらいになりますか？）

3. 好耐 （時間について）長い，長い間，ずいぶん前から 🔊-95

a. <u>好 耐</u> 冇 見。
　　hou2　nooi6　mou5　giin3.

（お久しぶりです。）

b. 李 先 生 <u>好 耐</u> 以 前 嚟 咗 日 本。
　　lei5　siin1　saang1　hou2　nooi6　yii5　chiin4　lai4　joo2　yat9　buun2.

（李先生は、ずいぶん前に日本に来ました。）

c. 我 先 生 <u>好 耐</u> 都 冇 放 假。
　　ngoo5　siin1　saang1　hou2　nooi6　dou1　mou5　fong3　gaa3.

（主人は、しばらく休暇を取っていません。）

4. 已經＋動詞＋咗　もう、すでに～しました 🔊-96

a. 架 冷 氣 機 已 經 壞 咗。
　　gaa³ laang⁵ hei³ gei¹ yii⁵ ging¹ waai⁶ joo².
（このクーラーはもう壊れてしまいました。）

b. 山 本 先 生 已 經 返 咗 屋 企 喇。
　　saan¹ buun² siin¹ saang¹ yii⁵ ging¹ faan¹ joo² nguk⁷ kei² laa³.
（山本さんは、もう家に帰りました。）

c. 山 田 小 姐 已 經 鍾 意 咗 香 港
　　saan¹ tiin⁴ siiu² jee² yii⁵ ging¹ jung¹ yii³ joo² heung¹ gong²
喇。（山田さんは、もう香港が好きになっています。）
laa³.

5. 一定＋動詞　必ず～する，絶対～に違いない 🔊-97

a. 李 先 生 一 定 已 經 到 咗 成 田
　　lei⁵ siin¹ saang¹ yat⁷ ding⁶ yii⁵ ging¹ dou³ joo² sing⁴ tiin⁴
機 場。
gei¹ cheung⁴.
（李さんはきっともう成田空港に着いただろう。）

b. 你 聽 日 一 定 要 嚟 呀！
　　nei⁵ ting¹ yat⁹ yat⁷ ding⁶ yiiu³ lai⁴ aa³！
（明日必ず来てね！）

c. 嗰 位 先 生 一 定 唔 係 香 港 人。
　　goo² wai² siin¹ saang¹ yat⁷ ding⁶ m⁴ hai⁶ heung¹ gong² yan⁴.
（その方はきっと香港人ではありません。）

6. 由～到…　～から…まで 🔊-98

a. 我 由 上 晝 十 點 到 下 晝 四 點
　　ngoo⁵ yau⁴ seung⁶ jau⁴ sap⁹ diim² dou³ haa⁶ jau³ sei³ diim²
要 上 堂。
yiiu³ seung⁵ tong⁴.
（私は午前10時から午後4時まで授業に出なければなりません。）

b. 由 你 公司 到 學 校 要 幾 多 分
   yau⁴ nei⁵ gung¹ sii¹ dou³ hook⁹ haau⁶ yiiu³ gei² doo¹ fan¹
   鐘 呀？
   jung¹ aa³ ?

   （あなたの会社から学校まで何分かかりますか？）

c. 琴 日 呢 條 路 由 朝 到 晚 都 塞
   kam⁴ yat⁹ nii¹ tiiu⁴ lou⁶ yau⁴ jiiu¹ dou³ maan⁵ dou¹ sak⁷
   車。
   chee¹

   （昨日この道は朝から晩まで込んでいました。）

7. 要（動詞）（時間、お金が）かかる，必要とする 🔊-99

a. 　　　由 呢 度 搭 的 士 去 香 港 大
       yau⁴ nii¹ dou⁶ daap⁸ dik⁷ sii² heui³ heung¹ gong² daai⁶
       學 要 幾 耐 時 間 呀？
       hook⁹ yiiu³ gei² nooi⁶ sii⁴ gaan³ aa³ ?

   （ここからタクシーで香港大学へ行くのにどのぐらい時間がかかりますか？）

b. 疑問文：由 呢 度 到 車 站 使 唔 使 兩
             yau⁴ nii¹ dou⁶ dou³ chee¹ jaam⁶ sai² m⁴ sai² leung⁵
             個 字 呀？
             goo³ jii⁶ aa³ ?

   （ここから駅まで10分かかりますか？）

   　　肯定：要， 由 呢 度 到 車 站 要 兩 個
              yiiu³ yau⁴ nii¹ dou⁶ dou³ chee¹ jaam⁶ yiiu³ leung⁵ goo³
              字。
              jii⁶

   （はい、ここから駅まで10分かかります。）

   　　否定：唔 使， 由 呢 度 到 車 站 唔 使
              m⁴ sai² yau⁴ nii¹ dou⁶ dou³ chee¹ jaam⁶ m⁴ sai²

兩 個 字。
leung⁵ goo³ jii⁶.

（いいえ、ここから駅まで10分もかかりません。）

8. **差唔多**　だいたい，〜くらい，ほぼ〜くらい　🔊-100

a. 佢 個 仔 <u>差 唔 多</u> 五 歲。
keui⁵ goo³ jai² chaa¹ m⁴ doo¹ ng⁵ seui³.

（彼女の息子はもうすぐ5歳です。）

b. 我 喺 呢 度 <u>差 唔 多</u> 等 咗 兩 個
ngoo⁵ hai² nii¹ dou⁶ chaa¹ m⁴ doo¹ dang² joo² leung⁵ goo³
鐘 頭。
jung¹ tau⁴.

（私は、ここで2時間ぐらい待ちました。）

c. 山 本 先 生 嚟 咗 香 港 <u>差 唔 多</u>
saan¹ buun² siin¹ saang¹ lai⁴ joo² heung¹ gong² chaa¹ m⁴ doo¹
三 年。
saam¹ niin⁴.

（山本さんは香港に来てほぼ3年になりました。）

9. **如果〜(嘅話)**（仮定を表す接続詞）　もしも，もし〜ならば
🔊-101

多くの場合「就、啦」などと呼応させる。

a. <u>如 果</u> 佢 而 家 唔 得 閑, 我 第 日
yu⁴ gwoo² keui⁵ yii⁴ gaa¹ m⁴ dak⁷ haan⁴, ngoo⁵ dai⁶ yat⁹
再 嚟。
jooi³ lai⁴.

（もし、彼が今忙しいのなら、ほかの日にまた来ます。）

b. <u>如 果</u> 我 買 五 件 衫, 可 唔 可 以
yu⁴ gwoo² ngoo⁵ maai⁵ ng⁵ giin⁶ saam¹, hoo² m⁴ hoo² yii⁵
再 平 啲 呀？
jooi³ peng⁴ dii¹ aa³ ?

（もし、シャツを5枚買えば、さらに安くなりませんか？）

c. 如果 喺 呢 度 搭 的 士 返 屋 企
   yu⁴ gwoo² hai² nii¹ dou⁶ daap⁸ dik⁷ sii² faan¹ nguk⁷ kei²
   嘅 話, 就 唔 使 三 個 字。
   gee³ waa², jau⁶ m⁴ sai² saam¹ goo³ jii⁶.
   (もし、ここからタクシーで家に帰るとすれば、15分もかかりません。)

10. 俾（介詞）の用法 🔊-102

（1）主語＋動詞＋目的語＋俾＋(代)名詞　～に…する
　　　　　　　　　　　　　　　　　　　～に…してあげる（もらう）

a. 我 返 日 本 之 後 一 定 寫 信 俾
   ngoo⁵ faan¹ yat⁹ buun² jii¹ hau⁶ yat⁷ ding⁶ see² seun³ bei²
   你。
   nei⁵.
   (私は日本に帰ったら、必ずあなたに手紙を書きます。)

b. 佢 舊 年 喺 巴 黎 買 咗 呢 個 手
   keui⁵ gau⁶ niin² hai² baa¹ lai⁴ maai⁵ joo² nii¹ goo³ sau²
   袋 俾 我。
   dooi² bei² ngoo⁵.
   (彼は去年パリでこのカバンを買ってくれました。)

（2）主語＋俾＋(代)名詞＋動詞　～に…される（させる）

a. 我 個 銀 包 喺 地 鐵 俾 人 偷 咗。
   ngoo⁵ goo³ ngan⁴ baau¹ hai² dei⁶ tiit⁸ bei² yan⁴ tau¹ joo².
   (財布を地下鉄で盗まれた。)

b. 唔 該, 俾 嗰 張 ＣＤ 我 聽 吓。
   m⁴ gooi¹, bei² goo² jeung¹ ＣＤ ngoo⁵ teng¹ haa⁵.
   (すみません、そのＣＤをちょっと聞かせてください。)

六、練習問題

A．話す練習

a．置き換え練習

1. 你喺呢度等咗幾耐呀？
   喺呢度住咗
   嚟咗香港

   （あなたはここでどのぐらい待ちましたか？）

2. 我好耐冇寫信俾父母。
   　　　　打電話俾佢
   　　　　去外國旅行

   （私は長い間両親に手紙を書いていません。）

3. 今個月由星期一到星期六我都要返工。
   　　　　　　　　　　　　　　返學
   　　　　　　　　　　　　　　加班

   （今月私は月曜日から土曜日まで出社しなければなりません。）

4. 呢個手袋一定唔使三千文。
   呢部車　　　　五百萬日圓
   呢間屋　　　　一億日圓

   （このバッグは絶対３０００ドルしません。）

5. 如果聽日落雨嘅話，我就唔去。
   　　　　你嚟
   　　　　要開會

   （もし明日雨が降ったら、私は行きません。）

6. 今年母親節我打算送一架相機俾媽咪。
   　　　　　　　　　一件冷衫
   　　　　　　　　　一對耳環

   （今年の母の日に、私は母にカメラをプレゼントするつもりです。）

7. 我唔可以俾呢個筆記簿你睇。
　　　　　呢啲相
　　　　　呢封信
　　　（このノートをあなたに見せることはできません。）

b．次の文を下線部を聞く疑問文に直し、日本語に訳しなさい。

1. 我打算下個禮拜去中國旅行。

2. 佢喺公園等咗兩個鐘頭。

3. 山本先生係 1990 年嚟咗香港嘅。

4. 我琴晚淨係瞓咗三個鐘頭。

5. 下個禮拜五唔使返工。

6. 我今朝七點鐘起身，八點鐘出門口（cheut⁷ muun⁴ hau² 出かける），九點前返到公司。

7. 王小姐喺東京住咗十年。

8. 佢哋一月二十三號去咗美國。

9. 四月十六號係禮拜日。

10. 田中小姐喺半個鐘頭之前返咗屋企。

c．次の文章をよく読んで、日本語に訳しなさい。

　田中小姐同鈴木小姐喺五年前去咗香港留學。佢哋喺香港大學學咗兩年廣東話之後，田中小姐去咗一間證券公司做嘢，鈴木小姐去咗一間旅行社做事。因爲佢哋嘅公司都好忙，所以佢哋一年淨係可以返嚟日本一次。而家佢哋已經喺香港住咗五年喇，所以佢哋啲廣東話同英文都好叻。

B. 書く練習

a．次の文を朗読し、漢字に直しなさい。

1. ngoo⁵ yii⁵ ging¹ lai⁴ joo² nii¹ dou⁶ leung⁵ yat⁹ laa³.

2. fei¹ gei¹ hai² saam¹ goo³ jung¹ tau⁴ jii¹ chiin⁴ dou³ joo² gei¹ cheung⁴.

3. keui⁵ ngaam¹ ngaam¹ hooi¹ chii² hook⁹ gwong² dung¹ waa².

4. nei⁵ dii¹ jung¹ man⁴ hou² leek⁷.

5. yau⁴ nguk⁷ kei² dou³ chee¹ jaam⁶ daai⁶ kooi³ yiiu³ yat⁷ goo³ gwat⁷.

6. yu⁴ gwoo² keui⁵ m⁴ heui³, ngoo⁵ dou¹ m⁴ heui³.

7. keui⁵ niin⁴ niin⁴ dou¹ maai⁵ hou² doo¹ gwong² dung¹ waa² gee³ chaam¹ haau² syu¹ bei² dii¹ hook⁹ saang¹.

b．次の単語を正しい語順に並べ替え、日本語に訳しなさい。

1. 五、六年／北海道／我／返／喇／冇／已經／。

2. 德國車／一個禮拜／李先生／咗／之前／買／一架／喺／。

3. 你／我／好耐／琴日／屋企／等／喺／咗／。

4. 留學／幾時／香港／鈴木小姐／呀／打算／去／？

5. 一定／先生／係／嗰位／嘅／男朋友／方小姐／。

6. 要／到／飛機／東京／十二／大概／洛杉磯（look⁹ chaam³ gei¹ ロサンゼルス）／鐘頭／由／個／搭／。

7. 細路／兩／瞓／個／之前／已經／啲／喺／鐘頭／咗／。

8. 唔想／你／做／如果／可以／唔做／你／。

9. 打算／俾／定係／太太／你／買／你／手錶／你／呢個／媽咪／俾／呀／？

C．次の文を広東語に訳しなさい。

1. 田中さんは香港に5年間住んでいたので、彼女の広東語はとても上手です。

2. 最近とても忙しいので、毎日10時間働かなければなりません。

3. 今道路がとても込んでいるので、家に着くのはだいたい深夜2時ごろです。

4. タクシーで家に帰りますか、それとも歩いて帰りますか？

5. ここから学校までバスで何分かかりますか？

6. 来月何日間休暇を取りますか？

7. 息子はジェットフォイルに乗るのが大好きです。

8. 来年必ずガールフレンドと一緒に中国へ留学します。

9. このテレビは15万円しますか？

10. 山田さんは広東語を勉強して、ほぼ半年になります。

11. もしお金があれば、必ず香港へ数年間留学します。

12. すみません、その靴をちょっと見せてくれませんか？

第十課

佢 而 家 講 緊 電 話。
keui⁵ yii⁴ gaa¹ gong² gan² diin⁶ waa²

（彼は今電話に出ています。）

一、会話 🔊-103

1. A：你 好。 恒 生 銀 行。
      nei⁵ hou². hang⁴ sang¹ ngan⁴ hong⁴.

   B：你 好。 我 姓 林, 唔 該 叫 李 經
      nei⁵ hou². ngoo⁵ sing³ lam⁴, m⁴ gooi¹ giiu³ lei⁵ ging¹
      理 聽 電 話。
      lei⁵ teng¹ diin⁶ waa².

   A：請 等 一 陣……。 喂, 林 小 姐,
      ching² dang¹ yat⁷ jan⁶ ……. wai², lam⁴ siiu² jee²,
      唔 好 意 思, 李 經 理 而 家 講
      m⁴ hou² yii³ sii³, lei⁵ ging¹ lei⁵ yii⁴ gaa¹ gong²
      緊 電 話。 請 問 你 嘅 電 話 幾
      gan² diin⁶ waa². ching² man⁶ nei⁵ gee³ diin⁶ waa² gei²
      多 號 呀？ 我 叫 佢 打 電 話 俾
      doo¹ hou⁶ aa³？ ngoo⁵ giiu³ keui⁵ daa² diin⁶ waa² bei²
      你 呀。
      nei⁵ aa¹.

   B：好 呀, 我 嘅 電 話 號 碼 係 2
      hou² aa³, ngoo⁵ gee³ diin⁶ waa² hou⁶ maa⁵ hai⁶ yii⁶
      6 6 8 8 6 8 8。 唔 該 晒。
      luk⁹ luk⁹ baat⁸ baat⁸ luk⁹ baat⁸ baat⁸. m⁴ gooi¹ saai³.
      拜 拜。
      baai¹ baai³

2. A：喂, 請 問 係 唔 係 中 文 大 學
      wai², ching² man⁶ hai⁶ m⁴ hai⁶ jung¹ man⁴ daai⁶ hook⁹
      呀？
      aa³？

199

B: 係 呀, 你 搵 邊 個 呀?
hai6 aa3, nei5 wan2 biin1 goo3 aa3?

A: 唔 該, 叫 林 小 姐 聽 電 話。
m4 gooi1, giiu3 lam4 siiu2 jee2 teng1 diin6 waa2.

B: 好 呀。 請 等 等 ……。
hou2 aa3. ching2 dang2 dang2 …….

C: 喂, 你 好。 邊 位 呀?
wai2, nei5 hou2. biin1 wai2 aa3?

A: 喂, 林 小 姐 呀, 你 好。 我 係
wai2, lam4 siiu2 jee2 aa4, nei5 hou2. ngoo5 hai6
David。 頭 先 你 俾 電 話 我 嗰 陣
David. tau4 siin1 nei5 bei3 diin6 waa2 ngoo5 goo2 jan6
時, 我 啱 啱 同 中 國 打 緊 電 話,
sii4, ngoo5 ngaam1 ngaam1 tung4 jung1 gwook8 daa2 gan2 diin6 waa2,
真 係 唔 好 意 思。有 乜 嘢 事 呀?
jan1 hai6 m4 hou2 yii3 sii3. yau5 mat7 yee5 sii6 aa3?

C: 我 啲 朋 友 喺 日 本 嚟 咗。 佢
ngoo5 dii1 pang4 yau5 hai2 yat9 buun2 lai4 joo2. keui5
哋 想 同 你 傾 吓 生 意。 今 個
dei6 seung2 tung4 nei5 king1 haa5 saang1 yii3. gam1 goo3
禮 拜 六 你 得 唔 得 閑 呀?
lai5 baai3 luk9 nei5 dak7 m4 dak7 haan4 aa3?

A: 得 閑。 幾 點 鐘 喺 邊 度 見 呀?
dak7 haan4. gei2 diim2 jung1 hai2 biin1 dou6 giin3 aa3?

C: 下 晝 三 點 喺 半 島 酒 店 大 堂
haa6 jau3 saam1 diim2 hai2 buun3 dou2 jau2 diim3 daai6 tong4
見, 好 唔 好 呀?
giin3, hou2 m4 hou2 aa3?

A: 好 呀, 星 期 六 見 啦。
hou2 aa3, sing1 kei4 luk9 giin3 laa1.

---

3. A: 喂, 請 問 係 唔 係 田 中 小 姐 嘅
wai2, ching2 man6 hai6 m4 hai6 tiin4 jung1 siiu2 jee2 gee3
屋 企 呀?
nguk7 kei2 aa3?

B: 係 呀, 邊 位 呀?
hai6 aa3, biin1 wai2 aa3?

200

A: 我 係 Lucy, 唔 該 叫 田 中 小 姐
　　ngoo⁵ hai⁶ Lucy, m⁴ gooi¹ giiu³ tiin⁴ jung¹ siiu² jee²
　　聽 電 話。
　　teng¹ diin⁶ waa²。

B: 對 唔 住。 佢 而 家 沖 緊 涼, 唔
　　deui³ m⁴ jyu⁶。 keui⁵ yii⁴ gaa¹ chung¹ gan¹ leung⁴, m⁴
　　該 講 低 你 嘅 電 話 號 碼。 我
　　gooi¹ gong² dai¹ nei⁵ gee³ diin⁶ waa² hou⁶ maa⁵。 ngoo⁵
　　叫 佢 覆 電 話 俾 你。
　　giiu³ keui⁵ fuk⁷ diin⁶ waa² bei² nei⁵。

A: 我 而 家 係 喺 車 站 嘅 公 用 電
　　ngoo⁵ yii⁴ gaa¹ hai⁶ hai² chee¹ jaam⁶ gee³ gung¹ yung⁶ diin⁶
　　話 打 嘅, 等 一 陣 我 再 打 俾
　　waa² daa² gee³, dang² yat⁷ jan⁶ ngoo⁵ jooi³ daa² bei²
　　佢。
　　keui⁵。

B: 好 呀, 大 概 三 個 字 之 後 你
　　hou² aa³, daai⁶ kooi³ saam¹ goo³ jii⁶ jii¹ hau⁶ nei⁵
　　再 打 嚟 啦。
　　jooi³ daa² lai⁴ laa¹。

⋮

A: 喂, 唔 該 田 中 小 姐。
　　wai², m⁴ gooi¹ tiin⁴ jung¹ siiu² jee²。
C: 我 係 呀。 Lucy 呀? 眞 係 唔 好
　　ngoo⁵ hai⁶ aa³。 Lucy aa⁴? jan¹ hai⁶ m⁴ hou²
　　意 思, 頭 先 你 打 電 話 俾 我
　　yii³ sii³, tau⁴ siin¹ nei⁵ daa² diin⁶ waa² bei² ngoo⁵
　　嗰 陣 時, 我 啱 啱 沖 緊 涼。 有
　　goo² jan⁶ sii⁴, ngoo⁵ ngaam¹ ngaam¹ chung¹ gan² leung⁴。 yau⁵
　　乜 嘢 事 呀?
　　mat⁷ yee⁵ sii⁶ aa³?

A: 冇 乜 嘢, 我 想 約 你 同 埋 你
　　mou⁵ mat⁷ yee⁵, ngoo⁵ seung² yeuk⁸ nei⁵ tung⁴ maai⁶ nei⁵
　　男 朋 友 下 個 禮 拜 日 一 齊
　　naam⁴ pang⁴ yau⁵ haa⁶ goo³ lai⁵ baai³ yat⁹ yat⁷ chai⁴
　　去 橫 濱 飲 茶。 你 有 冇 時 間
　　heui³ waang⁴ ban¹ yam² chaa⁴。 nei⁵ yau⁵ mou⁵ sii⁴ gaan³

第十課

呀？
aa³?

C: 有， 我 都 好 耐 冇 去 飲 茶 喇。
yau⁵, ngoo⁵ dou¹ hou² nooi⁶ mou⁵ heui³ yam² chaa⁴ laa³.

嗰 日 另 外 重 有 邊 啲 人 去
goo² yat⁹ ling⁶ ngooi⁶ jung⁶ yau⁵ biin¹ dii¹ yan⁴ heui³

呀？
aa³?

A: 李 小 姐、 山 本 太 太 同 埋 幾
lei⁵ siu² jee², saan¹ buun² taai³ taai² tung⁴ maai⁴ gei²

個 我 大 學 嘅 同 學。 佢 哋 而
goo³ ngoo⁵ daai⁶ hook⁹ gee³ tung⁴ hook⁹. keui⁵ dei⁶ yii⁴

家 都 係 喺 我 間 學 校 學 緊 廣
gaa¹ dou¹ hai⁶ hai⁶ ngoo⁵ gaan¹ hook⁹ haau⁶ hook⁹ gan² gwong²

東 話， 打 算 出 年 去 香 港 留
dung¹ waa², daa² syun³ cheut⁷ niin² heui³ heung¹gong² lau⁴

學。 佢 哋 知 道 你 男 朋 友 啱
hook⁹. keui⁵ dei⁶ jii¹ dou⁶ nei⁵ naam⁴pang⁴ yau⁵ ngaam¹

啱 喺 香 港 大 學 留 學 返 嚟， 所
ngaam¹ hai² heung¹ gong² daai⁶ hook⁹ lau⁴ hook⁹ faan¹ lai⁴, soo²

以 想 問 吓 學 校 啲 情 況。
yii⁵ seung²man⁶ haa⁵ hook⁹ haau⁶ dii¹ ching⁴ fong³.

C: 好 呀。 到 時 再 慢 慢 傾 啦。
hou² aa³. dou³ sii⁴ jooi³ maan⁶ maan¹ king¹ laa¹.

A: 唔 該 晒。 過 兩 日 我 再 打 電
m⁴ gooi¹ saai³. gwoo³ leung⁵ yat⁹ ngoo⁵ jooi³ daa² diin⁶

話 同 你 約 具 體 時 間 啦。
waa² tung⁴ nei⁵ yeuk⁸ geui⁶ tai² sii⁴ gaan³ laa¹.

二、単語と表現 🔊-104

1.	緊	gan²		している（動詞の後におく）
2.	恒生銀行	hang⁴ sang¹ ngan⁴ hong⁴	（名）	恒生銀行
3.	叫	giu³	（動）	①呼ぶ　②〜させる
4.	聽電話	teng¹ diin⁶ waa²	（動）	電話に出る
5.	一陣	yat⁷ jan⁶	（副）	少し〜する
6.	喂	wai²	（応）	もしもし
7.	唔好意思	m⁴ hou² yii³ sii³	（応）	すみません
8.	呀	aa¹	（助）	〜しましょう（文末に付き、提案、要求、相談、命令の意を表す）
9.	號碼	hou⁶ maa⁵	（名）	番号
10.	唔該哂	m⁴ gooi¹ saai³	（応）	ありがとうございます
11.	搵	wan²	（動）	さがす，訪ねる
12.	嗰陣時	goo² jan⁶ sii⁴	（名）	そのとき，あのとき，〜のとき
13.	眞係	jan¹ hai⁶	（副）	全く，本当に
14.	事	sii⁶	（名）	こと，用事
15.	傾	king¹	（動）	話をする
16.	動詞＋吓	haa⁵	（副）	ちょっと〜してみる
17.	生意	saang¹ yii³	（名）	商売
18.	傾生意	king¹ saang¹ yii³	（動）	商談をする
19.	見	giin³	（動）	会う

第十課

20.	半島酒店	buun³ dou² jau² diim³	（名）	ペニンシュラホテル
21.	大堂	daai⁶ tong⁴	（名）	ホール，ロビー
22.	沖涼	chung¹ leung⁴	（動）	風呂に入る，シャワーを浴びる
23.	講低	gong² dai¹	（動）	言い残す
24.	覆	fuk⁷	（動）	返事をする
25.	覆電話	fuk⁷ diin⁶ waa²	（動）	折り返し電話する
26.	公用	gung¹ yung⁶	（名）	共用（共同で使用する）
27.	公用電話	gung¹ yung⁶ diin⁶ waa²	（名）	公衆電話
28.	等一陣	dang² yat⁷ jan⁶	（副）	しばらくして，あとで
29.	呀	aa⁴	（語）	本当に～なのですか．（文末に付いて、確認の意を表す。その時、疑問文の動詞は重ね式にしない）
30.	約	yeuk⁸	（動）	誘う，約束する
31.	男朋友	naam⁴ pang⁴ yau⁵	（名）	ボーイフレンド，彼氏
32.	飲茶	yam² chaa⁴	（動）	飲茶をする
33.	嗰日	goo² yat⁹	（名）	その日
34.	另外	ling⁶ ngooi⁶	（接）	ほかに，～以外に
35.	重	jung⁶	（接）	また，さらに，なお，まだ
36.	邊	biin¹	（疑）	どの、どんな
37.	幾個	gei² goo³	（疑）	何人かの
38.	同學	tung⁴ hook⁹	（名）	同級生

39.	知道	jii¹ dou⁶	（動）知る，わかる
40.	問	man⁶	（動）問う，尋ねる
41.	情況	ching⁴ fong³	（名）事情，状況
42.	到時	dou³ sii⁴	（接）その時，その時になる
43.	慢慢	maan⁶ maan¹	（副）ゆっくり
44.	過	gwoo³	（動）（時間が）たつ
45.	過兩日	gwoo³ leung⁵ yat⁹	（副）2、3日後，そのうち，近いうちに
46.	具體	geui⁶ tai²	（名）具体的

第十課

三、訳

1. A： もしもし、恒生銀行です。
   B： もしもし、林と申しますが、李マネージャーをお願いします。
   A： 少々お待ちください……。
   もしもし、林さん、すみませんが李は只今電話中です。あの、電話番号は何番ですか？電話するよう彼に伝えます。
   B： わかりました。電話番号は２６６８－８６８８です。ありがとうございます。さようなら。

2. A： もしもし、お伺いしますが中文大学ですか？
   B： はい、どちらをお訪ねですか？
   A： すみません、林さんをお願いします。
   B： はい、少々お待ちください。
   C： もしもし、こんにちは。どちら様ですか？
   A： もしもし、林さんですか、こんにちは。デビッドです。先程お電話をいただいたとき、中国と話をしていまして、本当にすみませんでした。どんな御用ですか？
   C： 私の友人が日本から来ていまして、あなたとビジネスの話をしたいと言っています。今週の土曜日お時間ありますか？
   A： はい、何時にどこで会いましょうか？
   C： 午後３時にペニンシュラホテルのロビーで会いましょう。
   A： わかりました。では土曜日に会いましょう。

3. A： もしもし、田中さんのお宅ですか？
   B： はい、どちら様ですか？
   A： ルーシーです。田中さんとお話ししたいのですが。
   B： ごめんなさい。彼女は今シャワーを浴びているんです。電話番号を教えていただけますか？折り返し電話させます。
   A： 私は今駅の公衆電話からかけているので、もう少ししたら、もう一度かけます。

B： わかりました。15分後ぐらいにもう一度かけてください。

　　　　　　　　　　　　：

A： もしもし、田中さんお願いします。

C： 私です。ルーシーですか？本当にごめんなさい、さっき電話をくれたとき、ちょうどシャワーを浴びていたんです。何の用ですか？

A： 何でもないです、あなたとあなたの彼を誘って、来週の日曜に一緒に横浜へ行って飲茶をしようと思ったんです。時間ありますか？

C： あります、私もしばらく飲茶をしていません。その日はほかにだれが行きますか？

A： 李さんと山本さんと私の大学の友達が何人かです。彼女たちは今うちの学校で広東語を勉強していて、来年香港に留学するつもりです。皆、あなたの彼が、ちょうど香港大学の留学から戻ったことを知っているから、学校の状況を聞きたがっています。

C： わかりました。その時ゆっくりおしゃべりしましょう。

A： ありがとう。近いうちにまた電話で詳しい時間を決めましょう。

四、補充単語

1．電話でよく使う言葉

① 邊　位　搵　佢　呀？
biin¹ wai² wan² keui⁵ aa³？
どちら様ですか？

② 佢　唔　喺　度。
keui⁵ m⁴ hai² dou⁶.
いません、不在です。

③ 佢　啱　啱　行　開　咗。
keui⁵ ngaam¹ ngaam¹ haang⁴ hooi¹ joo².
ちょうど席をはずしております。

④ 搭　錯　線。
daap⁸ choo³ siin³.
おかけ間違いです。

⑤ 打　錯　喇。
daa² choo³ laa³.
間違えました。

⑥ 搭　内　線　2　3　6。
daap⁸ nooi⁶ siin³ yii⁶ saam¹ luk⁹.
内線２３６お願いします。（につないでください。）

⑦ 個　電　話　講　緊。
goo³ diin⁶ waa² gong² gan².
電話中です。話し中です。

⑧ 冇　人　聽　電　話。
mou⁵ yan⁴ teng¹ diin⁶ waa².
どなたも出ません。

⑨ 留　低　你　嘅　電　話　號　碼。
lau⁴ dai¹ nei⁵ gee³ diin⁶ waa² hou⁶ maa⁵.
電話番号を残してください。

⑩ 遲　啲　再　打　嚟　啦。
chii⁴ dii¹ jooi³ daa² lai⁴ laa¹.
後でまたかけてください。

⑪ 我　一　陣　再　打　嚟。
ngoo⁵ yat⁷ jan⁶ jooi³ daa² lai⁴.
後でまたかけます。

⑫ 有 乜 嘢 事 請 講　　メッセージを残しておいて
　　yau⁵ mat⁷ yee⁵ sii⁶ ching²gong²　ください。
　　低 啦。
　　dai¹ laa¹.

⑬ 今 日 休 息。　　今日は休みです。
　　gam¹ yat⁹ yau¹ sik⁷.

⑭ 電 話 唔 通。　　電話がつながりません。
　　diin⁶ waa² m⁴ tung¹.

⑮ 電 話 號 碼 改 咗。　　電話番号が変わりました。
　　diin⁶ waa² hou⁶ maa⁵ gooi² joo².

2. その他

國際電話	gwook⁸ jai³ diin⁶ waa²	国際電話
長途電話	cheung⁴ tou⁴ diin⁶ waa²	長距離電話
總機	jung² gei¹	代表番号
分機	fan¹ gei¹	内線
手提電話	sau² tai⁴ diin⁶ waa²	携帯電話
傳眞機	chyun⁴ jan¹ gei¹	ファックス
冧巴	lam¹ baa²	番号、ナンバー（外来語）

第十課

五、構文

1. 動詞＋緊　～しているところだ（動作の進行態を表す）　🔊-105

a. 你 而 家 做 <u>緊</u> 乜 嘢 呀？
　 nei⁵ yii⁴ gaa¹ jou⁶ gan² mat⁷ yee⁵ aa³ ?
（あなたは今何をしているのですか？）

b. 琴 晚 八 點 我 啱 啱 喺 車 站 等
　 kam⁴ maan⁵ baat⁸ diim² ngoo⁵ ngaam¹ ngaam¹ hai² chee¹ jaam⁶ dang²
<u>緊</u> 小 林 先 生。
gan² siiu² lam⁴ siin¹ saang¹.
（昨夜の8時、私はちょうど駅で小林さんを待っていました。）

c. 你 個 仔 係 唔 係 喺 中 文 大 學
　 nei⁵ goo³ jai² hai⁶ m⁴ hai⁶ hai² jung¹ man⁴ daai⁶ hook⁹
讀 <u>緊</u> 書 呀？
duk⁹ gan² syu¹ aa³ ?
（息子さんは中文大学で勉強していますか？）

2. 叫の用法　🔊-106

（1）動詞　呼ぶ，呼び寄せる，（料理などを）注文する

a. Lucy, 李 生 <u>叫</u> 你 呀。
　 Lucy, lei⁵ saang¹ giiu³ nei⁵ aa³.
（ルーシー、李さんがお呼びです。）

b. <u>叫</u> 咗 幾 多 個 菜 呀？
　 giiu³ joo² gei² doo¹ goo³ chooi³ aa³ ?
（料理を何品注文しましたか？）

c. <u>叫 唔 叫</u> 多（一）杯 咖 啡 呀？
　 giiu³ m⁴ giiu³ doo¹ yat⁷ buui¹ gaa³ fee¹ aa³ ?
（もう一杯コーヒーを注文しませんか？）

（2）助動詞　叫＋人称代名詞＋動詞　Aに〜するよう伝える
　　　　　　　　　　　　　　　　　Aに〜させる　🔊-107

a. 唔 該， 你 叫 佢 今 晚 八 點 打 電 話 俾 我。
　 m⁴ gooi¹, nei⁵ giiu³ keui⁵ gam¹ maan⁵ baat⁸ diim² daa² diin⁶ waa² bei² ngoo⁵.

（すみませんが、彼に今夜8時に電話をくれるよう伝えてください。）

b. 波 士 叫 我 下 個 月 中 旬 去 一 次 中 國。
　 boo¹ sii² giiu³ ngoo⁵ haa⁶ goo³ yut⁹ jung¹ cheun⁴ heui³ yat⁷ chii³ jung¹ gwook⁸.

（社長は私に来月中旬一度中国に行くようにと言っています。）

3. 等一陣　①しばらく待つ
　　　　　　②しばらくしてから，あとで，ちょっとしたら　🔊-108

a. 唔 該 叫 佢 喺 大 堂 等 一 陣。
　 m⁴ gooi¹ giiu³ keui⁵ hai² daai⁶ tong⁴ dang² yat⁷ jan⁶.

（彼にロビーでしばらく待っていてと伝えてください。）

b. 等 一 陣 李 經 理 要 同 客 人 出 去。
　 dang² yat⁷ jan⁶ lei⁵ ging¹ lei⁵ yiiu³ tung⁴ haak⁸ yan⁴ cheut⁷ heui³.

（しばらくしたら、李マネージャーはお客さんと出かけなければなりません。）

c. 我 等 一 陣 同 佢 哋 一 齊 走。
　 ngoo⁵ dang² yat⁷ jan⁶ tung⁴ keui⁵ dei⁶ yat⁷ chai⁴ jau².

（もう少ししたら、彼らと一緒に帰ります。）

第十課

4. 搵　さがす，訪ねる　🔊-109

a. 你 搵 邊 個 呀？
   nei⁵ wan² biin¹ goo³ aa³ ?

   (あなたはだれをさがしているのですか？)

⇒ 我 搵 喺 香 港 嚟 嘅 陳 太。
   ngoo⁵ wan² hai² heung¹ gong¹ lai⁴ gee³ chan⁴ taai²．

   (香港から来た陳さんをさがしています。)

b. 唔 該 等 一 陣 啦, 我 搵 緊 相 機
   m⁴ gooi¹ dang² yat⁷ jan⁶ laa¹, ngoo⁵ wan² gan² seung² gei¹
   呀。
   aa³.

   (ちょっと待ってください、今カメラをさがしているところです。)

c. 下 個 月 我 打 算 去 美 國 搵 我
   haa⁶ goo³ yut⁹ ngoo⁵ daa² syun³ heui³ mei⁵ gwook⁸ wan² ngoo⁵
   大 學 嘅 同 學。
   daai⁶ hook⁹ gee³ tung⁴ hook⁹.

   (来月私はアメリカへ大学時代の同級生を訪ねに行くつもりです。)

5. 嗰陣時　①そのとき，あのとき　🔊-110
　　　　　②〜のとき

a. 嗰 陣 時 呢 間 學 校 有 幾 多 個
   goo² jan⁶ sii⁴ nii¹ gaan¹ hook⁹ haau⁶ yau⁵ gei² doo¹ goo³
   學 生 呀？
   hook⁹ saang¹ aa³ ?

   (そのとき、この学校には何人生徒がいましたか？)

b. 舊 年 你 嚟 日 本 嗰 陣 時 點 解
gau⁶ niin² nei⁵ lai⁴ yat⁹ buun² goo² jan⁶ sii⁴ diim² gaai²
唔 打 電 話 俾 我 呀？
m⁴ daa² diin⁶ waa² bei² ngoo⁵ aa³？

（昨年日本に来たとき、どうして私に電話をくれなかったのですか？）

c. 琴 日 開 緊 會 嗰 陣 時 山 本 先
kam⁴ yat⁹ hooi¹ gan² wuui² goo² jan⁶ sii⁴ saan¹ buun² siin¹
生 嚟 咗 公 司。
saang¹ lai⁴ joo² gung¹ sii¹.

（昨日会議のとき、山本さんが会社に来ました。）

6. 另外＋重＋動詞　ほかにまた〜，これ以外にまた〜　🔊-111

a. 我 叫 咗 兩 架 的 士, 另 外 重 叫
ngoo⁵ giiu³ joo² leung⁵ gaa³ dik⁷ sii², ling⁶ ngooi⁶ jung⁶ giiu³
咗 一 架 巴 士。
joo² yat⁷ gaa³ baa¹ sii².

（タクシーを２台呼んで、これ以外にもバスを１台頼みました。）

b. 田 中 小 姐 上 次 去 香 港 嗰 陣
tiin⁴ jung¹ siiu² jee² seung⁶ chii³ heui³ heung¹ gong² goo² jan⁶
時 睇 咗 成 龍 最 新 嘅 電 影, 另
sii⁴ tai² joo² sing⁴ lung⁴ jeui³ san¹ gee³ diin⁶ ying², ling⁶
外 重 去 聽 咗 張 學 友 嘅 演 唱
ngooi⁶ jung⁶ heui³ teng¹ joo² jeung¹ hook⁹ yau⁵ gee³ yiin² cheung³
會。
wuui².

（田中さんは前回香港へ行ったとき、ジャッキー・チェンの一番新しい映画を見ました。そのほかにまたジャッキー・チュンのコンサートも行きました。）

第十課

c. 我 今 朝 食 咗 好 多 麵 包, 另 外
　 ngoo⁵ gam¹ jiiu¹ sik⁹ joo² hou² doo¹ miin⁶ baau¹, ling⁶ ngooi⁶
　 重 飲 咗 幾 杯 牛 奶, 所 以 而 家
　 jung⁶ yam² joo² gei² buui¹ ngau⁴ naai⁵, soo² yii⁵ yii⁴ gaa¹
　 好 飽。
　 hou² baau²。

（今朝パンをたくさん食べて、これ以外にも何杯か牛乳を飲んだので、今とてもお腹がいっぱいです。）

7. 主語＋知道＋目的語（文章もあり）

Aは〜であることを知っている 🔊-112

a. 葉 先 生 可 能 知 道 嗰 個 學 生
　 yiip⁹ siin¹ saang¹ hoo² nang⁴ jii¹ dou⁶ goo² goo³ hook⁹ saang¹
　 係 邊 國 人。
　 hai⁶ biin¹ gwook⁸ yan⁴。

（葉先生はその生徒がどこの国の人かを知っているかもしれません。）

b. 你 知 唔 知 道 山 田 小 姐 同 唔
　 nei⁵ jii¹ m⁴ jii¹ dou⁶ saan¹ tiin⁴ siiu² jee² tung⁴ m⁴
　 同 我 哋 一 齊 去 香 港 呀？
　 tung⁴ ngoo⁵ dei⁶ yat⁷ chai⁴ heui³ heung¹ gong² aa³？

（山田さんが私達と一緒に香港へ行くかどうかあなたは知っていますか？）

c. 我 唔 知 道 佢 幾 時 去 咗 日 本
　 ngoo⁵ m⁴ jii¹ dou⁶ keui⁵ gei² sii⁴ heui³ joo² yat⁹ buun²
　 留 學。
　 lau⁴ hook⁹。

（彼がいつ日本へ留学に行ったか私は知りません。）

8. 過兩日 2、3日過ぎたら，そのうち，近いうちに 🔊-113

a. <u>過 兩 日</u> 山 本 先 生 打 算 同 佢
   gwoo3 leung5 yat9 saan1 buun2 siin1 saang1 daa2 syun3 tung4 keui5
   太 太 一 齊 去 歐 洲 旅 行。
   taai3 taai2 yat7 chai4 heui3 ngau1 jau1 leui5 hang4.

   （近いうちに山本さんは奥さんと一緒にヨーロッパへ旅行に行くつもりです。）

b. 先 生, 請 你 <u>過 兩 日</u> 再 嚟 一 次
   siin1 saang1, ching2 nei5 gwoo3 leung5 yat9 jooi3 lai4 yat7 chii3
   呀。
   aa1

   （すみませんが、2、3日したらもう一度来てください。）

c. <u>過 兩 日</u> 我 Fax 俾 你。 你 嘅 Fax
   gwoo3 leung5 yat9 ngoo5 Fax bei2 nei5. nei5 gee3 Fax
   號 碼 係 幾 多 呀？
   hou6 maa5 hai6 gei2 doo1 aa3 ?

   （近いうちにファックスを送ります。ファックス番号は何番ですか？）

六、練習問題

A. 話す練習

a. 置き換え練習

1. 因爲佢而家沖緊涼，所以唔可以聽電話。
   　　　　　開緊會
   　　　　　上緊課

   （彼は今お風呂に入っているので、電話に出られません。）

2. 叫咗三架的士。
   　　　九個菜
   　　　四杯啤酒

   （私はタクシーを３台呼びました。）

3. 佢叫我同佢一齊去英國旅行。
   　　　　　　　　去香港出差
   　　　　　　　　嗰間學校聽課

   （彼は私に一緒にイギリスへ旅行に行こうと言いました。）

4. 等一陣我哋打算去尖沙咀睇電影。
   　　　　　　　　中環飲茶
   　　　　　　　　跑馬地打網球

   （しばらくしたら、私たちはチムサアチョイへ映画を見に行くつもりです。）

5. 你係唔係搵緊呢本辭典呀？
   　　　　　　　間學校
   　　　　　　　枝筆

   （あなたはこの辞書をさがしているのですか？）

6. 我食飯嗰陣時唔睇報紙。
　　　　　睇電視
　　　　　傾偈
（私は食事のとき、新聞を読みません。）

7. 我琴晚寫咗一封信俾父母，另外重打咗電話俾家姐。
　　　　買咗一本小説　　　　　買咗三張 DVD
　　　　煮咗法國菜　　　　　　整（jing² 作る）咗一個蛋糕
（昨晩私は両親に手紙を書き、そのほかに姉に電話をしました。）

8. 你知唔知道佢係邊國人呀？
　　　　去咗邊度
　　　　結咗婚未
（あなたは彼がどこの国の人か知っていますか？）

9. 過兩日我再嚟揾你。
　　　　係佢嘅生日
　　　　有英文考試
（近いうちにまたあなたを訪ねに来ます。）

b． 電話でのやりとりを想定した会話を作りなさい。

c． 次の文章をよく読んで、日本語に訳しなさい。

　林小姐啲朋友喺日本嚟咗香港，佢哋想同恒生銀行嘅李經理傾生意，所以林小姐打電話俾李經理。不過佢打電話俾李經理嗰陣時，李經理啱啱同中國講緊電話，李經理嘅秘書叫林小姐留低佢嘅電話號碼。過咗一陣李經理覆電話俾林小姐，佢哋約咗禮拜六下晝三點喺半島酒店大堂見面（giin³ miin⁶ 会う）。

B. 書く練習

a. 次の文を朗読して漢字に直し、日本語に訳しなさい。

1. ching² man⁶ nei⁵ gung¹ sii¹ gee³ Fax lam¹ baa² hai⁶ gei² doo¹ hou⁶ aa³?

2. nei⁵ yii⁴ gaa¹ hai² hook⁹ haau⁶ ding⁶ hai⁶ hai² nguk⁷ kei² daa² diin⁶ waa² aa³?

3. m⁴ gooi¹ giiu³ keui⁵ gam¹ maan⁵ gau² diim² buun³ daa² diin⁶ waa² bei² ngoo⁵.

4. dii¹ sai³ lou⁶ dou¹ chung¹ joo² leung⁴ mei⁶ aa³ ?

5. ching² lau⁴ dai¹ nei⁵ nguk⁷ kei² tung⁴ sau² tai⁴ diin⁶ waa² gee³ hou⁶ maa⁵ aa¹.

6. tiin⁴ jung¹ siiu² jee² ngaam¹ ngaam¹ cheut⁷ joo² heui³, yau⁵ mat⁷ yee⁵ sii⁶ ching² gong² dai¹ laa¹.

7. yii⁴ gaa¹ lam⁴ saang¹ hooi¹ gan² wuui², m⁴ gooi¹ nei⁵ yat⁷ jan⁶ jooi³ daa² lai⁴ aa¹.

8. lei⁵ siiu² jee² hai² daai⁶ tong⁴ dang² gan² nei⁵.

9. ngoo⁵ dang² yat⁷ jan⁶ tung⁴ keui⁵ dei⁶ yat⁷ chai⁴ jau².

10. nii¹ gaan¹ gung¹ sii¹ yau⁵ ng⁵ goo³ heung¹ gong² yan⁴, ling⁶ ngooi⁶ jung⁶ yau⁵ leung⁵ goo³ mei⁵ gwook⁸ yan⁴ tung⁴ yat⁷ goo³ yii³ daai⁶ lei⁶ yan⁴.

11. ngoo⁵ m⁴ jii¹ dou⁶ lei⁵ siiu² jee² hai⁶ seung⁶ hooi² yan⁴ ding⁶ hai⁶ gwong² jau¹ yan⁴.

b．次の文を広東語に訳しなさい。

1. 山田さんに電話をかけましたか？

2. あなたは今何をしていますか？

3. 私は今テニスの試合を見ています。

4. 李さん、お母さんが呼んでいます。

5. 私は来週金曜日、香港からあなたに電話をします。

6. しばらくしたら、証券会社の人が会社に来るでしょう。

7. あなたはどの本をさがしていますか？

8. 子供の頃、彼は良い生徒でした。

9. 先週の土曜日に私は横浜の中華街（jung[1] waa[4] gaai[1]）でシューマイ（燒賣 siiu[1] maai[5]）を10個食べました。ほかに、20個肉マン（肉包 yuk[9] baau[1]）を買いました。

10. あなたが毎週金曜日広東語センターへ行って、広東語を勉強していることを彼は知っています。

11. 近いうちに李さんの御両親は彼のガールフレンドと一緒に北海道から東京に来ます。

12. この電話は国際電話をかけられますか？

13. あなたが昨日会社に来なかったことをマネージャーは知っています。

C. 次の文を日本語に訳しなさい。

1. 田中先生琴日打咗電話俾李小姐。

2. 我而家食緊飯，唔得閑同你傾電話。

3. 先生叫我哋聽日早啲嚟學校。

4. 小野 (siiu² yee⁵) 小姐，波士頭先叫你。

5. 我等一陣要去新宿買嘢。

6. 聽日下晝六點半我去學校搵你。我哋一齊去睇電影呀。

7. 我喺法國嗰陣時，日日都食法國菜。

8. 琴日我同啲香港朋友去咗東京塔 (dung¹ ging¹ taap⁸ 東京タワー) 另外重去咗秋葉原 (chau¹ yiip⁹ yun⁴)。

9. 我知道你下個星期要去美國旅行，不過我唔知道你同邊個一齊去。

10. 而家我好忙，過兩日我再同你去公園玩，好唔好呀？

11. 我先生嘅同事想同你傾生意，今個禮拜你邊日最得閑呀？

12. 點解呢個電話唔通呀？係唔係電話號碼改咗呀？

第十一課

佢 嘅 中 文 最 叻。
keui⁵　gee³　jung¹　man⁴　jeui³　leek⁷

（彼の中国語が一番うまいです。）

一、会話 🔊-114

1. A: 你 呢 幾 個 朋 友 邊 個 嘅 中 文
　　　　nei⁵　nii¹　gei²　goo³　pang⁴　yau⁵　biin¹　goo³　gee³　jung¹　man⁴
　　　最 叻 呀？
　　　jeui³　leek⁷　aa³

　　B: 佢 嘅 中 文 最 叻。 因 爲 佢 喺
　　　　keui⁵　gee³　jung¹　man⁴　jeui³　leek⁷　yan¹　wai⁶　keui⁵　hai²
　　　中 國 學 咗 四 年。 不 過, 其 他
　　　jung¹　gwook⁸　hook⁹　joo²　sei³　niin⁴　bat⁷　gwoo³　kei⁴　taa¹
　　　幾 個 都 講 得 幾 好。
　　　gei²　goo³　dou¹　gong²　dak⁷　gei²　hou²

2. A: 喺 咁 多 架 車 之 中 你 最 鍾 意
　　　　hai²　gam³　doo¹　gaa³　chee¹　jii¹　jung¹　nei⁵　jeui³　jung¹　yii³
　　　邊 架 呀？
　　　biin¹　gaa³　aa³

　　B: 我 最 鍾 意 藍 色 嗰 架。
　　　　ngoo⁵　jeui³　jung¹　yii³　laam⁴　sik⁷　goo²　gaa³

3. A: 點 解 你 唔 買 嗰 件 衫 呀？
　　　　diim²　gaai²　nei⁵　m⁴　maai⁵　goo²　giin³　saam¹　aa³

　　B: 因 爲 嗰 件 衫 貴 過 頭, 我 冇
　　　　yan¹　wai⁶　goo²　giin³　saam¹　gwai³　gwoo³　tau⁴　ngoo⁵　mou⁵
　　　咁 多 錢 買。
　　　gam³　doo¹　chiin²　maai⁵

4. A: 今 日 天 氣 咁 好, 出 唔 出 去
　　　　gam¹　yat⁹　tiin¹　hei³　gam³　hou²　cheut⁷　m⁴　cheut⁷　heui³
　　　玩 呀？
　　　waan²　aa³

221

B：我 今 日 瘎 得 滯, 唔 係 幾 想 出
　　ngoo⁵ gam¹ yat⁹ gwuui⁶ dak⁷ jai⁶, m⁴ hai⁶ gei² seung² cheut⁷
　　去。
　　heui³.

5. A：你 個 仔 聰 明 定 係 你 個 女 聰
　　　nei⁵ goo³ jai² chung¹ ming⁴ ding⁶ hai⁶ nei⁵ goo³ neui² chung¹
　　　明 呀？
　　　ming⁴ aa³?
　 B：個 仔 聰 明 過 個 女。不 過, 個
　　　goo³ jai² chung¹ ming⁴ gwoo³ goo³ neui². bat⁷ gwoo³, goo³
　　　女 勤 力 過 個 仔。
　　　neui² kan⁴ lik⁹ gwoo³ goo³ jai².

6. A：你 先 生 返 工 係 唔 係 早 過 你
　　　nei⁵ siin¹ saang¹ faan¹ gung¹ hai⁶ m⁴ hai⁶ jou² gwoo³ nei⁵
　　　好 多 呀？
　　　hou² doo¹ aa³?
　 B：唔 係, 佢 返 工 早 過 我 一 啲
　　　m⁴ hai⁶, keui⁵ faan¹ gung¹ jou² gwoo³ ngoo⁵ yat⁷ dii¹
　　　啫, 但 係, 佢 日 日 都 好 晏 返
　　　jee¹, daan⁶ hai⁶, keui⁵ yat⁹ yat⁹ dou¹ hou² ngaan³ faan¹
　　　嚟。
　　　lai⁴.

7. A：呢 間 房 同 嗰 間 房 比 較, 邊
　　　nii¹ gaan¹ fong² tung⁴ goo² gaan¹ fong² bei² gaau³, biin¹
　　　間 房 闊 啲 呀？
　　　gaan¹ fong² fuut⁸ dii¹ aa³?
　 B：呢 間 房 闊 啲, 不 過 嗰 間 比
　　　nii¹ gaan¹ fong² fuut⁸ dii¹, bat⁷ gwoo³ goo² gaan¹ bei²
　　　呢 間 光 猛。
　　　nii¹ gaan¹ gwong¹ maang⁵.

8. A：鈴 木 先 生 有 冇 陳 小 姐 咁 高
　　　ling⁴ muk⁹ siin¹ saang¹ yau⁵ mou⁵ chan⁴ siiu² jee² gam³ gou¹
　　　呀？
　　　aa³?

B：冇， 鈴 木 先 生 冇 陳 小 姐 咁
　　mou⁵ ling⁴ muk⁹ siin¹ saang¹ mou⁵ chan⁴ siiu² jee² gam³
　　高。 佢 矮 過 陳 小 姐 好 多。
　　gou¹. keui⁵ ngai² gwoo³ chan⁴ siiu² jee² hou² doo¹.

9. A：李 先 生 同 山 本 先 生 係 唔 係
　　lei⁵ siin¹ saang¹ tung⁴ saan¹ buun² siin¹ saang¹ hai⁶ m⁴ hai⁶
　　都 係 一 樣 咁 有 錢 呀？
　　dou¹ hai⁶ yat⁷ yeung⁶ gam³ yau⁵ chiin² aa³?
　B：係 呀， 佢 哋 兩 個 都 係 一 樣
　　hai⁶ aa³, keui⁵ dei⁶ leung⁵ goo³ dou¹ hai⁶ yat⁷ yeung⁶
　　咁 有 錢。
　　gam³ yau⁵ chiin².

10. A：我 好 耐 冇 返 香 港， 嗰 度 啲
　　ngoo⁵ hou² nooi⁶ mou⁵ faan¹ heung¹ gong² goo² dou⁶ dii¹
　　物 價 有 冇 貴 咗 呀？
　　mat⁹ gaa³ yau⁵ mou⁵ gwai³ joo² aa³?
　B：有 呀。 而 家 香 港 啲 物 價 比
　　yau⁵ aa³. yii⁴ gaa¹ heung¹ gong² dii¹ mat⁹ gaa³ bei²
　　以 前 貴 咗 好 多， 特 別 係 樓
　　yii⁵ chiin⁴ gwai³ joo² hou² doo¹, dak⁹ biit⁹ hai⁶ lau⁴
　　價 貴 得 好 犀 利。
　　gaa³ gwai³ dak⁷ hou² sai¹ lei⁶.

11. A：呢 幾 年 你 哋 啲 人 工 一 定 加
　　nii¹ gei² niin⁴ nei⁵ dei⁶ dii¹ yan⁴ gung¹ yat⁷ ding⁶ gaa¹
　　咗 好 多 喇。
　　joo² hou² doo¹ laa³.
　B：唔 係 呀， 因 爲 公 司 生 意 唔
　　m⁴ hai⁶ aa³, yan¹ wai⁶ gung¹ sii¹ saang¹ yii³ m⁴
　　係 幾 好， 我 哋 啲 工 資 淨 係
　　hai⁶ gei² hou², ngoo⁵ dei⁶ dii¹ gung¹ jii¹ jing⁶ hai⁶
　　加 咗 少 少 咋。
　　gaa¹ joo² siiu² siiu² jaa³.

二、単語と表現 🔊-115

1.	中文	jung¹ man⁴	（名）	中国語
2.	其他	kei⁴ taa¹	（代）	ほかの
3.	幾	gei²	（副）	たいへん，かなり
4.	得	dak⁷	（助）	動詞や形容詞の後において、結果、程度を表す補語を導く
5.	（喺）〜之中	(hai²) jii¹ jung¹	（副）	〜の中（で）
6.	衫	saam¹	（名）	服
7.	形容詞＋過頭	gwoo³ tau⁴	（副）	〜すぎる
8.	天氣	tiin¹ hei³	（名）	天気
9.	癐	gwuui⁶	（形）	疲れる
10.	形容詞＋得滯	dak⁷ jai⁶	（副）	〜すぎる
11.	聰明	chung¹ ming⁴	（形）	賢い，聡明な
12.	過	gwoo³	（副）	〜より
13.	勤力	kan⁴ lik⁹	（形）	勤勉な
14.	一啲	yat⁷ dii¹		①（副）少し，ちょっと ②（終助）〜だけ，〜すぎない
15.	啫	jee¹	（副）	〜だけ
16.	但係	daan⁶ hai⁶	（接）	しかし
17.	房	fong²	（名）	部屋
18.	比較	bei² gaau³	（動）	比較する，比べる
19.	闊	fuut⁸	（形）	広い

20.	比	bei²	（介）	〜より
21.	光猛	gwong¹ maang⁵	（形）	明るい
22.	一樣	yat⁷ yeung⁶	（副）	同様に
23.	有錢	yau⁵ chiin²	（名）	金持ち
24.	物價	mat⁹ gaa³	（名）	物価
25.	以前	yii⁵ chiin⁴	（名）	以前，前
26.	特別	dak⁹ biit⁹	（副）	特別，とりわけ
27.	樓價	lau⁴ gaa³	（名）	マンション、ビルなどの値段
28.	犀利	sai¹ lei⁶	（形）	すごい
29.	人工	yan⁴ gung¹	（名）	給料
30.	加	gaa¹	（動）	足す，加える
31.	工資	gung¹ jii¹	（名）	賃金
32.	少少	siu² siu²	（副）	少し，ちょっと
33.	咋	jaa³	（語）	〜だけだよ

第十一課

三、訳

1. A： この何人かのあなたの友達の中でだれの中国語が一番うまいですか？
   B： 彼の中国語が一番うまいです。彼は中国で4年間勉強したからです。でも、ほかの皆も上手に話せます。

2. A： こんなたくさんの車の中で、あなたはどれが一番好きですか？
   B： 私は青い車が一番好きです。

3. A： なぜあなたはその服を買わないのですか？
   B： その服は高すぎるからです。そんなにたくさんのお金はありません。

4. A： 今日は天気がこんなにいいから、遊びに出かけませんか？
   B： 今日はひどく疲れているので、あまり出かけたくないです。

5. A： 息子さんのほうが頭がいいですか、それとも娘さんのほうが頭がいいですか？
   B： 息子のほうが娘より頭がいいですが、娘は息子より勤勉です。

6. A： あなたのご主人が出勤するのはあなたよりだいぶ早いですか？
   B： いいえ、彼が出勤するのは私より少し早いだけです。でも、毎日とても遅く帰ってきます。

7. A： この部屋とその部屋を比べるとどっちが広いですか？
   B： この部屋です。でも、この部屋よりその部屋のほうが明るいです。

8. A： 鈴木さんは陳さんと同じぐらい背が高いですか？
   B： いいえ、鈴木さんは陳さんほど背は高くないです。彼は陳さんよりかなり低いです。

9. A: 李さんも山本さんも同じぐらいお金持ちですか？
　　B: はい。彼らは２人とも同じぐらいお金持ちです。

10. A: 私は随分長い間香港に帰っていません。そちらの物価は高くなりましたか？
　　B: なりました。今香港の物価は以前よりかなり高くなっています。特に、マンションの値段はすごく高くなりました。

11. A: この数年間で、あなた達の給料はきっとたくさん増えたでしょう。
　　B: いいえ、会社があまりうまくいっていないので、私達の賃金は少し増えただけです。

ヴィクトリアピークからの眺め

四、補充単語

1. 常用形容詞 [Ⅱ]

強	keung⁴	強い	⇔	弱	yeuk⁹	弱い
濃	lung⁴	濃い	⇔	淡	taam⁵	薄い
臭	chau³	臭い	⇔	香	heung¹	いい香り,香ばしい
硬	ngaang⁶	硬い	⇔	軟	yun⁵	軟らかい
汚糟	wuu¹ jou¹	汚い	⇔	乾淨	goon¹ jeng⁶	きれいな
邋遢	laat⁹ taat⁸	汚い				
安靜	ngoon¹ jing⁶	静かな	⇔	嘈	chou⁴	うるさい
靜	jing⁶	静かな				
勤力	kan⁴ lik⁹	勤勉な	⇔	懶	laan⁵	怠けている
聰明	chung¹ ming⁴	聡明な	⇔	笨	ban⁶	愚鈍な
精	jeng¹	利口な	⇔	蠢	cheun²	ばかな
肉酸	yuk⁹ syun¹	醜い	⇔	靚	leng³	きれいな,スマートな
醜	chau²	醜い				
核突	wat⁹ dat⁹	醜い				
辛苦	san¹ fuu²	苦しい	⇔	舒服	syu¹ fuk⁹	気持ちがいい,居心地のいい
後生	hau⁶ saang¹	若い	⇔	老	lou⁵	年をとった
年輕	niin⁴ heng¹	若い				

光猛	gwong¹ maang⁵	明るい	⇔	暗	ngam³	暗い
光	gwong¹	明るい				
闊	fuut⁸	広い	⇔	窄	jaak⁸	狭い
簡單	gaan² daan¹	簡単な	⇔	複雜	fuk⁷ jaap⁹	複雑な
開心	hooi¹ sam¹	嬉しい	⇔	傷心	seung¹ sam¹	悲しい
大方	daai⁶ fong¹	寛大な	⇔	孤寒	guu¹ hoon⁴	けちな
危險	ngai⁴ hiim²	危険な	⇔	安全	ngoon¹ chyun⁴	安全な
牙煙	ngaa⁴ yiin¹	危険な				

啱	ngaam¹	正しい
快樂	faai³ look⁹	楽しい
得意	dak⁷ yii³	おもしろい，かわいい
可愛	hoo² ngooi³	かわいい
慘	chaam²	惨めな，かわいそうな
悶	muun⁶	つまらない
無聊	mou⁴ liiu⁴	つまらない
方便	fong¹ biin⁶	便利な

甜	tiim⁴	甘い
鹹	haam⁴	しょっぱい
酸	syun¹	すっぱい

辣	laat⁹	辛い
苦	fuu²	にがい
痛	tung³	痛い
痕	han⁴	かゆい
斯文	sii¹ man⁴	上品な（人）
文靜	man⁴ jing⁶	物静かな（人）
老實	lou⁵ sat⁹	まじめな
濛查查	mung⁴ chaa⁴ chaa⁴	チンプンカンプン
戇居居	ngoon⁶ geui¹ geui¹	のろまな
貪心	taam¹ sam¹	欲張り
論盡	leun⁶ jeun⁶	もたもたしている

2. 程度副詞

特別	dak⁹ biit⁹	特別，とりわけ
零舍	ling⁴ see³	特別，とりわけ
太	taai³	〜しすぎる，あまりにも〜
至	jii³	いちばん〜，最も〜
最	jeui³	いちばん〜，最も〜
過頭	gwoo³ tau⁴	〜すぎる
得滯	dak⁷ jai⁶	〜すぎる
好多	hou² doo¹	だいぶ

少少	siu² siu²	少し、ちょっと
幾	gei²	たいへん，かなり
非常	fei¹ seung⁴	非常に

＊程度副詞の用法　程度副詞＋形容詞　🔊-116

①形容詞の程度を表すときには、程度副詞は通常形容詞の前におく。

a. 嗰 架 車 特 別 快。
　　goo² gaa³ chee¹ dak⁹ biit⁹ faai³.
　（その車は特に速い。）

b. 呢 間 酒 樓 啲 菜 零 舍 貴。
　　nii¹ gaan¹ jau² lau⁴ dii¹ chooi³ ling⁴ see³ gwai³.
　（このレストランの料理はとりわけ高い。）

②「得滯」「過頭」「好多」「一啲」「少少」は形容詞の後、語尾におく。

a. 呢 套 西 裝 細 得 滯, 我 唔 可
　　nii¹ tou³ sai¹ jong¹ sai³ dak⁷ jai⁶, ngoo⁵ m⁴ hoo²
　　以 著。
　　yii⁵ jeuk⁸.
　（このスーツは小さすぎて、私は着られない。）

b. 嗰 條 褲 短 過 頭, 我 唔 鍾 意。
　　goo² tiiu⁴ fuu³ dyun⁴ gwoo³ tau⁴, ngoo⁵ m⁴ jung¹ yii³.
　（そのズボンは短すぎて、好きではない。）

c. 今 日 熱 過 琴 日 好 多。
　　gam¹ yat⁹ yiit⁹ gwoo³ kam⁴ yat⁹ hou² doo¹.
　（今日は昨日よりかなり暑い。）

d. 我 最 近 肥 咗 少 少。
　　ngoo⁵ jeui³ gan⁶ fei⁴ joo² siu² siu².
　（私は最近少し太った。）

五、構文
形容詞を使ったいろいろな表現のまとめ

1. 形容詞の最上級　最＋形容詞　最も～である，一番～である

🔊-117

a. 喺　咁　多　次　考　試　之　中，今　次　嘅
　 hai² gam³ doo¹ chii³ haau² sii³ jii¹ jung¹, gam¹ chii³ gee³
　 聽　力　<u>最</u>　難。
　 teng¹ lik⁹ jeui³ naan⁴.

（たくさんの試験の中で、今回のヒアリングが一番難しかった。）

b. 呢　間　房　係　唔　係　<u>最</u>　<u>靜</u>　㗎？
　 nii¹ gaan¹ fong² hai⁶ m⁴ hai⁶ jeui³ jing⁶ gaa³?

（この部屋が一番静かなのですか？）

c. 佢　同　你　同　葉　小　姐，邊　個　打　字
　 keui⁵ tung⁴ nei⁵ tung⁴ yiip⁹ siiu² jee², biin¹ goo³ daa² jii⁶
　 <u>最</u>　<u>快</u>　呀？
　 jeui³ faai³ aa³?

（彼とあなたと葉さんでは、だれがタイプを打つのが一番早いですか？）

2. 形容詞の比較級　🔊-118

（1）A（名詞／短文）＋形容詞＋過＋B（名詞／短文）

　　　　　　　　　　　　　　　AはBより～である

A、Bの部分には、単語だけでなく、文を置くこともできる。

a. 我　哋　間　學　校　<u>大</u>　<u>過</u>　嗰　間　公　園。
　 ngoo⁵ dei⁶ gaan¹ hook⁹ haau⁶ daai⁶ gwoo³ goo² gaan¹ gung¹ yun².

（私たちの学校はその公園より大きい。）

b. 呢　件　行　李　係　唔　係　<u>重</u>　<u>過</u>　嗰　件　行
　 nii¹ giin⁶ hang⁴ lei⁵ hai⁶ m⁴ hai⁶ chung⁵ gwoo³ goo² giin⁶ hang⁴
　 李　好　多　呀？
　 lei⁵ hou² doo¹ aa³?

（この荷物はその荷物よりずいぶん重くありませんか？）

c. 由 你 屋 企 去 機 場 搭 巴 士 去
   yau⁴ nei⁵ nguk⁷ kei² heui³ gei¹ cheung⁴ daap⁸ baa¹ sii² heui³
   方 唔 方 便 過 搭 電 車 去 呀？
   fong¹ m⁴ fong¹ biin⁶ gwoo³ daap⁸ diin⁶ chee¹ heui³ aa³ ?
   (あなたの家から空港まで行くのに、電車よりバスで行くほうが便利ですか？)

（2）A（名詞／名詞句）＋比＋B（名詞／名詞句）＋形容詞　🔊-119
　　　　AはBに比べて〜である，AはBより〜である

a. 呢 本 書 比 嗰 本 書 容 易 啲。
   nii¹ buun² syu¹ bei² goo² buun² syu¹ yung⁴ yii⁶ dii¹.
   (この本はその本より少しやさしい。)

b. 喺 銀 行 做 嘢 係 唔 係 比 喺 旅
   hai² ngan⁴ hong⁴ jou⁶ yee⁵ hai⁶ m⁴ hai⁶ bei² hai² leui⁵
   行 社 做 嘢 舒 服 好 多 呀？
   hang⁴ see⁵ jou⁶ yee⁵ syu¹ fuk⁹ hou² doo¹ aa³ ?
   (銀行で働くのは旅行社で働くよりずいぶん楽ですか？)

c. 請 問 有 冇 比 呢 條 長 啲 嘅 裙
   ching² man⁶ yau⁵ mou⁵ bei² nii¹ tiiu⁴ cheung⁴ dii¹ gee³ kwan⁴
   呀？
   aa³ ?
   (すみませんが、これより長いスカートはありますか？)

（3）A同B比較（比），A／B＋形容詞＋啲／好多　🔊-120
　　　　AとBを比べると、A（またはB）はより〜である

a. 呢 張 床 同 嗰 張 床 比 較, 呢 張
   nii¹ jeung¹ chong⁴ tung⁴ goo² jeung¹ chong⁴ bei² gaau³ nii¹ jeung¹
   窄 啲, 不 過 嗰 張 貴 過 呢 張 好
   jaak⁸ dii¹, bat⁷ gwoo³ goo² jeung¹ gwai³ gwoo³ nii¹ jeung¹ hou²
   多。
   doo¹.
   (このベッドはそのベッドと比べて狭いが、それはこれより随分高い。)

第十一課

b. 呢 架 相 機 同 嗰 架 相 機 比 較,
nii¹ gaa³ seung² gei¹ tung⁴ goo² gaa³ seung² gei¹ bei² gaau³,
呢 架 係 唔 係 抵 買 好 多 呀?
nii¹ gaa³ hai⁶ m⁴ hai⁶ dai² maai⁵ hou² doo¹ aa³?

（このカメラとそのカメラを比べると、これはずいぶんお買い得ですか？）

3. A同B（都係）一樣＋咁＋形容詞／文　AはBと同様に〜である
🔊-121

a. 我 間 公 司 同 嗰 間 圖 書 館 一
ngoo⁵ gaan¹ gung¹ sii¹ tung⁴ goo² gaan¹ tou⁴ syu¹ gwuun² yat⁷
樣 咁 大。
yeung⁶ gam³ daai⁶.

（私の会社はその図書館と同じくらい大きい。）

b. 呢 條 路 係 唔 係 同 嗰 條 路 一
nii¹ tiiu⁴ lou⁶ hai⁶ m⁴ hai⁶ tung⁴ goo² tiiu⁴ lou⁶ yat⁷
樣 咁 塞 車 呀?
yeung⁶ gam³ sak³ chee¹ aa³?

（この道はその道と同じように込んでいますか？）

c. 請 問 有 冇 同 呢 個 一 樣 咁 大
ching² man⁶ yau⁵ mou⁵ tung⁴ nii¹ goo³ yat⁷ yeung⁶ gam³ daai⁶
嘅 皮 喼 呀?
gee³ pei⁴ giip⁷ aa³?

（すみません、これと同じくらい大きいスーツケースはありますか？）

4. A冇B咁＋形容詞　AはBほど〜ない　🔊-122

a. 喺 而 家 呢 間 公 司 做 嘢 冇 以
hai² yii⁴ gaa¹ nii¹ gaan¹ gung¹ sii¹ jou⁶ yee⁵ mou⁵ yii⁵
前 嗰 間 咁 辛 苦, 不 過 人 工 少
chiin⁴ goo² gaan¹ gam³ san¹ fuu², bat⁷ gwoo³ yan⁴ gung¹ siiu²
好 多。
hou² doo¹.

（今の会社での仕事は以前ほど辛くはないが、給料はだいぶ下がった。）

b. 請 問 有 冇 第 二 間 冇 咁 嘈 嘅
　　ching² man⁶ yau⁵ mou⁵ dai⁶ yii⁶ gaan¹ mou⁵ gam³ chou⁴ gee³
　房 呀？
　fong² aa³ ?

（すみませんがほかにこんなにうるさくない部屋はありますか？）

c. 嗰 隻 船 冇 呢 隻 船 咁 快。
　　goo² jeek⁸ syun⁴ mou⁵ nii¹ jeek⁸ syun⁴ gam³ faai³.

（その船はこの船ほど速くないです。）

5. 形容詞＋咗　〜になった（状態・状況の変化を表す）　◀))-123

a. 最 近 細 佬 讀 書 勤 力 咗, 所 以
　　jeui³ gan⁶ sai³ lou² duk⁹ syu¹ kan⁴ lik⁹ joo², soo² yii⁵
　佢 嘅 成 績 好 過 以 前 好 多。
　keui⁵ gee³ sing⁴ jik⁷ hou² gwoo² yii⁵ chiin⁴ hou² doo¹.

（最近弟は勤勉になったので、成績が以前よりだいぶ良くなった。）

b. 我 嘅 中 文 係 唔 係 叻 咗 少 少
　　ngoo⁵ gee³ jung¹ man⁴ hai⁶ m⁴ hai⁶ leek⁷ joo² siu² siu²
　呀？
　aa³ ?

（私の中国語は少しは上手くなりましたか？）

c. 點 解 佢 比 以 前 瘦 咗 咁 多 呀？
　　diim² gaai² keui⁵ bei² yii⁵ chiin⁴ sau³ joo² gam³ doo¹ aa³ ?

（どうして彼女は前よりこんなに痩せてしまったのですか？）

6. 唔係幾＋形容詞　あまり～ない　🔊-124

a. 呢　杯　啤　酒　<u>唔　係　幾　凍</u>。
　　nii¹　buui¹　bee¹　jau²　m⁴　hai⁶　gei²　dung³.
　（このビールはあまり冷えていない。）

b. 今　年　嘅　夏　天　<u>唔　係　幾　熱</u>。
　　gam¹　niin⁴　gee³　haa⁶　tiin¹　m⁴　hai⁶　gei²　yiit⁹.
　（今年の夏はあまり暑くない。）

c. 我　而　家　<u>唔　係　幾　舒　服</u>。
　　ngoo⁵　yii⁴　gaa¹　m⁴　hai⁶　gei²　syu¹　fuk⁹.
　（私は今気分があまりよくない。）

7.（動詞＋目的語）＋動詞（前の動詞と同じ）＋得＋形容詞　🔊-125
　　　　（形容詞）～のように…できる　（様態、結果を表す）

動詞＋得＋形容詞を直訳すると「（動詞）するのが～である、または（（動詞）をして）その仕方が～である」という様態や結果を表す。日本語では後ろから訳したほうがわかりやすく、「～（のよう）に…できる、～（のよう）に…する」と表現する。

a. 你　個　仔　<u>寫　字　寫　得　好　靚</u>。
　　nei⁵　goo³　jai²　see²　jii⁶　see²　dak⁷　hou²　leng³.
　（あなたの息子さんの書く字はきれいです。）

b. 點　解　你　<u>食　飯　食　得　咁　慢</u>　㗎？
　　diim²　gaai²　nei⁵　sik⁹　faan⁶　sik⁹　dak⁷　gam³　maan⁶　gaa³?
　（なぜあなたはご飯を食べるのがこんなに遅いのですか？）

c. 佢　<u>唱　歌　唱　得　唔　好</u>，不　過　佢　<u>跳</u>
　　keui⁵　cheung³　goo¹　cheung³　dak⁷　m⁴　hou²,　bat⁷　gwoo³　keui⁵　tiiu³
　<u>舞　跳　得　好</u>　叻。
　　mou⁵　tiiu³　dak⁷　hou²　leek⁷.
　（彼は歌うのはあまりうまくありませんが、踊りはとても上手です。）

六、練習問題

A. 話す練習

a. 置き換え練習

1. 呢個蘋果比嗰個蘋果<u>貴</u>啲。
   　　　　　　　　　　大
   　　　　　　　　　　甜
   （このりんごはあのりんごより少し高いです。）

2. 你屋企有冇佢屋企咁<u>乾淨</u>呀？
   　　　　　　　　　安靜
   　　　　　　　　　遠
   （あなたの家は彼女の家と同じぐらいきれいですか？）

3. 呢碗湯同嗰碗湯都係一樣咁<u>辣</u>。
   　　　　　　　　　　　　鹹
   　　　　　　　　　　　　熱
   （このスープはそのスープと同じくらい辛いです。）

4. 呢本書冇嗰本書咁<u>難</u>。
   　　　　　　　　　重
   　　　　　　　　　好睇
   （この本はその本ほど難しくないです。）

5. 小林小姐嘅<u>英文同法文</u>都講得好好。
   　　　　　　意大利文同德文
   　　　　　　廣東話同北京話
   （小林さんは英語もフランス語もうまく話します。）

b．次の形容詞の反対語を書きなさい。

1. 乾淨→
2. 大方→
3. 强→
4. 安全→
5. 闊→
6. 嘈→
7. 勤力→
8. 硬→
9. 淡→
10. 後生→

c．実際の状況にしたがって答え、日本語に訳しなさい。

1. 你今年嘅工資多咗定係少咗呀？點解呀？

2. 今個星期你最晏係幾點鐘瞓覺呀？點解呀？

3. 你同你嘅廣東話先生比較，邊個高啲呀？

4. 你屋企邊個起身起得最晏呀？

5. 上個星期由星期一到星期六,你邊一日返屋企返得最早呀？

6. 喺呢個班啲學生之中，邊個去香港去得最多呀？

7. 你最近肥咗定係瘦咗呀？點解呀？

d．次の文章をよく読んで、日本語に訳しなさい。

　田中小姐同鈴木小姐喺五年前一齊去咗香港留學。而家都喺香港做嘢。一年前田中住喺九龍，鈴木住喺香港，不過因爲屋租(nguk7 jou1 家賃)貴過頭，而家佢哋兩個一齊住喇。田中嘅公司遠過鈴木嘅公司，而且(yii4 chee2 しかも)又係證券公司，所以佢日日返工都比鈴木早個幾鐘頭，返嚟屋企又比鈴木晏好多。佢唔係幾鍾意而家嘅工作，佢想搵第二間舒服啲嘅公司。

B. 書く練習

a．次の文を朗読して漢字に直し、日本語に訳しなさい。

1. nei⁵ gaan¹ fong² tung⁴ keui⁵ gaan¹ fong² hai⁶ m⁴ hai⁶ yat⁷ yeung⁶ gam³ fuut⁸ aa³ ?

2. keui⁵ cheung³ jung¹ man⁴ goo¹ cheung³ dak⁷ hou² leek⁷.

3. nii¹ goo³ baan¹ jing⁶ hai⁶ ngoo⁵ hai⁶ heung¹ gong² yan⁴, kei⁴ taa¹ hook⁹ saang¹ dou¹ hai⁶ yat⁹ buun² yan⁴.

4. dung¹ ging¹ gee³ mat⁹ gaa³ gwai³ dak⁷ gam³ sai¹ lei⁶, soo² yii⁵ ngoo⁵ goo³ goo³ yut⁹ dou¹ yiiu³ maa¹ mii⁴ gei³ chiin² (寄錢 送金する) bei² ngoo⁵.

5. gam¹ yat⁹ yiit⁹ dak⁷ jai⁶, ngoo⁵ m⁴ seung² cheut⁷ gaai¹.

6. nei⁵ gaa³ chee¹ san¹ m⁴ san¹ gwoo³ nei⁵ siin¹ saang¹ gaa³ chee¹ aa³ ?

7. dii¹ tong¹ gam³ laat⁹ ngoo⁵ m⁴ yam² laak⁸.

8. diim² gaai² keui⁵ gam¹ yat⁹ gam³ hooi¹ sam¹ aa³ ?

9. keui⁵ goo³ sau² dooi² tung⁴ ngoo⁵ goo³ sau² dooi² bei², biin¹ goo³ leng³ dii¹ aa³ ?

10. diim² gaai² nii¹ deui³ haai⁴ gwai³ gwoo³ goo² deui³ gam³ doo¹ gaa³ ?

11. keui⁵ dei⁶ ng⁵ goo³ yan⁴ jii¹ jung¹ chan⁴ siiu² jee² m⁴ hai⁶ jeui³ sau³.

第十一課

b．次の形容詞と程度副詞を使って、文を作りなさい。

形容詞　：辛苦　老實　暗　得意　舒服　開心　複雜

程度副詞：最　太　唔係幾　特別　得滯　過頭　少少

c．次の文を広東語に訳しなさい。

1. 彼はいつもご飯を食べるのがとても速いです。

2. 主人の給料はあまり高くないので、私も働かなければなりません。

3. 子供が眠ったばかりですから、静かにしてください。

4. どうして山田さんはこんなに遅くなっても来ないのですか？

5. 最近この町（城市　$sing^4$　sii^5）には観光客（遊客　yau^4　$haak^8$）が以前よりだいぶ増えました。

6. この店の品物はあの店より随分安いから、私はよくこの店に買いに来ます。

7. こんなにたくさんの色の中であなたの一番好きな色はなんですか？

8. うちの息子と李さんの娘さんの身長は同じくらいです。

9. 葉さんは日本に10年も住んでいるので、彼女は日本語をとても上手に話します。

10. 私達は全員で10人ですから、これよりもっと大きなテーブルはありませんか？

11. 今日は昨日よりだいぶ寒くなりました。

d．次の文を日本語に訳しなさい。

1. 呢個星期太熱，所以每晚我瞓覺嗰陣時都要開冷氣機。

2. 呢間大廈同嗰間大廈比，邊間高啲呀？

3. 點解你咁蠢㗎？咁貴啲衫你都買嘅？

4. 佢寫字寫得好慢，不過打字打得好快。

5. 你個仔同我個仔一樣咁大，不過你個仔高過我個仔好多。

6. 佢哋兩個邊個計數（gai³ sou³ 計算する）計得快啲呀？

7. 啲細路喺公園玩得好開心。

8. 你嚟得太遲，佢哋已經喺半個鐘頭之前走咗喇。

9. 佢同佢家姐一樣咁高，不過冇佢家姐咁瘦。

10. 佢同佢大佬都係一樣咁懶，一樣咁唔鍾意讀書。

第十二課

假 日 邊 度 都 係 咁 多 人。
gaa³ yat⁹ biin¹ dou⁶ dou¹ hai⁶ gam³ doo¹ yan⁴.

（休日はどこも人が多いです。）

一、会話 🔊-126

1. A: Lucy, 你 好 呀。
　　　Lucy, nei⁵ hou² aa³.

B: 呀, 田 中 小 姐, 你 好。乜 咁 啱
　　aa³, tiin⁴ jung¹ siiu² jee², nei⁵ hou². mat⁷ gam³ ngaam¹
　呀？ 你 嚟 呢 度 買 嘢 呀？
　aa³? nei⁵ lai⁵ nii¹ dou⁶ maai⁵ yee⁵ aa⁴?

A: 係 呀, 我 打 算 下 個 禮 拜 返
　hai⁶ aa³, ngoo⁵ daa² syun³ haa⁶ goo³ lai⁵ baai³ faan¹
　日 本, 想 買 啲 手 信 俾 朋 友。
　yat⁹ buun², seung² maai⁵ dii¹ sau² seun³ bei² pang⁴ yau⁵.
　喂, 好 耐 冇 見 喎。 呢 排 你 去
　wai³, hou² nooi⁶ mou⁵ giin³ woo³. nii¹ paai⁴ nei⁵ heui³
　咗 邊 度 呀？
　joo² biin¹ dou⁶ aa³?

B: 哦, 前 一 排 我 時 時 都 要 去
　oo⁵, chiin⁴ yat⁷ paai⁴ ngoo⁵ sii⁴ sii⁴ dou¹ yiiu³ heui³
　大 陸 出 差, 所 以 好 少 喺 公
　daai⁶ luk⁹ cheut⁷ chaai¹, soo² yii⁵ hou² siiu² hai² gung¹
　司。 點 呀, 你 身 體 幾 好 吖 嘛？
　sii¹. diim² aa³, nei⁵ san¹ tai² gei² hou² aa¹ maa³?
　公 司 嘅 生 意 順 唔 順 利 呀？
　gung¹ sii¹ gee³ saang¹ yii³ seun⁶ m⁴ seun⁶ lei⁶ aa³?

A: 幾 好, 有 心。 你 而 家 得 唔 得
　gei² hou², yau⁵ sam¹. nei⁵ yii⁴ gaa¹ dak⁷ m⁴ dak⁷
　閑 呀, 一 齊 傾 吓 偈 啦。
　haan⁴ aa³, yat⁷ chai⁴ king¹ haa⁵ gai² laa¹.

B: 得 閑。 但 係 呢 度 人 咁 多, 太
　dak⁷ haan⁴. daan⁶ hai⁶ nii¹ dou⁶ yan⁴ gam³ doo¹, taai³

嘈 喇。 我 哋 去 第 二 度 傾 啦。
chou⁴ laa³. ngoo⁵ dei⁶ heui³ dai⁶ yii⁶ dou⁶ king¹ laa¹.

A： 好 呀。 不 過, 今 日 係 假 日, 邊
hou² aa³. bat⁷ gwoo³, gam¹ yat⁹ hai⁶ gaa³ yat⁹, biin¹

度 都 係 一 樣 咁 多 人 嗰。
dou⁶ dou¹ hai⁶ yat⁷ yeung⁴ gam³ doo¹ yan⁴ boo³.

不 如 去 我 公 司 啦。 我 公 司
bat⁷ yu⁴ heui³ ngoo⁵ gung¹ sii¹ laa¹. ngoo⁵ gung¹ sii¹

離 呢 度 唔 係 幾 遠, 行 兩 個
lei⁴ nii¹ dou⁶ m⁴ hai⁶ gei² yun⁵, haang⁴ leung⁵ goo³

字 左 右 就 到 喇。
jii⁶ joo² yau⁶ jau⁶ dou³ laa³.

---

2. A： 細 妹 同 佢 男 朋 友 前 日 喺 香
sai³ muui⁵ tung⁴ keui⁵ naam⁴ pang⁴ yau⁵ chiin⁴ yat⁹ hai² heung¹

港 返 咗 嚟。 我 想 今 晚 同 佢
gong² faan¹ joo² lai⁴. ngoo⁵ seung² gam¹ maan⁵ tung⁴ keui⁵

哋 一 齊 喺 出 便 食 餐 飯。
dei⁶ yat⁷ chai⁴ hai² cheut⁷ biin⁶ sik⁹ chaan¹ faan⁶.

B： 琴 日 買 咗 咁 多 餸, 今 晚 唔
kam⁴ yat⁹ maai⁵ joo² gam³ doo¹ sung³, gam¹ maan⁵ m⁴

好 出 去 食 飯 喇, 不 如 叫 佢
hou² cheut⁷ heui³ sik⁹ faan⁶ laa³, bat⁷ yu⁴ giiu³ keui⁵

哋 嚟 屋 企 食 啦。
dei⁶ lai⁴ nguk⁷ kei⁶ sik⁹ laa¹.

A： 好 呀, 不 過 煮 咁 多 人 嘅 飯,
hou² aa³, bat⁷ gwoo³ jyu² gam³ doo¹ yan⁴ gee³ faan⁶,

你 好 辛 苦 嘅 喎。
nei⁵ hou² san¹ fuu² gee³ woo³.

B： 冇 所 謂, 喺 屋 企 食 比 喺 酒
mou⁵ soo² wai⁶, hai² nguk⁷ kei⁶ sik⁹ bei² hai² jau²

樓 食 平 啲、 好 食 啲 吖 嘛。 另
lau⁴ sik⁹ peng⁴ dii¹, hou² sik⁹ dii¹ aa¹ maa³. ling⁶

外, 媽 咪 同 爹 哋 係 唔 係 一 齊
ngooi⁶, maa¹ mii⁴ tung⁴ dee¹ dii¹ hai⁶ m⁴ hai⁶ yat⁷ chai⁴

嚟 呀？
lai⁴ aa³？

第十二課

A: 係, 媽咪 同 爹哋 應該 同 細
hai6, maa1 mii4 tung4 dee1 dii4 ying1 gooi1 tung4 sai3
妹 佢 哋 一 齊 嚟。
muui2 keui5 dei6 yat7 chai4 lai4.

B: 噉, 今 晚 你 放 工 之 後 要 早
gam2, gam1 maan5 nei5 fong3 gung1 jii1 hau6 yiiu3 jou2
啲 返 嚟 呀。
dii1 faan1 lai4 aa3.

A: 得 喇。
dak7 laa3.

---

3. A: 而 家 已 經 六 點。 我 哋 要 快
yii4 gaa1 yii5 ging1 luk9 diim2. ngoo5 dei6 yiiu3 faai3
啲 出 門 口 喇。
dii1 cheut7 muun4 hau2 laa3.

B: 你 同 你 哥 哥 約 咗 幾 點 鐘 去
nei5 tung4 nei5 goo4 goo1 yeuk8 joo2 gei2 diim2 jung1 heui3
到 佢 屋 企 呀？
dou3 keui5 nguk7 kei2 aa3 ?

A: 我 哋 約 咗 七 點。
ngoo5 dei6 yeuk8 joo2 chat7 diim2.

B: 噉, 搭 乜 嘢 車 去 呀？
gam2, daap8 mat7 yee5 chee1 heui3 aa3 ?

A: 搭 電 車 去 啦。
daap8 diin3 chee1 heui3 laa1.

B: 但 係 由 呢 度 去 佢 屋 企 咁
daan6 hai6 yau4 nii1 dou6 heui3 keui5 nguk7 kei2 gam3
遠, 又 要 轉 咁 多 次 車, 搭 電
yun5, yau6 yiiu3 jyun2 gam3 doo1 chii3 chee1, daap8 diin6
車 去 可 能 唔 係 幾 方 便, 不
chee1 heui3 hoo2 nang4 m4 hai6 gei2 fong1 biin6, bat7
如 我 哋 搭 的 士 去 啦。
yu4 ngoo5 dei6 daap8 dik7 sii2 heui3 laa1.

A: 搭 的 士 去 係 方 便 好 多。 不
daap8 dik7 sii2 heui3 hai6 fong1 bing6 hou2 doo1. bat7
過, 而 家 咁 塞 車, 搭 電 車 去
gwoo3, yii4 gaa1 gam3 sak7 chee1, daap8 diin6 chee1 heui3

應 該 快 啲。
ying¹ gooi¹ faai³ dii¹.

B：佢 屋 企 近 唔 近 住 車 站 呀？
keui⁵ nguk⁷ kei² gan⁶ m⁴ gan⁶ jyu⁶ chee¹ jaam⁶ aa³?

A：近， 佢 屋 企 離 車 站 好 近。
gan⁶, keui⁵ nguk⁷ kei² lei⁴ chee¹ jaam⁶ hou² kan⁵.

B：噉， 我 哋 快 啲 去 搭 車 啦。
gam², ngoo⁵ dei⁶ faai³ dii¹ heui³ daap⁸ chee¹ laa¹.

二、単語と表現 🔊-127

1. 假日　　　gaa³ yat⁹　　　　　　（名）休日，祝日，祭日
2. 邊度都　　biin¹ dou⁶ dou¹　　　（副）どこも
3. 乜咁啱呀　mat⁷ gam³ ngaam¹ aa³（応）奇遇ですね
4. 手信　　　sau² seun³　　　　　（名）土産
5. 喎　　　　woo³　　　　　　　　（助）～よ，～ね
6. 呢排　　　nii¹ paai⁴　　　　　（名）この頃，近頃，最近
7. 哦　　　　oo⁵　　　　　　　　（応）ええ
8. 前一排　　chiin⁴ yat⁷ paai⁴　（名）この頃，近頃，最近
9. 時時　　　sii⁴ sii⁴　　　　　（量）よく
10. 大陸　　 daai⁶ luk⁹　　　　　（名）中国大陸（中国のことを指す）
11. 出差　　 cheut⁷ chaai¹　　　 （名）出張（する）
12. 身體　　 san¹ tai²　　　　　 （名）体
13. 吖嘛　　 aa¹ maa³　　　　　　（助）～だから，～だもの（理由を説明する）
14. 順利　　 seun⁶ lei⁶　　　　　（形）順調である
15. 有心　　 yau⁵ sam¹　　　　　 （応）ありがとう（心遣いや気遣いを感謝する）
16. 第二度　 dai⁶ yii⁶ dou⁶　　 （名）他の所
17. 噃　　　 boo³　　　　　　　　（助）～よ，～ね（自分の判断、意見などを相手に言う）
18. 不如　　 bat⁷ yu⁴　　　　　　（副）（提案をするとき）～したらどうですか
19. 離　　　 lei⁴　　　　　　　　（介）～から，～まで

20.	就	jau⁶	（副）	（ある条件を前提にして）〜たら
21.	出便	cheut⁷ biin⁶	（名）	外
22.	餐	chaan¹	（量）	〜食（食事の量詞）
23.	餸	sung³	（名）	おかず
24.	唔好	m⁴ hou²	（副）	（禁止）〜するな，〜しないで
25.	辛苦	san¹ fuu²	（形）	大変な
26.	冇所謂	mou⁵ soo² wai⁶	（応）	かまわない
27.	酒樓	jau² lau⁴	（名）	レストラン
28.	好食	hou² sik⁹	（形）	おいしい
29.	應該	ying¹ gooi¹	（助動）	〜べきである，（状況から判断して）〜のはずだ
30.	得喇	dak⁷ laa³	（応）	わかったよ
31.	出門口	cheut⁷ muun⁴ hau²	（動）	出かける
32.	車	chee¹	（名）	乗り物
33.	由	yau⁴	（介）	〜から，〜より
34.	又	yau⁶	（介）	また
35.	轉車	jyun² chee¹	（動）	（電車や汽車などを）乗り換える
36.	的士	dik⁷ sii²	（名）	タクシー
37.	近住	gan⁶ jyu⁶		〜に近い，〜の近くにある

第十二課

三、訳

1. A： ルーシー、こんにちは。
   B： あ、田中さん、こんにちは。奇遇ですね。ここに買い物をしに来たんですか？
   A： ええ、私は来週日本へ帰るつもりなんですよ。友達にお土産を買おうと思って…。ねぇ、久しぶりですね。あなたは最近どこかに行きましたか？
   B： ええ、この頃私はよく中国に出張に行かなければならないんです。だから会社にいることが少ないんですよ。あなたはどうですか？体の調子は？会社の経営は順調ですか？
   A： いいですよ、お気遣いありがとう。あなた、今暇ですか？一緒におしゃべりしましょうよ。
   B： 暇ですよ。でも、ここは人が多くてうるさすぎますね。ほかの所に行って話しましょう。
   A： ええ。でも今日は休日だからどこも同じように人が多いですよ。私の会社に行ったらどうでしょう。私の会社はここからそんなに遠くないので十分位歩いたら着きますよ。

2. A： 妹と彼女のボーイフレンドが、おととい香港から帰ってきたよ。今晩彼女たちと一緒に外で食事しようと思っているんだ。
   B： 昨日たくさんおかずを買ってしまったから、今晩は食事に出かけないで、彼らを家に呼んだらどう？
   A： いいね、でも大人数の食事を作るのは大変だろう。
   B： かまわないわよ、レストランより家で食事をするほうが安いし、おいしいもの。ほかにお母さんとお父さんは一緒に来るの？
   A： うん、父と母は妹たちと一緒に来るはずだ。
   B： それじゃ、今晩会社が終わった後、早く帰って来なくちゃね。
   A： わかったよ。

3. A: もう6時。早く出かけなくちゃ。

B: きみときみのお兄さんは、何時にお兄さんの家に行くと約束したの？

A: 7時に約束したわ。

B: それじゃ、何に乗って行く？

A: 電車に乗って行こう。

B: でもここからお兄さんの家まで行くのはとても遠いし、乗り換えがとても多いから、電車に乗って行くのはあまり便利ではないだろう。タクシーに乗ったほうがいいよ。

A: タクシーで行くのは便利は便利だけど、今こんなに込んでいるから電車で行くほうが早いはずよ。

B: お兄さんの家は駅に近いの？

A: うん。兄の家は駅からとても近いわよ。

B: じゃあ、早く電車に乗って行こう。

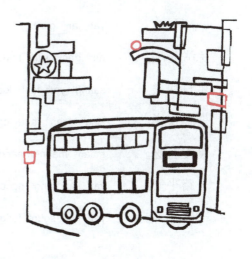

四、補充単語 🔊-128

1．あいさつ言葉

恭禧發財。	gung¹ hei² faat⁸ chooi⁴.	あけましておめでとう。（旧正月のあいさつ）
新年好。	san¹ niin⁴ hou².	あけましておめでとう。（元旦のあいさつ）
麻煩你，…。	maa⁴ faan⁴ nei⁵….	お手数ですが…。
麻煩晒你。	maa⁴ faan⁴ saai³ nei⁵.	迷惑をおかけしました。
唔好意思。	m⁴ hou² yii³ sii³.	恐縮です。
唔緊要。	m⁴ gan² yiiu³.	構いません。
無問題。	mou⁵ man⁶ tai⁴.	構いません。大丈夫です。
要小心身體呀。	yiiu³ siiu² sam¹ san¹ tai² aa³.	お体に気をつけてください。
請保重（身體）。	ching² bou² jung⁶ (san¹ tai²).	お大事に。
失陪喇。	sat⁷ puui⁴ laa³.	失礼します。
我走先喇。	ngoo⁵ jau² siin¹ laa³.	お先に失礼します。
一陣見。	yat⁷ jan⁶ giin³.	また後で。
係噉先啦。	hai⁶ gam² siin¹ laa¹.	では、これで。さようなら。
生日快樂。	saang¹ yat⁹ faai³ look⁹.	お誕生日おめでとう。
聖誕快樂。	sing³ daan³ faai³ look⁹.	メリークリスマス。
慢慢行呀。	maan⁶ maan² haang⁴ aa¹.	気をつけてお帰りください。
一路平安。	yat⁷ lou⁶ ping⁴ ngoon¹.	気をつけて。（旅立つ人などを送る言葉）
一路順風。	yat⁷ lou⁶ seun⁶ fung¹.	気をつけて。（旅立つ人などを送る言葉。）

五、構文

1．疑問詞＋都 🔊-129

（1）肯定文

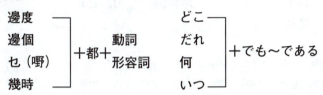

a. 假 日 去 旅 行， <u>邊 度</u> 都 係 咁 貴。
　 gaa³ yat⁹ heui³ leui⁵ hang⁴, biin¹ dou⁶ dou¹ hai⁶ gam³ gwai³.
（休日の旅行はどこでも高い。）

b. 你 嘅 女 咁 聰 明 咁 得 意， <u>邊 個</u>
　 nei⁵ gee³ neui² gam³ chung¹ ming⁴ gam³ dak⁷ yii³, biin¹ goo³
　 都 會 鍾 意 佢 啦。
　 dou¹ wuui⁵ jung¹ yii³ keui⁵ laa¹.
（あなたの娘さんはとても賢くてかわいいから、だれにでも好かれますよ。）

c. 我 而 家 好 肚 餓， <u>乜 嘢</u> 都 想 食。
　 ngoo⁵ yii⁴ gaa¹ hou² tou⁵ ngoo⁶, mat⁷ yee⁵ dou¹ seung² sik⁹.
（私は今とてもおなかが空いているので、何でも食べたい。）

d. 聽 日 開 始 我 唔 使 加 班， 所 以
　 ting¹ yat⁹ hooi¹ chii² ngoo⁵ m⁴ sai² gaa¹ baan¹, soo² yii⁵
　 <u>幾 時</u> 都 可 以 同 你 去 睇 戲。
　 gei² sii⁴ dou¹ hoo² yii⁵ tung⁴ nei⁵ heui⁵ tai² hei³.
（明日から残業をしなくてもいいので、いつでもあなたと映画を見に行けます。）

第十二課

（2）否定文 🔊-130

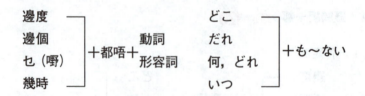

a. 我 今 日 唔 係 幾 舒 服, 所 以 邊
   ngoo5 gam1 yat9 m4 hai6 gei2 syu1 fuk9, soo2 yii5 biin1
   度 都 唔 想 去。
   dou6 dou1 m4 seung2 heui3.
   (今日は気分がよくないので、どこにも行きたくありません。)

b. 邊 個 都 唔 知 道 佢 屋 企 嘅 電
   biin1 goo3 dou1 m4 jii1 dou6 keui5 nguk7 kei2 gee3 diin6
   話 號 碼。
   waa2 hou6 maa5.
   (彼の家の電話番号をだれも知りません。)

c. 我 屋 企 乜 都 有, 所 以 你 乜 嘢
   ngoo5 nguk7 kei2 mat7 dou1 yau5, soo2 yii5 nei5 mat7 yee5
   都 唔 使 買 喇。
   dou1 m4 sai2 maai5 laa3.
   (家には何でもあるので、何も買う必要はありません。)

d. 你 唔 使 打 電 話 俾 佢 喇, 因 為
   nei5 m4 sai2 daa2 diin6 waa2 bei2 keui5 laa3, yan1 wai6
   佢 幾 時 都 唔 得 閑。
   keui5 gei2 sii4 dou1 m4 dak7 haan4.
   (あなたは彼に電話をする必要はないですよ、彼はいつも暇がないんですから。)

2. ～呀？　～なの？，～のですか？　🔊-131

反問、確認、驚きなどの語気を表す。この場合、疑問文は重ね式にしない。

a. Lucy　係　李　先　生　嘅　女　朋　友　呀？
　　Lucy　hai6　lei5　siin1　saang1　gee3　neui5　pang4　yau5　aa4 ?
　（ルーシーは李さんのガールフレンドなの？）

b. 佢　唔　鍾　意　食　呢　啲　餸　呀？
　　keui5　m4　jung1　yii3　sik9　nii1　dii1　sung3　aa4 ?
　（彼はこのおかずが嫌いなの？）

3. 就　（ある条件を前提にして）～たら、…する　🔊-132

a. 你　俾　三　百　文，　佢　就　賣　嗰　本　書
　　nei5　bei2　saam1　baak8　man1,　keui5　jau6　maai6　goo2　buun2　syu1
　喇。
　laa3.
　（あなたが300ドル払えば、彼はその本を売りますよ。）

b. 我　屋　企　離　嗰　間　戲　院　好　近，　行
　　ngoo5　nguk7　kei2　lei4　goo2　gaan1　hei3　yun2　hou2　kan5,　haang4
　兩、三　分　鐘　就　到　喇。
　leung5,　saam1　fan1　jung1　jau6　dou3　laa3.
　（家はその映画館まではとても近いです。2、3分歩けば着きますよ。）

c. 你　嘅　感　冒　食　咗　呢　啲　藥　就　好
　　nei5　gee3　gam2　mou6　sik9　joo2　nii1　dii1　yeuk9　jau6　hou2
　喇。
　laa3.
　（あなたの風邪はこの薬を飲んだらすぐ治りますよ。）

第十二課

4. 不如 （提案をするとき）〜したらどうですか，〜のほうがいいです 🔊-133

a. 佢 咁 耐 都 唔 嚟, <u>不 如</u> 你 哋 去
keui5 gam3 nooi6 dou1 m4 lai4, bat7 yu4 nei5 dei6 heui3
先 啦, 我 一 個 人 喺 呢 度 等 佢
siin1 laa1, ngoo5 yat7 goo3 yan4 hai2 nii1 dou6 dang2 keui5
就 得 㗎 喇。
jau6 dak7 gaa3 laa3.

（彼はこんなに遅くなっても来ないんだから、あなたたちは先に行ったほうがいいですよ。私は一人でここで彼を待ちますから。）

b. 你 唔 好 成 日 喺 屋 企 瞓 覺 喇,
nei5 m4 hou2 sing4 yat9 hai2 nguk7 kei2 fan3 gaau3 laa3,
<u>不 如</u> 同 我 哋 一 齊 去 打 網 球 啦。
bat7 yu4 tung4 ngoo5 dei6 yat7 chai4 heui3 daa2 mong5 kau4 laa1.

（一日中家で寝ていないで、私たちと一緒にテニスをしましょうよ。）

c. 暑 假 香 港 咁 熱, 我 哋 <u>不 如</u> 去
syu2 gaa3 heung1 gong2 gam3 yiit9, ngoo5 dei6 bat7 yu4 heui3
澳 洲 旅 行 啦。
ou3 jau1 leui5 hang4 laa1.

（夏休み、香港は暑いから、オーストラリアに旅行するのはどうかしら。）

5. 應該 〜べきである，〜のはずだ，〜でなければならない 🔊-134

a. 去 香 港 做 嘢 之 前 <u>應 該</u> 學 好 廣
heui3 heung1 gong2 jou6 yee5 jii1 chiin4 ying1 gooi1 hook9 hou2 gwong2
東 話。
dung1 waa2.

（香港に仕事をしに行く前に広東語をマスターするべきです。）

b. 今 次 嘅 會 議 咁 重 要, 你 唔 <u>應</u>
gam1 chii3 gee3 wuui6 yii5 gam3 jung6 yiiu3, nei5 m4 ying1
<u>該</u> 請 假。
gooi1 ching2 gaa3.

（今回の会議は大変重要なので、休むべきではありません。）

c. 而 家 已 經 十 點 幾 喇, 佢 應 該
   yii⁴ gaa¹ yii⁵ ging¹ sap⁹ diim² gei² laa³, keui⁵ ying¹ gooi¹
   喺 公 司。
   hai² gung¹ sii¹.

   （今もう10時過ぎですから彼は会社にいるはずです。）

6. 約　約束する 🔊-135

a. 我 約 咗 佢 下 個 星 期 三 上 晝
   ngoo⁵ yeuk⁸ joo² keui⁵ haa⁶ goo³ sing¹ kei⁴ saam¹ seung⁶ jau³
   十 點 嚟。
   sap⁹ diim² lai⁴.

   （来週の水曜日午前10時に来るように彼と約束しました。）

b. Ｃｉｎｄｙ 琴 晚 打 電 話 嚟 同 我
   Cindy kam⁴ maan⁵ daa² diin⁶ waa² lai⁴ tung⁴ ngoo⁵
   約 咗 後 日 一 齊 去 遊 車 河。
   yeuk⁸ joo² hau⁶ yat⁹ yat⁷ chai⁴ heui³ yau⁴ chee¹ hoo².

   （シンディが昨夜電話をかけてきて、私とあさって一緒にドライブに行く約束をしました。）

c. 你 有 冇 同 佢 約 見 面 嘅 地 點
   nei⁵ yau⁵ mou⁵ tung⁴ keui⁵ yeuk⁸ giin³ miin⁶ gee³ dei⁶ diim²
   呀？
   aa³?

   （彼と会う場所を決めましたか？）

7. Ａ（場所）離Ｂ（場所）好近／遠　ＡはＢから近い／遠い 🔊-136

a. 香 港 離 澳 門 好 近。
   heung¹ gong² lei⁴ ou³ muun² hou² kan⁵.

   （香港はマカオから近いです。）

b. 東京 離 上海 唔 係 幾 遠, 搭 飛
   dung1 ging1 lei4 seung6 hooi2 m4 hai6 gei2 yun5, daap8 fei1
   機 三 個 幾 鐘 頭 就 到 喇。
   gei1 saam1 goo3 gei2 jung1 tau4 jau6 dou3 laa3.
   （東京は上海からそれほど遠くありません、飛行機で3時間ちょっとで着きます。）

c. 你 屋 企 離 邊 個 車 站 最 近 呀？
   nei5 nguk7 kei2 lei4 biin1 goo3 chee1 jaam6 jeui3 kan5 aa3 ?
   （お宅からはどの駅が一番近いですか？）

8. A（場所）＋近住＋B（場所） AはBに近い，AはBの近くにある
   近住＋A（場所）＋B（場所） Aに近いB，Aの近くにあるB

🔊-137

a. 佢 屋 企 近 住 海 邊。
   keui5 nguk7 kei2 gan6 jyu6 hooi2 biin1.
   （彼の家は海辺に近いです。）

b. 呢 間 酒 店 近 唔 近 住 機 場 呀？
   nii1 gaan1 jau2 diim3 gan6 m4 gan6 jyu6 gei1 cheung4 aa3 ?
   （このホテルは空港に近いですか？）

c. 近 住 你 學 校 嗰 間 公 園 有 冇
   gan6 jyu6 nei5 hook9 haau6 goo2 gaan1 gung1 yun2 yau5 mou5
   游 泳 池 呀？
   yau4 wing6 chii4 aa3 ?
   （あなたの学校の近くにあるあの公園にはプールがありますか？）

六、練習問題

A. 話す練習

a. 置き換え練習

1. 我而家好癐，所以乜嘢都唔想食。
   邊度　　去
   乜嘢　　做

   （私は今疲れているので、何も食べたくありません。）

2. 你哋喺美國結咗婚呀？
   　唔係香港人
   　唔想去飲酒

   （あなた達はアメリカで結婚したのですか？）

3. 呢部電影好悶，不如睇嗰部電影啦。
   呢度咁嘈　　　去我屋企
   今日咁熱　　　去游水

   （この映画はつまらないから、その映画を見たほうがいいですよ。）

4. 你唔應該同佢見面。
   　　去旅行
   　　食煙

   （あなたは彼と会うべきではありません。）

5. 我約咗小林小姐今晚七點喺酒店大堂等。
   　　　聽朝一齊去飲茶
   　　　出年一齊去韓國旅行

   （私は小林さんと今晚7時にホテルのロビーで会う約束をしました。）

6. 嗰間學校離車站唔係幾遠。
   　　公司
   　　酒店

   （あの学校は駅からあまり遠くありません。）

b．実際の状況にしたがって答え、日本語に訳しなさい。

1. 你間公司（學校）近住邊個車站呀？

2. 由你屋企嚟呢間學校，使唔使轉車呀？如果要轉車嘅話，要轉幾多次呀？喺邊度，轉乜嘢車呀？

3. 你有冇朋友去咗香港做嘢（留學）呀？佢（哋）係幾時去？打算喺香港幾耐呀？你哋約咗幾時，喺邊度再見面呀？

4. 呢排你間公司嘅生意點呀？原因(yun⁴ yan¹原因) 係乜嘢呀？

5. 如果你有好多錢嘅話，你最想做嘅嘢係乜嘢呀？

c．次の文章をよく読んで、日本語に訳しなさい。

　田中小姐同佢男朋友前幾日返咗嚟東京。 佢哋兩年前一齊去咗香港做嘢。今次係第一次返嚟日本。佢屋企人(nguk⁷ kei² yan⁴ 家族) 都好開心，因爲大家 (daai⁶ gaa¹ みんな) 都好耐冇見面喇。佢哥哥叫佢哋同爸爸、媽媽一齊嚟佢屋企食飯，因爲佢太太係日本好出名 (cheut⁷ meng² 有名) 嘅日本料理 (liiu⁶ lei⁵ 料理) 先生。佢知道佢妹妹好耐冇食正宗 (jing³ jung¹ 本場)嘅日本菜，所以佢叫佢太太煮好多好好食嘅菜俾佢哋食。

B．書く練習

a．次の文を朗読して漢字に直し、日本語に訳しなさい。

1. yii⁴ gaa¹ biin¹ dou⁶ dou¹ hai⁶ gam³ sak⁷ chee¹.

2. nii¹ dou⁶ lei⁴ nei⁵ nguk⁷ kei² yun⁵ m⁴ yun⁵ aa³ ?

3. ngoo⁵ ying¹ gooi¹ hook⁹ bak⁷ ging¹ waa² ding⁶ hai⁶ gwong² dung¹ waa² aa³ ?

4. goo² goo³ hook⁹ saang¹ hou² kan⁴ lik⁹, hou² chung¹ ming⁴, soo² yii⁵ biin¹ goo³ siin¹ saang¹ dou¹ jung¹ yii³ keui⁵.

5. nii¹ paai⁴ ngoo⁵ dee¹ dii⁴ gaan¹ gung¹ sii¹ gee³ saang¹ yii³ m⁴ hai⁶ gei² seun⁶ lei⁶.

6. jeui³ gan⁶ nei⁵ ngooi⁶ poo⁴ gee³ san¹ tai² gei² hou² aa¹ maa³?

7. keui⁵ maai⁵ gam³ doo¹ sau² seun³ bei² biin¹ goo³ aa³?

8. cheut⁷ biin⁶ diim² gaai² gam³ doo¹ yan⁴ aa³?

9. gam¹ yat⁹ nei⁵ ying¹ gooi¹ tung⁴ keui⁵ yat⁷ chai⁴ sik⁹ faan⁶, yan¹ wai⁶ gam¹ yat⁹ hai⁶ keui⁵ gee³ saang¹ yat⁹.

10. goo² gaa³ chee¹ ying¹ gooi¹ m⁴ hai⁶ yat⁹ buun² chee¹.

11. ching² man⁶ gan⁶ jyu⁶ dung¹ ging¹ ngan⁴ hong⁴ goo² gaan¹ chaa⁴ lau⁴ giiu³ mat⁷ yee⁵ meng² aa³?

b．次の単語を正しい語順に並べ替え、日本語に訳しなさい。

1. 好多／由／去／呢度／就／嘅話／快／如果／。

2. 嘈／房／所以／因爲／最，／間／平／呢／最／。

3. 得滯／我／乜嘢／想／所以／，／而家／飽／食／唔／都／。

4. 不如／音樂（yan¹ ngook⁹ 音楽）／你／我／做嘢／咁／公司／鍾意／嚟／間／，／啦／。

5. 應該／香港／日本／早／鐘頭／時間／一／時間／比／個／。

6. 離／遠／廣州／唔／香港／係／幾／。

7. 好夜喇／今晚／住啦／而家／喺／唔好走／已經／你／我屋企／不如／，／，／。

c．次の文を広東語に訳しなさい。

1. ちょっとお伺いしたいのですが、ここから尖沙咀駅まで行くにはどこで乗り換えるのがより便利ですか？

2. あなたが私に電話をくれるのはいつでも構いません。

3. あなたは長い間北京に帰っていないでしょう。今年の夏休みに私たちと一緒に帰ったらどうですか？

4. 彼女がいつ香港へ留学に行ったのかはだれも知りません。

5. これら五つの学校のなかで、広東語センターが家から一番近いので、そこへ広東語を勉強しに行くつもりです。

6. 彼は今日アメリカから帰って来るはずです。

7. 夏の海辺（海灘 hooi^2 taan^1）はどこも人でいっぱいです。

8. あなたは香港から日本に帰るとき、いつもこんなにたくさんお土産を買うのですか？

9. 昨日私たちは、来年の夏アメリカで会う約束をしました。

10. 彼らとどこで待ち合わせをする約束をしましたか？

11. あなたの会社はどの地下鉄の駅に近いですか？

d. 次の文を日本語に訳しなさい。

1. 我而家好得閑，你想幾時嚟都冇所謂。

2. 你間房咁暗，唔好喺呢度做功課喇。不如去圖書館啦。

3. 你啲中文講得咁好，你應該去嗰間公司做嘢。

4. 你如果係冇錢，就唔應該買咁多架車。

5. 因爲而家我間屋企離公司遠得滯，好唔方便，所以我想搵離公司近啲嘅屋企住。

6. 放假邊度都有好多人，所以我唔想出街。

7. 乜咁啱呀？你又嚟咗深圳呀？你打算幾時返香港呀？

8. 你眞係有心喇。次次 (chii³ chii³ 每回) 嚟都買咁多嘢俾我。

9. 我同佢約咗今年暑假一定同佢一齊返大陸。但係琴日波士叫我暑假嗰時同佢一齊去歐洲出差，點算 (diim² syun³ どうしたらいいでしょう) 呢？

10. 你學好廣東話之後，就可以做 (jou⁶〜になる) 佢嘅秘書喇。

11. 呢架車要七十萬文呀？

12. 呢張櫈咁污糟，不如我哋坐嗰張啦。

第十二課

第十三課

你 有 冇 去 過 中 國 呀？
nei⁵ yau⁵ mou⁵ heui³ gwoo³ jung¹ gwook⁸ aa³ ?

（あなたは中国へ行ったことがありますか？）

一、会話 ◀))-138

1. A: 你 有 冇 去 過 中 國 呀？
      nei⁵ yau⁵ mou⁵ heui³ gwoo³ jung¹ gwook⁸ aa³ ?
   B: 有，我 去 過 中 國 兩 次。
      yau⁵, ngoo⁵ heui³ gwoo³ jung¹ gwook⁸ leung⁵ chii³.
   A: 噉，你 去 過 廣 州 未 呀？
      gam², nei⁵ heui³ gwoo³ gwong² jau¹ mei⁶ aa³ ?
   B: 未，我 重 未 去 過 廣 州。
      mei⁶, ngoo⁵ jung⁶ mei⁶ heui³ gwoo³ gwong² jau¹.

2. A: 田 中 先 生 嚟 過 你 屋 企 未 呀？
      tiin⁴ jung¹ siin¹ saang¹ lai⁴ gwoo³ nei⁵ nguk⁷ kei² mei⁶ aa³ ?
   B: 嚟 過，佢 上 個 禮 拜 日 同 佢
      lai⁴ gwoo³, keui⁵ seung⁶ goo³ lai⁵ baai³ yat⁹ tung⁴ keui⁵
      太 太 一 齊 嚟 我 屋 企 食 飯。
      taai³ taai² yat⁷ chai⁴ lai⁴ ngoo⁵ nguk⁷ kei² sik⁹ faan⁶.
      佢 哋 話 我 太 太 煮 嘅 菜 好 好
      keui⁵ dei⁶ waa⁶ ngoo⁵ taai³ taai² jyu² gee³ chooi³ hou² hou²
      食。
      sik⁹.

3. A: 你 有 冇 睇 過 呢 齣 電 影 呀？
      nei⁵ yau⁵ mou⁵ tai² gwoo³ nii¹ cheut⁷ diin⁶ ying² aa³ ?
   B: 有，我 覺 得 呢 部 電 影 好 好
      yau⁵, ngoo⁵ gook⁸ dak⁷ nii¹ bou⁶ diin⁶ ying² hou² hou²
      睇，所 以 我 已 經 睇 過 四、五
      tai², soo² yii⁵ ngoo⁵ yii⁵ ging¹ tai² gwoo³ sei³, ng⁵
      次 喇。
      chii³ laa³.

4. A: 你 啲 朋 友 食 過 魚 生 未 呀？
   nei⁵ dii¹ pang⁴ yau⁵ sik⁹ gwoo³ yu⁴ saang¹ mei⁶ aa³ ?

   B: 未， 佢 哋 重 未 食 過 魚 生， 所
   mei⁶, keui⁵ dei⁶ jung⁶ mei⁶ sik⁹ gwoo³ yu⁴ saang¹, soo²
   以 佢 哋 話 今 次 嚟 日 本 一 定
   yii⁵ keui⁵ dei⁶ waa⁶ gam¹ chii³ lai⁴ yat⁹ buun² yat⁷ ding⁶
   要 試 吓。
   yiiu³ sii³ haa⁵.

5. A: 你 聽 過 佢 女 朋 友 唱 歌 未 呀？
   nei⁵ teng¹ gwoo³ keui⁵ neui⁵ pang⁴ yau⁵ cheung³ goo¹ mei⁶ aa³ ?

   B: 未， 不 過 我 諗 佢 唱 歌 一 定
   mei⁶, bat⁷ gwoo³ ngoo⁵ nam² keui⁵ cheung³ goo¹ yat⁷ ding⁶
   好 好 聽。
   hou² hou² teng¹.

6. A: 你 識 唔 識 葉 先 生 呀？
   nei⁵ sik⁷ m⁴ sik⁷ yiip⁹ siin¹ saang¹ aa³ ?

   B: 識， 我 以 前 聽 過 佢 嘅 課。
   sik⁷, ngoo⁵ yii⁵ chiin⁴ teng¹ gwoo³ keui⁵ gee³ foo³.

7. A: 你 識 唔 識 揸 車 呀？
   nei⁵ sik⁷ m⁴ sik⁷ jaa¹ chee¹ aa³ ?

   B: 唔 識， 我 未 學 過 揸 車。
   m⁴ sik⁷, ngoo⁵ mei⁶ hook⁹ gwoo³ jaa¹ chee¹.

8. A: 佢 會 寫 漢 字 未 呀？
   keui⁵ wuui⁵ see² hoon³ jii⁶ mei⁶ aa³ ?

   B: 未， 佢 重 未 開 始 學 寫 漢 字。
   mei⁶, keui⁵ jung⁶ mei⁶ hooi¹ chii² hook⁹ see² hoon³ jii⁶.

9. A: 聽 講 嗰 間 大 廈 裏 便 有 各 種
   teng¹ gong² goo² gaan¹ daai⁶ haa⁶ leui⁵ biin⁶ yau⁵ gook⁸ jung²
   各 樣 嘅 餐 廳。 你 有 冇 去 過
   gook⁸ yeung⁶ gee³ chaan¹ teng¹. nei⁵ yau⁵ mou⁵ heui³ gwoo³
   嗰 度 食 飯 呀？
   goo² dou⁶ sik⁷ faan⁶ aa³ ?

   B: 去 過， 嗰 間 大 廈 啲 餐 廳 我
   heui³ gwoo³, goo² gaan¹ daai⁶ haa⁶ dii¹ chaan¹ teng¹ ngoo⁵

第十三課

間¹ 間¹ 都¹ 去³ 過³。不⁷ 過³，我⁵ 最³ 鍾¹
gaan¹ gaan¹ dou¹ heui³ gwoo³. bat⁷ gwoo³, ngoo⁵ jeui³ jung¹
意³ 嘅³ 餐¹ 廳¹ 係⁶ 喺² 十⁹ 樓² 嘅³「廣² 東¹
yii³ gee³ chaan¹ teng¹ hai⁶ hai² sap⁹ lau² gee³ gwong² dung¹
菜³ 館」。其⁴ 他¹ 餐¹ 廳¹ 我⁵ 就⁶ 覺⁸ 得⁷
chooi³ gwuun². kei⁴ taa¹ chaan¹ teng¹ ngoo⁵ jau⁶ gook⁸ dak⁷
麻⁴ 麻² 地² 喇³。
maa⁴ maa² dei² laa³.

---

10. A: 你⁵ 嚟⁴ 咗² 香¹ 港² 已⁵ 經¹ 幾² 個³ 月⁹ 喇³。
    nei⁵ lai⁴ joo² heung¹ gong² yii⁵ ging¹ gei² goo³ yut⁹ laa³.
    有⁵ 冇⁵ 帶³ 啲¹ 細³ 路⁶ 去³ 海² 洋⁴ 公¹ 園²
    yau⁵ mou⁵ daai³ dii¹ sai³ lou⁶ heui³ hooi² yeung⁴ gung¹ yun²
    玩² 呀³？
    waan² aa³?

   B: 冇⁵ 呀³，嚟⁴ 咗² 香¹ 港² 之¹ 後⁶ 日⁹ 日⁹
    mou⁵ aa³, lai⁴ joo² heung¹ gong² jii¹ hau⁶ yat⁹ yat⁹
    都¹ 好² 忙⁴，所² 以⁵ 邊¹ 度⁶ 都¹ 冇⁵ 帶³
    dou¹ hou² mong⁴, soo² yii⁵ biin¹ dou⁶ dou¹ mou⁵ daai³
    佢⁵ 哋⁶ 去³ 玩²。
    keui⁵ dei⁶ heui³ waan².

---

11. A: 鈴⁴ 木⁹ 先¹ 生¹ 嚟⁴ 過³ 香¹ 港² 幾² 多¹
    ling⁴ muk⁹ siin¹ saang¹ lai⁴ gwoo³ heung¹ gong² gei² doo¹
    次³ 呀³？
    chii³ aa³?

   B: 佢⁵ 嚟⁴ 過³ 好² 多¹ 次³ 喇³。入⁹ 咗² 呢¹
    keui⁵ lai⁴ gwoo³ hou² doo¹ chii³ laa³. yap⁹ joo² nii¹
    間¹ 公¹ 司¹ 之¹ 後⁶ 佢⁵ 差¹ 唔⁴ 多¹ 年⁴ 年⁴
    gaan¹ gung¹ sii¹ jii¹ hau⁶ keui⁵ chaa¹ m⁴ doo¹ niin⁴ niin⁴
    都¹ 嚟⁴ 香¹ 港² 三¹、四³ 次³。
    dou¹ lai⁴ heung¹ gong² saam¹, sei³ chii³.

   A: 噉², 佢⁵ 一⁷ 定⁶ 又⁶ 會⁵ 講² 英¹ 文⁴，又⁶
    gam² keui⁵ yat⁷ ding⁶ yau⁶ wuui⁵ gong² ying¹ man⁴ yau⁶
    會⁵ 講² 中¹ 文⁴ 喇³。
    wuui⁵ gong² jung¹ man⁴ laa³.

   B: 唔⁴ 係⁶，佢⁵ 淨⁶ 係⁶ 識⁷ 講² 英¹ 文⁴，唔⁴
    m⁴ hai⁶, keui⁵ jing⁶ hai⁶ sik⁷ gong² ying¹ man⁴, m⁴

識 講 中 文。
sik⁷ gong² jung¹ man⁴.

12. A: 你 啲 朋 友 個 個 都 識 講 廣 東
nei⁵ dii¹ pang⁴ yau⁵ goo³ goo³ dou¹ sik⁷ gong²gwong²dung¹
話。 佢 哋 嚟 香 港 之 前, 係 唔
waa². keui⁵ dei⁶ lai⁴ heung¹ gong² jii¹ chiin⁴, hai⁶ m⁴
係 都 學 過 呀?
hai⁶ dou¹ hook⁹ gwoo³ aa³?

B: 係 呀。 因 爲 佢 哋 個 個 都 好
hai⁶ aa³. yan¹ wai⁶ keui⁵ dei⁶ goo³ goo³ dou¹ hou²
鍾 意 香 港, 鍾 意 睇 香 港 電
jung¹ yii³ heung¹gong², jung¹ yii³ tai² heung¹ gong² diin⁶
影, 聽 香 港 歌, 另 外, 佢 哋 都
ying², teng¹ heung¹ gong² goo¹, ling⁶ ngooi⁶, keui⁵ dei⁶ dou¹
好 想 喺 香 港 住, 喺 香 港 做
hou² seung² hai² heung¹ gong² jyu⁶, hai² heung¹ gong² jou⁶
嘢, 所 以 嚟 香 港 之 前, 個 個
yee⁵, soo² yii⁵ lai⁴ heung¹ gong² jii¹ chiin⁴, goo³ goo³
都 專 登 去 廣 東 話 嘅 專 門 學
dou¹ jyun¹ dang¹ heui³ gwong²dung¹ waa² gee³ jyun¹ muun⁴hook⁹
校 學 咗 兩、 三 年。
haau⁶ hook⁹ joo² leung⁵, saam¹ niin⁴.

二、単語と表現 🔊-139

1. 動詞 + 過 　gwoo³ 　　　　（助）〜したことがある（経験を表す）
2. 未 　mei⁶ 　　　　（副）今までに
3. 話 　waa⁶ 　　　　（動）言う，話す
4. 煮 　jyu² 　　　　（動）料理する
5. 齣 　cheut⁷ 　　　　（量）〜本（映画の量詞）
6. 覺得 　gook⁸ dak⁷ 　　　　（動）〜と思う，〜と感じる
7. 好睇 　hou² tai² 　　　　（形）（映画、芝居、テレビなどが）おもしろい
8. 魚生 　yu⁴ saang¹ 　　　　（名）刺身
9. 今次 　gam¹ chii³ 　　　　（名）今度
10. 試 　sii³ 　　　　（動）試す
11. 諗 　nam² 　　　　（動）思う
12. 好聽 　hou² teng¹ 　　　　（形）耳触りがいい，（音楽、歌などが）美しい
13. 識 　sik⁷ 　　　　① （動）知っている，わかる，できる
　　　　　　　　　　　② （助動）〜することができる（動詞の前におく）
14. 聽課 　teng¹ foo³ 　　　　（動）授業を見学する
15. 揸車 　jaa¹ chee¹ 　　　　（動）運転する
16. 會 　wuui⁵ 　　　　（助動）〜することができる
　　　　　　　　　　　〜の可能性がある
　　　　　　　　　　　〜かもしれない
17. 漢字 　hoon³ jii⁶ 　　　　（名）漢字
18. 聽講 　teng¹ gong² 　　　　（接）（文頭に置いて）聞くところによれば〜だそうだ

19.	大廈	daai6 haa6	（名）	ビル
20.	裏便	leui5 biin6	（名）	中
21.	各種各樣	gook8 jung2 gook8 yeung6	（成）	いろいろ，さまざま
22.	十樓	sap9 lau2	（名）	10階（「樓」建物の階層）
23.	廣東菜館	gwong2 dung1 chooi3 gwuun2	（名）	広東料理のレストランの名前
24.	麻麻地	maa4 maa2 dei2	（副）	まあまあである
25.	帶	daai3	（動）	引き連れる
26.	入	yap9	（動）	入る
27.	又～又…	yau6 yau6	（接）	～でもあり、…でもある，～だし、…だ
28.	英文	ying1 man4	（名）	英語
29.	專登	jyun1 dang1	（副）	①わざわざ ②わざと
30.	專門學校	jyun1 muun4 hook9 haau6	（名）	専門学校

レイユームンの海鮮料理

三、訳

1. A：あなたは中国へ行ったことがありますか？
   B：あります、私は中国へ2回行ったことがあります。
   A：じゃあ、広州へは行ったことがありますか？
   B：ないです、広州へはまだ行ったことがありません。

2. A：田中さんはお宅へ来たことがありますか？
   B：あります、彼は先週の日曜日に奥さんと一緒に家に来て食事をしました。彼らは妻の作った料理はとてもおいしいと言っていました。

3. A：あなたはこの映画を見たことがありますか？
   B：あります、この映画はとてもおもしろいと思ったので、もう4、5回見ました。

4. A：あなたの友人は刺身を食べたことがありますか？
   B：ないです、彼らは刺身を食べたことがないので、今度日本に来てぜひ食べてみたいと言っています。

5. A：あなたは彼のガールフレンドの歌を聞いたことがありますか？
   B：ないですが、きっと彼女の歌はとてもうまいと思います。

6. A：あなたは葉先生を知っていますか？
   B：知っています、以前に彼の授業を受けたことがあります。

7. A：あなたは車の運転ができますか？
   B：できません、私はまだ運転を習ったことがありません。

8. A：彼はもう漢字が書けるようになりましたか？
   B：まだです、彼はまだ漢字の勉強を始めていません。

9. A： あのビルの中にいろいろなレストランがあるということを聞きました。あなたは食事をしにそこへ行ったことがありますか？

   B： あります、あのビルのレストランへはすべて行きましたが、一番好きなレストランは10階の「廣東菜館」です。その他のレストランの味はまあまあだと思います。

10. A： あなたは香港に来てもう数か月になりましたね。子供たちを海洋公園へ遊びに連れて行ったことがありますか？

    B： ありません、香港へ来てから毎日とても忙しくて、どこへも彼らを遊びに連れて行っていません。

11. A： 鈴木さんは香港に何回来たことがありますか？

    B： 何回も来たことがあります。この会社に入社してから、彼はほとんど毎年3、4回香港に来ています。

    A： では彼はきっと英語も中国語も話せますね。

    B： いいえ、彼は英語しか話せません、中国語は話せません。

12. A： あなたの友達は皆広東語を話せます。彼らは香港に来る前に勉強をしたことがありますよね。

    B： はい。彼らは皆香港が大好きで、香港映画を見ることや香港の歌を聞くのが好きです。そのほかに、彼らは香港に住んで香港で仕事をしたいので、香港に来る前に皆わざわざ広東語の専門学校で2、3年勉強したのです。

第十三課

四、補充単語

1. 方向の表現

上便	seung⁶ biin⁶	上面	seung⁶ miin⁶	上
下便	haa⁶ biin⁶	下面	haa⁶ miin⁶	下
右便	yau⁶ biin⁶	右面	yau⁶ miin⁶	右
左便	joo² biin⁶	左面	joo² miin⁶	左
前便	chiin⁴ biin⁶	前面	chiin⁴ miin⁶	前
後便	hau⁶ biin⁶	後面	hau⁶ miin⁶	後
呢便	nii¹ biin⁶	呢邊	nii¹ biin¹	こちら
嗰便	goo² biin⁶	嗰邊	goo² biin¹	あちら
邊便	biin¹ biin⁶	邊邊	biin¹ biin¹	どちら
裏便	leui⁵ biin⁶	裏面	leui⁵ miin⁶	中
入便	yap⁹ biin⁶	入面	yap⁹ miin⁶	中
外便	ngooi⁶ biin⁶	外面	ngooi⁶ miin⁶	外
出便	cheut⁷ biin⁶	出面	cheut⁷ miin⁶	外
埋便	maai⁴ biin⁶			奥
中間	jung¹ gaan¹			真ん中
側邊	jak⁷ biin¹			そば
隔離	gaak⁸ lei⁴			隣
東南西北	dung¹ naam⁴ sai¹ bak⁷			東西南北

2. 好～ ┐
   難～ ┘ ＋動詞の複合した形容詞

好食	hou² sik⁹	おいしい，うまい
難食	naan⁴ sik⁹	①まずい　②食べにくい
好住	hou² jyu⁶	住みやすい
難住	naan⁴ jyu⁶	住みにくい
好飲	hou² yam²	（飲み物が）おいしい
難飲	naan⁴ yam²	（飲み物が）①まずい　②飲みにくい
好睇	hou² tai²	①（映画、小説などが）おもしろい　②美しい
難睇	naan⁴ tai²	見づらい，見にくい
好聽	hou² teng¹	（音楽、歌などが）美しい
難聽	naan⁴ teng¹	（音楽、歌などが）聞くに耐えない
好玩	hou² waan²	おもしろい
難玩	naan⁴ waan²	つまらない
好瞓	hou² fan³	よく眠れる
難瞓	naan⁴ fan³	寝心地が悪い
好寫	hou² see²	書きやすい
難寫	naan⁴ see²	書きにくい

第十三課

好著	hou² jeuk⁸	着やすい，着心地がいい
難著	naan⁴ jeuk⁸	着づらい
好用	hou² yung⁶	使いやすい
難用	naan⁴ yung⁶	使いにくい
好打	hou² daa²	①強い ②打ちやすい
難打	naan⁴ daa²	打ちにくい
好做	hou² jou⁶	やりやすい
難做	naan⁴ jou⁶	やりづらい

女人街

五、構文

1. 動詞＋過　〜したことがある（過去の経験を示す） 🔊-140

a. 我 去 過 英 國。
ngoo5 heui3 gwoo3 ying1 gwook8.
（私はイギリスへ行ったことがあります。）

疑問：你 去 過 英 國 未 呀？
nei5 heui3 gwoo3 ying1 gwook8 mei6 aa3 ?
（あなたはイギリスへ行ったことがありますか？）

肯定：去 過, 我 去 過 英 國。
heui3 gwoo3, ngoo5 heui3 gwoo3 ying1 gwook8.
（あります、私はイギリスへ行ったことがあります。）

否定：未, 我 重 未 去 過 英 國。
mei6, ngoo5 jung6 mei6 heui3 gwoo3 ying1 gwook8.
（ありません、私はまだイギリスへ行ったことがありません。）

b. 佢 搭 過 飛 機。
keui5 daap8 gwoo3 fei1 gei1.
（彼は飛行機に乗ったことがあります。）

疑問：佢 冇 冇 搭 過 飛 機 呀？
keui5 yau5 mou5 daap8 gwoo3 fei1 gei1 aa3 ?
（彼は飛行機に乗ったことがありますか？）

肯定：有, 佢 有 搭 過 飛 機。
yau5, keui5 yau5 daap8 gwoo3 fei1 gei1.
（あります、彼は飛行機に乗ったことがあります。）

否定：冇, 佢 冇 搭 過 飛 機。
mou5, keui5 mou5 daap8 gwoo3 fei1 gei1.
（ありません、彼は飛行機に乗ったことがありません。）

第十三課

c. 李 先 生 食 過 好 多 種 日 本 菜，
   lei5 siin1 saang1 sik9 gwoo3 hou2 doo1 jung2 yat9 buun2 chooi3,
   不 過 佢 重 未 食 過 魚 生。
   bat7 gwoo3 keui5 jung6 mei5 sik9 gwoo3 yu4 saang1.

   （李さんはいろんな種類の和食を食べたことがありますが、刺身はまだ食べたことがありません。）

d. 三 年 前 嚟 咗 廣 州 之 後，田 中
   saam1 niin4 chiin4 lai4 joo2 gwong2 jau1 jii1 hau6, tiin4 jung1
   小 姐 一 次 都 冇 返 過 日 本。
   siiu2 jee2 yat7 chii3 dou1 mou5 faan1 gwoo3 yat9 buun2.

   （3年前に広州に来てから、田中さんは一度も日本へ帰ったことがありません。）

2. 主語＋話＋文章　～は（が）…と言う，話す，思う　🔊-141

a. 佢 話 佢 唔 係 幾 鍾 意 去 外 國
   keui5 waa6 keui5 m4 hai6 gei2 jung1 yii3 heui3 ngooi6 gwook8
   旅 行。
   leui5 hang4.

   （彼は外国へ旅行するのはあまり好きではないと言いました。）

b. 我 已 經 話 咗 唔 想 見 你 喇,
   ngoo5 yii5 ging1 waa6 joo2 m4 seung2 giin3 nei5 laa3,
   點 解 你 重 打 電 話 俾 我 呀？
   diim2 gaai2 nei5 jung6 daa2 diin6 waa2 bei2 ngoo5 aa3?

   （私はあなたに会いたくないともう言ったのに、どうしてまた電話をかけてくるの？）

c. 你 話 呢 架 電 視 機 抵 唔 抵 買
   nei5 waa6 nii1 gaa3 diin6 sii6 gei1 dai2 m4 dai2 maai5
   呀？
   aa3?

   （あなたはこのテレビがお買い得だと思いますか？）

3. 主述語＋嘅＋名詞　　～するところの…　🔊-142
　　　　　　　　　　　　名詞節（主語、目的語としても使える。）

a. 我 想 買 嘅 嘢 都 好 貴。
　 ngoo⁵ seung² maai⁵ gee³ yee⁵ dou¹ hou² gwai³.
　（私が買いたい物はみんなとても高いです。）

b. 你 哋 鍾 唔 鍾 意 食 我 煮 嘅 菜
　 nei⁵ dei⁶ jung¹ m⁴ jung¹ yii³ sik⁹ ngoo⁵ jyu² gee³ chooi³
　 呀？
　 aa³ ?
　（あなたたちは私の作った料理が好きですか？）

c. 嗰 位 小 姐 唱 嘅 歌 係 乜 嘢 歌
　 goo² wai² siiu² jee² cheung³ gee³ goo¹ hai⁶ mat⁷ yee⁵ goo¹
　 呀？
　 aa³ ?
　（あのお嬢さんが歌っている歌は何の歌ですか？）

4. 主語＋覺得＋文章　　～は（が）…だと感じる，思う　🔊-143

a. 我 覺 得 呢 杯 咖 啡 太 甜。
　 ngoo⁵ gook⁸ dak⁷ nii¹ buui¹ gaa³ fee¹ taai³ tiim⁴.
　（このコーヒーは甘すぎると思います。）

b. 你 覺 唔 覺 得 呢 間 房 好 熱 呀？
　 nei⁵ gook⁸ m⁴ gook⁸ dak⁷ nii¹ gaan¹ fong² hou² yiit⁹ aa³ ?
　（この部屋はとても暑いと感じませんか？）

c. 佢 覺 得 嗰 間 學 校 點 呀？
　 keui⁵ gook⁸ dak¹ goo² gaan¹ hook⁹ haau⁶ diim² aa³ ?
　（彼はその学校をどう思ってますか？）

第十三課

5. 主語＋諗＋文章　～は（が）…だと思う，考える 🔊-144

a. 我 諗 佢 而 家 已 經 到 咗 香 港。
　ngoo⁵ nam² keui⁵ yii⁴ gaa¹ yii⁵ ging¹ dou³ joo² heung¹ gong²．
（彼はもう香港に着いたと思います。）

b. 佢 話 佢 諗 咗 好 耐 都 唔 知 道
　keui⁵ waa⁶ keui⁵ nam² joo² hou² nooi⁶ dou¹ m⁴ jii¹ dou⁶
邊 個 啱。
biin¹ goo³ ngaam¹．
（彼はしばらく考えていましたが、だれが正しいのかわからないと言いました。）

c. 我 而 家 諗 緊 今 晚 去 邊 度 食
　ngoo⁵ yii⁴ gaa¹ nam² gan² gam¹ maan⁵ heui³ biin¹ dou⁶ sik⁹
飯。
faan⁶．
（今私は今晩どこへ食事に行くか考えています。）

6. 試吓　ちょっと試してみる，ちょっと～してみる 🔊-145

a. 我 好 鍾 意 呢 條 裙, 可 唔 可 以
　ngoo⁵ hou² jung¹ yii³ nii¹ tiiu⁴ kwan⁴, hoo² m⁴ hoo² yii⁵
試 吓 呀？
sii³ haa⁵ aa³？
（このスカートがとても好きなのですが、着てみてもいいですか？）

b. 佢 話 去 香 港 旅 行 嘅 時 想 試
　keui⁵ waa⁶ heui³ heung¹ gong² leui⁵ hang⁴ goo² jii⁴ seung² sii³
吓 佢 啲 廣 東 話。
haa⁵ keui⁵ dii¹ gwong² dung¹ waa⁶．
（彼は香港へ旅行に行ったとき、自分の広東語をちょっと試してみたいと言いました。）

c. 你 試 吓 問 佢 嗰 個 手 錶 可 唔
　　nei⁵　sii³　haa⁵　man⁶　keui⁵　goo²　goo³　sau²　biiu¹　hoo²　m⁴
　可 以 平 啲。
　hoo²　yii⁵　peng⁴　dii¹．

（その時計がもっと安くなるかどうか、彼に聞いてみてください。）

7. 量詞＋量詞＋都　どれも，みんな，全部　🔊-146

a. 呢 間 學 校 啲 先 生 個 個 都 係
　　nii¹　gaan¹　hook⁹　haau⁶　dii¹　siin¹　saang¹　goo³　goo³　dou¹　hai⁶
　外 國 人。
　ngooi⁶gwook⁸　yan⁴．

（この学校の先生たちは皆外国人です。）

b. 嗰 間 商 店 啲 鞋 對 對 我 都 唔
　　goo²　gaan¹　seung¹　diim³　dii¹　haai⁴　deui³　deui³　ngoo⁵　dou¹　m⁴
　鍾 意。
　jung¹　yii³．

（あの店の靴は全部好きではありません。）

c. 呢 間 圖 書 館 啲 香 港 雜 誌 本
　　nii¹　gaan¹　tou⁴　syu¹　gwuun²　dii¹　heung¹　gong²　jaap⁹　jii³　buun²
　本 我 都 睇 過。
　buun²　ngoo⁵　dou¹　tai²　gwoo³．

（この図書館の香港の雑誌は全部読んだことがあります。）

8. 識　①動詞：知る，わかる　🔊-147
　　②助動詞：〜することができる（動詞の前に置く）

a. 你 識 唔 識 嗰 位 先 生 呀？
　　nei⁵　sik⁷　m⁴　sik⁷　goo²　wai²　siin¹　saang¹　aa³？

（あなたはあの先生を知っていますか？）

b. 王 小 姐 識 講 好 多 種 外 語。
   wong⁴ siiu² jee² sik⁷ gong² hou² doo¹ jung² ngooi⁶ yu⁵.
   （王さんはいろいろな外国語が話せます。）

c. 佢 四 歲 嘅 仔 識 寫 好 多 漢 字。
   keui⁵ sei³ seui³ gee³ jai² sik⁷ see² hou² doo¹ hoon³ jii⁶.
   （彼女の4歳の息子はたくさんの漢字が書けます。）

9. 聽講　聞くところによれば〜だそうだ（文頭に用いる）　◀))-148

a. 聽 講 你 先 生 又 唔 食 肉 又 唔
   teng¹ gong² nei⁵ siin¹ saang¹ yau⁶ m⁴ sik⁹ yuk⁹ yau⁶ m⁴
   食 魚, 你 每 日 煮 乜 嘢 俾 佢 食
   sik⁹ yu², nei⁵ muui² yat⁹ jyu² mat⁷ yee⁵ bei² keui⁵ sik⁹
   呀？
   aa³？
   （ご主人は肉も魚も食べないそうですが、あなたは毎日何を作って食べさせているのですか？）

b. 聽 講 而 家 東 京 好 多 人 學 廣
   teng¹ gong² yii⁴ gaa¹ dung¹ ging¹ hou² doo¹ yan⁴ hook⁹ gwong²
   東 話, 你 知 唔 知（道）點 解 呀？
   dung¹ waa², nei⁵ jii¹ m⁴ jii¹ dou⁶ diim² gaai² aa³？
   （今東京ではたくさんの人が広東語を勉強しているそうですが、あなたはなぜだか知っていますか？）

c. 聽 講 迪 士 尼 遊 樂 園 好 好 玩,
   teng¹ gong² dik⁹ sii⁶ nei⁴ yau⁴ look⁹ yun⁴ hou² hou² waan²,
   你 去 過 未 呀？
   nei⁵ heui³ gwoo³ mei⁶ aa³？
   （ディズニーランドはとてもおもしろいと聞いていますが、行ったことがありますか？）

10. 會＋動詞　〜することができる，〜かもしれない，〜する可能性がある　🔊-149

a. 葉 小 姐 定 係 林 小 姐 <u>會</u> 睇 日
　　yiip⁹ siu² jee² ding⁶ hai⁶ lam⁴ siu² jee² wuui⁵ tai² yat⁹
　　文 報 紙 呀？
　　man⁴ bou³ jii² aa³ ?
　　（葉さんと林さんのどちらが日本の新聞を読めるのですか？）

b. 佢 出 年 <u>會</u> 同 鈴 木 先 生 結 婚。
　　keui⁵ cheut⁷ niin² wuui⁵ tung⁴ ling⁴ muk⁹ siin¹ saang¹ giit⁸ fan¹.
　　（彼女は来年鈴木さんと結婚するでしょう。）

c. 今 晚 唔 <u>會</u> 落 雨。
　　gam¹ maan⁵ m⁴ wuui⁵ look⁹ yu⁵.
　　（今晩は雨は降らないでしょう。）

11. 又〜又…　〜でもあり…でもある，〜だし…だ　🔊-150

a. 呢 架 車 <u>又</u> 平 <u>又</u> 靚。
　　nii¹ gaa³ chee¹ yau⁶ peng⁴ yau⁶ leng³.
　　（この車は安くてきれいです。）

b. 你 個 女 <u>又</u> 識 講 英 文 <u>又</u> 識 講
　　nei⁵ goo³ neui² yau⁶ sik⁷ gong² ying¹ man⁴ yau⁶ sik⁷ gong²
　　意 大 利 文，眞 係 好 叻。
　　yii³ daai⁶ lei⁶ man⁴, jan¹ hai⁶ hou² leek⁷.
　　（お嬢さんは英語もイタリア語もできて本当に頭がいいですね。）

c. 佢 <u>又</u> 勤 力 <u>又</u> 聰 明，所 以 我 好
　　keui⁵ yau⁶ kan⁴ lik⁹ yau⁶ chung¹ ming⁴, soo² yii⁵ ngoo⁵ hou²
　　鍾 意 佢。
　　jung¹ yii³ keui⁵.
　　（彼は勤勉で頭がいいので、私は彼が大好きです。）

第十三課

12. 專登 ①わざわざ ②わざと 🔊-151

a. 佢 知 道 我 好 鍾 意 張 學 友 嘅
   keui5 jii1 dou6 ngoo5 hou2 jung1 yii3 jeung1 hook9 yau5 gee3
   歌, 所 以 佢 <u>專 登</u> 喺 香 港 買 咗
   goo1, soo2 yii5 keui5 jyun1 dang1 hai2 heung1 gong1 maai5 joo2
   好 多 張 學 友 嘅 CD 俾 我。
   hou2 doo1 jeung1 hook9 yau5 gee3 CD bei2 ngoo5.

   (彼は私がジャッキー・チュンの歌が好きだということを知っているのでわざわざ香港でたくさんジャッキー・チュンのCDを買ってくれました。)

b. 好 多 謝 你 <u>專 登</u> 嚟 醫 院 探 我。
   hou2 doo1 jee6 nei5 jyun1 dang1 lai4 yii1 yun2 taam3 ngoo5.

   (わざわざ病院までお見舞いに来てくださってありがとうございます。)

c. 佢 唔 想 開 會, 所 以 佢 <u>專 登</u> 遲
   keui5 m4 seung2 hooi1 wuui2, soo2 yii5 keui5 jyun1 dang1 chii4
   到。
   dou3.

   (彼は会議に出たくないのでわざと遅れて来ました。)

六、練習問題

A. 話す練習

a. 置き換え練習

1. 你<u>用過呢枝筆</u>未呀？
     睇過嗰本雜誌
     飲過日本酒

   （あなたはこのペンを使ったことがありますか？）

2. 我哋都好鍾意<u>飲你煮嘅咖啡</u>。
     睇你寫嘅小説
     食你整嘅蛋糕

   （私たちはみんなあなたのいれたコーヒーが好きです。）

3. 我諗而家<u>北海道一定好凍</u>。
     泰國一定好熱
     佢一定喺屋企

   （今北海道はきっと寒いと思います。）

4. 我覺得<u>呢碗湯好好飲</u>。
     呢部相機好好用
     呢碟菜好難食

   （このスープはとてもおいしいと思います。）

5. <u>呢間房又闊又光猛</u>，我好鍾意。
     呢個手袋又大又輕
     呢度又安靜又方便

   （この部屋は広くて明るいから、私はとても好きです。）

6. 聽講<u>林小姐喺美國結咗婚</u>，係唔係眞㗎？
     你下個月去中國留學
     佢唔想返嚟日本

   （林さんはアメリカで結婚したと聞いていますが、本当ですか？）

7. 佢專登喺香港嚟探你。
　　　　喺法國買咗呢件衫俾我
　　　　唔出席（cheuk⁷ jik⁹）呢個會議

（彼はわざわざ香港からあなたを見舞いに来ました。）

b．次の文章をよく読んで、日本語に訳しなさい。

　喺呢間大廈嘅七樓有一間廣東話嘅專門學校。學校裏便有七間課室，喺大廳（daai⁶ teng¹ ロビー）中間有兩架電視機同錄像機。另外重有好多香港嘅雜誌、報紙同埋錄影帶。有啲學生話呢間學校又乾淨、又闊又安靜，所以佢哋時時都專登嚟呢度讀書、(duk⁹ syu¹ 勉強する)睇雜誌同報紙。

　呢間學校啲學生好鍾意中國，有啲人特別鍾意香港。好多人都去過北京、上海、廣州同香港好多次。有啲學生喺嗰度留過學，有啲重喺嗰度住過兩、三年，所以好多人都又識講廣東話，又識講北京話。

B．書く練習

a．次の文を朗読して漢字に直し、日本語に訳しなさい。

1. chan⁴ taai² jyu² gee³ gaa³ fee¹ hou² hou² yam²．

2. nei⁵ gook⁸ dak⁷ goo² cheut⁷ hei³ hou² m⁴ hou² tai² aa³？

3. ngoo⁵ waa⁶ nii¹ jeung¹ CD m⁴ hai⁶ gei² hou² teng¹．

4. ting¹ yat⁹ nei⁵ jaa¹ chee¹ heui³ ding⁶ hai⁶ daap⁸ san¹ goon³ siin³ heui³ aa³？

5. tiin⁴ jung¹ siiu² jee² jyu⁶ hai² goo² gaan¹ daai⁶ haa⁶ gee³ gau² lau²．

6. goo² goo³ sau² dooi² leui⁵ biin⁶ yau⁵ dii¹ mat⁷ yee⁵ aa³？

7. keui⁵ sik⁷ m⁴ sik⁷ see² hoon³ jii⁶ aa³ ?

8. lei⁵ siin¹ saang¹ mei⁶ sik⁹ gwoo³ yu⁴ saang¹.

9. seung⁶ goo³ lai⁵ baai³ yat⁹ tiin⁴ jung¹ siiu² jee² jyun¹ dang¹ jaa¹ chee¹ heui³ waang⁴ ban¹ maai⁵ joo² nii¹ dii¹ yee⁵.

10. ngoo⁵ dei⁶ yau⁶ cheung³ goo¹ yau⁶ tiiu³ mou⁵, jan¹ hai⁶ hou² hooi¹ sam¹.

11. keui⁵ dii¹ leng⁵ taai¹ tiiu⁴ tiiu⁴ dou¹ hai⁶ keui⁵ taai³ taai² maai⁵ gee³.

12. ngoo⁵ m⁴ gook⁸ dak⁷ yii³ daai⁶ lei⁶ chooi³ hou² sik⁹.

13. ngoo⁵ giin³ gwoo³ saan¹ tiin⁴ siiu² jee², bat⁷ gwoo³ mei⁶ giin³ gwoo³ keui⁵ naam⁴ pang⁴ yau⁵.

14. ngoo⁵ waa⁶ hai² goo² goo³ baan¹ keui⁵ dii¹ gwong² dung¹ waa² jeui³ leek⁷.

b．次の単語を正しい語順に並べ替え、日本語に訳しなさい。

1. 覺得／電影／你／好睇／齣／呀／邊／最／？

2. 過／佢／多次／唔係／好／美國／去／係／喇／？

3. 諗／邊個／乜嘢／都／緊／而家／唔／佢／知道／。

4. 一定／諗／你／係／Lucy／最／學生／鍾意／嘅／我／。

5. 你／佢／呢個／知道／係／電話／打嚟／，／唔／佢／聽／專登／所以／。

6. 冇／我／又／錢／外國／冇／去／而家／又／同／時間／你／可以／所以／旅行／唔／一齊／，／。

7. 話／李太／山本太太／中國菜／得／冇／我／好食／咁／嘅／煮／煮／。

8. 話／佢／你／男朋友／婚禮(fan¹ lai⁵結婚式)／唔／同／會／我哋／會／佢／一齊／參加／呀／嚟／嘅／？

9. 辭典／嘅／李先生／廣東話／寫／係／呢本／。

10. 搭／搭咗／覺得／所以／巴士／的士／佢／佢／嚟／嚟／好麻煩／，／。

C. 次の文を広東語に訳しなさい。

1. あなたは彼女と一緒に映画を見に行ったことがありますか？

2. あなたは彼女のご主人に会ったことがありますか？

3. 弟はまだアメリカへ行ったことがありません。

4. 彼女は旅行に行きたいのですが、あなたと一緒には行きたくないと言いました。

5. 彼の作った料理は塩辛すぎると感じますか？

6. 私は山田さんはもう家に帰ってしまったと思うので、電話をするのは明日にしましょう。

7. 李さんの子供たちは皆大学生です。

8. 山本夫人はいろいろな料理を作ることができます。

9. あなたは鈴木さんは明日学校に行くと思いますか？

10. 彼らは日本語の歌を歌えますか？

11. この店のランチ（午餐 ng⁵ chaan¹）は安くておいしいので、私たちはよくここへランチを食べに来ます。

12. 彼のガールフレンドが明日東京に来るので、彼はわざわざ新しいベッドを買いました。

13. 彼らは今年の夏休みにはどこへ旅行に行くと思いますか？

14. 広州は東京よりかなり暑いと聞いています。

d．次の文を日本語に訳しなさい。

1. 佢去過好多次廣州，不過未食過蛇餐（see⁴ chaan¹ 蛇料理）。

2. 我去北京嗰陣時，會打電話俾你。

3. 下個禮拜我想帶啲朋友嚟聽課，得唔得呀？

4. 聽講你後日要去英國，所以佢哋聽日專登由北海道搭飛機嚟東京見你。

5. 我而家又癐又眼瞓（ngaan⁵ fan³ 眠い），所以邊度都唔想去。

6. 喺呢度啲人個個我都識，不過佢哋唔識我。

7. 葉先生今晚唔會嚟喇。因為前晚佢同太太去咗歐洲（au¹ jau¹ ヨーロッパ）。

8. 嗰位小姐想買嘅手錶係唔係呢個呀？

9. 你哋試唔試吓佢喺台灣（tooi⁴ waan¹ 台湾）買返嚟嘅茶葉（chaa⁴ yiip⁹ お茶の葉）呀？

10. 佢用緊嘅電腦（diin⁶ nou⁵ コンピューター）係我買嘅。

11. 我未聽過林小姐講日文。

12. 佢識揸車，不過未試過揸咁耐。

13. 你琴日係唔係專登唔返學呀？

14. 呢啲係我第一次煮嘅泰國菜，試吓啦。

15. 我朋友話嗰間酒樓啲點心好好食，去唔去試吓呀？

レパルスベイ

第十四課

你 邊 度 唔 舒 服 呀？
nei⁵　biin¹　dou⁶　m⁴　syu¹　fuk⁹　aa³？

（どこが具合が悪いのですか？）

一、会話　🔊-152　（喺 屋 企）
hai² nguk⁷ kei²

1. A：已 經 七 點 半 喇。 點 解 重 唔
　　　yii⁵ ging¹ chat⁷ diim² buun³ laa³.　diim² gaai² jung⁶ m⁴
　　　起 身 呀？ 你 會 遲 到 㗎。
　　　hei² san¹ aa³？ nei⁵ wuui⁵ chii⁴ dou³ gaa³.

B：我 可 能 琴 晚 飲 咗 太 多 咖 啡。
　　ngoo⁵ hoo² nang⁴ kam⁴ maan⁵ yam² joo² taai³ doo¹ gaa³ fee¹.
　　成 晚 都 瞓 唔 倒。
　　sing⁴ maan⁵ dou¹ fan³ m⁴ dou².
　　而 家 覺 得 又 瘡 又 頭 痛。
　　yii⁴ gaa¹ gook⁸ dak⁷ yau⁶ gwuui⁶ yau⁶ tau⁴ tung³.

A：你 一 定 係 琴 晚 冷 親 喇。
　　nei⁵ yat⁷ ding⁶ hai⁶ kam⁴ maan⁵ laang⁵ chan¹ laa³.
　　落 咁 大 雨， 你 都 行 路 返 嚟，
　　look⁹ gam³ daai³ yu⁵, nei⁵ dou¹ haang⁴ lou⁶ faan¹ lai⁴,
　　又 唔 帶 遮。 我 去 攞 枝 探 熱
　　yau⁶ m⁴ daai³ jee¹.　ngoo⁵ heui³ loo² jii¹ taam³ yiit⁹
　　針 俾 你 探 吓 熱 啦。
　　jam¹ bei² nei⁵ taam³ haa⁵ yiit⁹ laa¹.

　　　⋮

A：嘩， 39 度 幾， 好 高 燒 呀。 今
　　waa⁵, 39 dou⁶ gei², hou² gou¹ siiu¹ aa³.　gam¹
　　日 唔 好 返 工 喇， 我 而 家 即
　　yat⁹ m⁴ hou² faan¹ gung¹ laa³, ngoo⁵ yii⁴ gaa¹ jik⁷
　　刻 同 你 去 睇 醫 生。
　　hak⁷ tung⁴ nei⁵ heui³ tai² yii¹ sang¹.

B：好 啦。 不 過 我 要 先 打 個 電
　　hou² laa¹.　bat⁷ gwoo³ ngoo⁵ yiiu³ siin¹ daa² goo³ diin⁶

話 返 公 司。
waa² faan¹ gung¹ sii¹.

（喺 醫 院 ）
hai² yii¹ yun²

C: 你 邊 度 唔 舒 服 呀？
nei⁵ biin¹ dou⁶ m⁴ syu¹ fuk⁹ aa³？

B: 我 覺 得 頭 好 痛。
ngoo⁵ gook⁸ dak⁷ tau⁴ hou² tung³.

C: 有 冇 發 燒 呀？
yau⁵ mou⁵ faat⁸ siiu¹ aa³？

B: 頭 先 啱 啱 喺 屋 企 探 完 熱，
tau⁴ siin¹ ngaam¹ ngaam¹ hai² nguk⁷ kei² taam³ yun⁴ yiit⁹,
大 概 39 度 左 右。
daai⁶ kooi³ 39 dou⁶ joo² yau⁶.

C: 噉，你 喺 呢 度 再 探 一 次 熱 啦。
gam², nei⁵ hai² nii¹ dou⁶ jooi³ taam³ yat⁷ chii³ yiit⁹ laa¹.

⋮

C: 你 而 家 都 係 39 度 噃，喉 嚨
nei⁵ yii⁴ gaa¹ dou¹ hai⁶ 39 dou⁶ boo³, hau⁴ lung⁴
痛 唔 痛 呀？ 俾 我 睇 吓。
tung³ m⁴ tung³ aa³？ bei² ngoo⁵ tai² haa⁵.

⋮

C: 你 嘅 喉 嚨 都 有 啲 發 炎。
nei⁵ gee³ hau⁴ lung⁴ dou¹ yau⁵ dii¹ faat⁸ yiim⁴.
你 嘅 感 冒 好 犀 利。你 而 家
nei⁵ gee³ gam² mou⁶ hou² sai¹ lei⁶. nei⁵ yii⁴ gaa¹
先 去 隔 離 打 針，打 完 針 之 後
siin¹ heui³ gaak⁸ lei⁴ daa² jam¹, daa² yun⁴ jam¹ jii¹ hau⁶
就 去 藥 房 攞 藥 啦。我 先 俾 三
jau⁶ heui³ yeuk⁹ fong⁴ loo² yeuk⁹ laa¹. ngoo⁵ siin¹ bei² saam¹
日 藥 你。 一 日 食 三 次，你 食
yat⁹ yeuk⁹ nei⁵. yat⁷ yat⁹ sik⁹ saam¹ chii³, nei⁵ sik⁹
哂 啲 藥 之 後 再 嚟 睇 一 次 呀。
saai³ dii¹ yeuk⁹ jii¹ hau⁶ jooi³ lai⁴ tai² yat⁷ chii³ aa¹.

B：好 呀。 唔 該 哂。
　　hou² aa³.　　m⁴ gooi¹ saai³.

C：小 心 啲 啦。
　　siiu² sam¹ dii¹ laa¹.

（喺 公 司）
　hai² gung¹ sii¹

2. A：佢 哋 個 個 都 走 哂 嘞。
　　　keui⁵ dei⁶ goo³ goo³ dou¹ jau² saai³ laak⁸.
　　　點 解 你 重 唔 走 呀？
　　　diim² gaai² nei⁵ jung⁶ m⁴ jau² aa³ ?

B：我 因 爲 感 冒, 休 息 咗 幾 日。
　　ngoo⁵ yan¹ wai⁶ gam² mou⁶, yau¹ sik⁷ joo² gei² yat⁹.
　　有 好 多 嘢 未 做 完, 所 以 重
　　yau⁵ hou² doo¹ yee⁵ mei⁶ jou⁶ yun⁴, soo² yii⁵ jung⁶
　　未 走 得。
　　mei⁶ jau² dak⁷.

A：我 已 經 做 完 哂 啲 嘢 嘞。
　　ngoo⁵ yii⁵ ging¹ jou⁶ yun⁴ saai³ dii¹ yee⁵ laak⁸.
　　我 幫 吓 你 啦。
　　ngoo⁵ bong¹ haa⁵ nei⁵ laa¹.

B：噉, 眞 係 麻 煩 你 喇。 唔 該 你
　　gam², jan¹ hai⁶ maa⁴ faan⁴ nei⁵ laa³.　m⁴ gooi¹ nei⁵
　　幫 我 打 呢 三 封 信。 一 個 鐘
　　bong¹ ngoo⁵ daa² nii¹ saam¹ fung¹ seun³. yat⁷ goo³ jung¹
　　頭 之 內 打 唔 打 得 完 呀？ 因
　　tau⁴ jii¹ nooi⁶ daa² m⁴ daa² dak⁷ yun⁴ aa³ ?　yan¹
　　爲 我 要 喺 九 點 之 前 FAX 去
　　wai⁶ ngoo⁵ yiiu³ hai² gau² diim² jii¹ chiin⁴ FAX heui³
　　美 國。
　　mei⁵ gwook⁸.

A：我 會 盡 量 快 啲 打 完 嘅。
　　ngoo⁵ wuui⁶ jeun⁶ leung⁶ faai³ dii¹ daa² yun⁴ gee³.
　　你 唔 使 擔 心。
　　nei⁵ m⁴ sai² daam¹ sam¹.

B：拜 托 哂 你 喇！
　　baai³ took⁸ saai³ nei⁵ laa³ !

二、単語と表現 🔊-153

1. 重　　　　　jung6　　　　　　（副）まだ
2. 遲到　　　　chii4 dou3　　　　（動）遅刻する
3. 成晚　　　　sing4 maan5　　　（副）一晩中
4. 動詞+倒　　dou2　　　　　　（助動）〜することができる
5. 頭痛　　　　tau4 tung3　　　　（名）頭痛
6. 冷親　　　　laang5 chan1　　　（動）風邪をひく
7. 雨　　　　　yu5　　　　　　　（名）雨
8. 帶　　　　　daai3　　　　　　（動）持つ
9. 遮　　　　　jee1　　　　　　　（名）傘
10. 攞　　　　 loo2　　　　　　　（動）取る
11. 探熱針　　　taam3 yiit9 jam1　（名）体温計
12. 探熱　　　　taam3 yiit9　　　　（動）体温を測る
13. 嘩　　　　　waa5　　　　　　（感）わあ，あら（驚きを表す）
14. 高燒　　　　gou1 siiu1　　　　（名）高熱
15. 即刻　　　　jik7 hak7　　　　　（接）すぐに
16. 睇醫生　　　tai2 yii1 sang1　　（動）医者に診てもらう
17. 先　　　　　siin1　　　　　　　（副）まず〜しておく
18. 返　　　　　faan1　　　　　　（介）〜に
19. 發燒　　　　faat8 siiu1　　　　（動）熱がでる
20. 動詞+完　　yun4　　　　　　　（助）〜し終わる

290

21.	喉嚨	hau^4 lung^4	（名）	喉
22.	發炎	faat^8 yiim^4	（動）	炎症をおこす
23.	感冒	gam^2 mou^6	（動）	風邪をひく
24.	打針	daa^2 jam^1	（動）	注射をする
25.	就	jau^6	（副）	すぐ（二つの動作を相次いで行うことを表す）
26.	藥房	yeuk^9 fong^4	（名）	薬局
27.	藥	yeuk^9	（名）	薬
28.	動詞 + 哂 動詞 + 完哂 動詞 + 過哂	saai^3 yun^4 saai^3 gwoo^3 saai^3	（助）	～してしまう ※さらに強調する気持ちを表す場合 　すっかり～してしまう 　全部～してしまう
29.	小心	siu^2 sam^1	（動）	気をつける，注意する
30.	嘞	laak^8	（語）	確認、断定の意味を表す
31.	休息	yau^1 sik^7	（動）	休む
32.	動詞 + 得	dak^7	（助動）	…ことができる
33.	幫	bong^1	（動） （介）	手伝う ～してあげる，～してもらう
34.	眞	jan^1	（副）	本当に
35.	麻煩	maa^4 faan^4	（動）	煩わす
36.	～之内	～jii^1 nooi^6	（副）	～以内，～のうち
37.	打	daa^2	（動）	ワープロを打つ
38.	盡量	jeun^6 leung^6	（副）	できるだけ
39.	擔心	daam^1 sam^1	（動）	心配する
40.	拜托	baai^3 took^8	（動）	お願いする，頼む

第十四課

三、訳

1. （家で）

    A：もう7時半よ。なぜ、まだ起きないの？ 遅刻してしまうわよ。

    B：昨日の夜コーヒーを飲みすぎたからかもしれないけど、一晩中眠れなかったんだよ。今、体がだるくて、頭痛もするんだよ。

    A：きっとゆうべ風邪をひいたのよ。あんなに大雨が降っていたのに、あなたは歩いて帰ってきて、傘も持っていなかったじゃないの。体温計をとってくるから、ちょっと熱を測ってみましょう。

    　　　　　　　　　⋮

    A：まあ、39度ちょっと、すごい熱だわ。今日は仕事に行かないほうがいいわ。今すぐ私もあなたと一緒にお医者さんに行くから、診てもらいましょう。

    B：わかった。でも、まず会社へ電話を1本入れなくちゃ。

    （病院で）

    C：どこが具合が悪いのですか？

    B：頭がとても痛いのです。

    C：熱はありますか？

    B：つい先程家で熱を測ったのですが、だいたい39度位ありました。

    C：それでは、ここでもう一度測ってみましょう。

    　　　　　　　　　⋮

    C：いまも39度ありますよ。喉は痛くありませんか？ちょっと見せてください。

    　　　　　　　　　⋮

    C：喉も少し炎症を起こしています。あなたの風邪はだいぶひどいです。まず、となりで注射をしてもらって、注射が済んだ

ら、その後、薬局へ行って薬をもらってください。とりあえず3日分の薬を出しておきます。1日に3回服用して、薬がなくなったら、もう一度診察に来てください。
B： わかりました。ありがとうございました。
C： お大事に。

2. （会社で）
A： みんな帰ってしまいましたよ。なぜあなたはまだ帰らないのですか？
B： 風邪をひいたせいで、2、3日休んでしまったんです。やり終えてないことがたくさんあるので、まだ帰れないんですよ。
A： 私はもうやることはすっかり済んでしまいました。手伝いますよ。
B： そうですか。本当に申しわけありません。すみませんが、この3通の手紙を打ってほしいのですが。1時間以内に打ち終えることができますか？9時前にアメリカへFAXを送らなければならないので。
A： できるだけ急いで打ち終えるようにします。ご心配なく。
B： よろしくお願いします。

四、補充単語

1．体に関する言葉

週身	jau[1] san[1]	全身
頭	tau[4]	頭
頭髮	tau[4] faat[8]	髪
額頭	ngaak[9] tau[4]	ひたい
面	miin[6]	顔
面色	miin[6] sik[7]	顔色
眼	ngaan[5]	目
眼眉	ngaan[5] mei[4]	まゆげ
眼睫毛	ngaan[5] jiit[8] mou[4]	まつげ
眼皮	ngaan[5] pei[4]	まぶた
鼻哥	bei[6] goo[1]	鼻
耳仔	yii[5] jai[2]	耳
口	hau[2]（嘴 jeui[2]）	口
口唇	hau[2] seun[4]	唇
脷	lei[6]	舌
牙	ngaa[4]	歯
下巴	haa[6] paa[4]	あご
頸	geng[2]	首
膊頭	book[8] tau[4]	肩

手	sau²	手
手臂	sau² bei³	腕
手踭	sau² jaang¹	ひじ
手掌	sau² jeung²	手のひら
手指	sau² jii²	指
指甲	jii² gaap⁸	つめ
腳	geuk⁸	足
大髀	daai⁶ bei²	太もも
膝頭（哥）	sat⁷ tau⁴（goo¹）	ひざ
心口	sam¹ hau²	胸
肺	fai³	肺
胃	wai⁶	胃
腸	cheung²	腸
腎	san⁶	腎臟
肝	goon¹	肝臟
皮膚	pei⁴ fuu¹	皮膚
肚	tou⁵	おなか
腰	yiiu¹	腰
背脊	buui³ jeek⁸	背中
囉柚	loo¹ yau²	お尻
汗	hoon⁶	汗

血	hyut^8	血
口水	hau^2 seui^2	よだれ

2. 病気に関する言葉

病咗	beng^6 joo^2	病気になった
頭暈	tau^4 wan^4	めまい
傷風	seung^1 fung^1	風邪
香港腳	heung^1 gong^2 geuk^8	水虫
食滯	sik^9 jai^6	胃がもたれる
肚痾	tou^5 ngoo^1	下痢
想嘔	seung^2 ngau^2	気分が悪い，吐き気がする
咳	kat^7	せきがでる
跌親	diit^8 chan^1	転ぶ
中醫	jung^1 yii^1	漢方
西醫	sai^1 yii^1	西洋医学
睇病	tai^2 beng^6	診察を受ける
量血壓	leung^4 hyut^8 ngaat^8	血圧を測る
開刀	hooi^1 dou^1	手術をする
做手術	jou^6 sau^2 seut^9	手術を受ける
留醫	lau^4 yii^1	入院する
病房	beng^6 fong^2	病室
探病	taam^3 beng^6	（病人を）見舞う

驗血	yiim6 hyut8	血液検査
驗尿	yiim6 niu6	尿検査
照Ｘ光	jiu3 X gwong1	レントゲンを撮る
中藥	jung1 yeuk9	漢方薬
西藥	sai1 yeuk9	（西洋医学の）薬
藥水	yeuk9 seui2	飲み薬
藥丸	yeuk9 yun2	錠剤
藥膏	yeuk9 gou1	塗り薬

タイムズスクエア

五、構文

1. 動詞＋完　～し終える
🔊-154
（動作、行為が完成、完了したことを表す）

a. 我 已 經 <u>睇 完</u> 呢 三 本 書 嘞。
　　ngoo⁵ yii⁵ ging¹ tai² yun⁴ nii¹ saam¹ buun² syu¹ laak⁸.
（私はもうこの3冊の本を読み終わりました。）

疑問：你 <u>睇 完</u> 呢 三 本 書 未 呀？
　　　nei⁵ tai² yun⁴ nii¹ saam¹ buun² syu¹ mei⁶ aa³？
（あなたはこの3冊の本を読み終わりましたか？）

肯定：<u>睇 完</u> 嘞。
　　　tai² yun⁴ laak⁸.
（はい、もう読み終わりました。）

否定：<u>未</u>，我 重 未 <u>睇 完</u>。
　　　mei⁶, ngoo⁵ jung⁶ mei⁶ tai² yun⁴.
（いいえ、まだ読み終わっていません。）

b. 嫲 嫲 每 日 <u>食 完</u> 晚 飯 之 後
　　maa⁴ maa⁴ muui⁵ yat⁹ sik⁹ yun⁴ maan⁵ faan⁶ jii¹ hau⁶
就 帶 隻 狗 仔 出 去 散 步。
jau⁶ daai³ jeek⁸ gau² jai² cheut⁷ heui³ saan³ bou⁶.
（おばあさんは毎日夕食がすんでから犬を連れて散歩にいきます。）

c. 點 解 呢 場 足 球 比 賽 咁 耐
　　diim² gaai² nii¹ cheung⁴ juk⁷ kau⁴ bei² chooi³ gam³ nooi⁴
重 未 <u>打 完</u> 㗎？
jung⁶ mei⁶ daa² yun⁴ gaa³？
（どうしてこのサッカーの試合はなかなか終わらないの？）

2. 動詞＋哂　　全部〜してしまう，すっかり〜してしまう 🔊-155
   動詞＋完哂

a．疑問：你 做 哂 今 日 啲 功 課 未 呀？
　　　　nei⁵ jou⁶ saai³ gam¹ yat⁹ dii¹ gung¹ foo³ mei⁶ aa³？

（今日の宿題は全部終わりましたか？）

肯定：做 哂 嘞。 今 日 啲 功 課 已 經
　　　jou⁶ saai³ laak⁸. gam¹ yat⁹ dii¹ gung¹ foo³ yii⁵ ging¹
　　　全 部 做 完 哂。
　　　chyun⁴ bou⁶ jou⁶ yun⁴ saai³.

（はい。今日の宿題はもう全部終わりました。）

否定：未 呀。 我 重 未 做 哂。 我 淨
　　　mei⁶ aa³. ngoo⁵ jung⁶ mei⁶ jou⁶ saai³. ngoo⁵ jing⁶
　　　係 做 完 英 文 嘅 翻 譯 同 作
　　　hai⁶ jou⁶ yun⁴ ying¹ man⁴ gee³ faan¹ yik⁹ tung⁴ jook⁸
　　　文。 數 學 同 物 理 嘅 功 課 重
　　　man². sou³ hook⁹ tung⁴ mat⁹ lei⁵ gee³ gung¹ foo³ jung⁶
　　　未 做。
　　　mei⁶ jou⁶.

（いいえ。まだ全部終わっていません。英語の翻訳と作文だけは終わりましたが、数学と物理の宿題はまだやっていません。）

b．因 爲 好 多 人 都 想 去 聽 佢
　　yan¹ wai⁶ hou² doo¹ yan⁴ dou¹ seung² heui³ teng¹ keui⁵
　　嘅 演 唱 會，所 以 今 次 嘅 飛
　　gee³ yiin² cheung³ wuui², soo² yii⁵ gam¹ chii³ gee³ fei¹
　　好 快 就 賣 哂 嘞。
　　hou² faai³ jau⁶ maai⁶ saai³ laak⁸.

（たくさんの人が彼のコンサートに行きたいと思っているので、今回のチケットはすぐに売り切れてしまいました。）

c．佢 哋 都 瞓 哂 嘞，唔 好 咁 大
　　keui⁵ dei⁶ dou¹ fan³ saai³ laak⁸, m⁴ hou² gam³ daai⁶

第十四課

聲 講 嘢 啦。
seng¹ gong² yee⁵ laa¹.

(彼らはみんな寝てしまったので、そんなに大きな声を出さないでください。)

＊動詞＋過晒　全部〜したことがある（過去の経験を表す。）

a. 嗰 幾 間 大 嘅 商 場 間 間 佢
goo² gei² gaan¹ daai⁶ gee³ seung¹cheung⁴gaan¹gaan¹ keui⁵
都 去 過 晒。
dou¹ heui³ gwoo³ saai³.

(彼女はそれらの大きなデパートには全部行きました。)

b. 呢 個 菜 牌 上 面 啲 菜 我 全
nii¹ goo³ chooi³ paai² seung⁶ miin⁶ dii¹ chooi³ ngoo⁵ chyun⁴
部 都 食 過 晒 喇。
bou⁶ dou¹ sik⁹ gwoo³ saai³ laa³.

(このメニューの中の料理は、全部食べたことがあります。)

3.　成＋（量詞）＋名詞　全部の，全体の，まるまる 🔊-156

a. 因 爲 今 晚 喺 紅 磡 體 育 館
yan¹ wai⁶ gam¹ maan⁵ hai² hung¹ ham³ tai² yuk⁹ gwuun²
有 國 際 排 球 賽, 所 以 成 個
yau⁵ gwook⁸ jai³ paai⁴ kau⁴ chooi³, soo³ yii⁵ sing⁴ goo³
班 啲 學 生 都 去 晒 嗰 度 睇
baan¹ dii¹ hook⁹ saang¹ dou¹ heui³ saai³ goo² dou⁶ tai²
比 賽, 冇 嚟 上 課。
bei² chooi³, mou⁵ lai⁴ seung⁶ foo³.

(今晩、香港コロシアムで国際バレーボール大会があるため、クラス中の生徒みんながその試合を見に行ってしまい、授業に来ていません。)

b. 佢 成 家 人 都 好 鍾 意 影 相。
keui⁵ sing⁴ gaa¹ yan⁴ dou¹ hou² jung¹ yii³ ying² seung².

(彼の家族はみんな写真を撮るのが大好きです。)

c. 你 琴 日 成 日 去 咗 邊 度 呀？
　　nei⁵ kam⁴ yat⁹ sing⁴ yat⁹ heui³ joo² biin¹ dou⁶ aa³ ?

（あなたは昨日一日中どこへ行っていたのですか？）

4. 動詞＋倒　〜することができる　🔊-157

a. 如 果 你 聽 日 十 點 鐘 之 前
　　yu⁴ gwoo² nei⁵ ting¹ yat⁹ sap⁹ diim² jung¹ jii¹ chiin⁴
嚟 嘅 話， 就 可 以 見 倒 佢。
lai⁴ gee³ waa²,　jau⁶ hoo² yii⁵ giin³ dou² keui⁵.

（もし明日10時前に来れば、彼に会えます。）

b. 你 睇 唔 睇 倒 喺 嗰 度 上 面
　　nei⁵ tai² m⁴ tai² dou² hai² goo² dou⁶ seung⁶ miin⁶
啲 字 呀？
dii¹ jii⁶ aa³ ?

（あそこの上に書いてある字が見えますか？）

c. 你 講 嘢 咁 細 聲， 邊 個 都 聽
　　nei⁵ gong² yee⁵ gam³ sai³ seng¹, biin¹ goo³ dou¹ teng¹
唔 倒 啦。
m⁴ dou² laa¹.

（そんなに小さい声で話していたら、だれにも聞こえませんよ。）

5. 就　〜たら、すぐに　🔊-158

（前の行動が完了した後、引き続き次の行動が行われることを表す）

a. 琴 晚 我 放 工 之 後 就 返 咗
　　kam⁴ maan⁵ ngoo⁵ fong³ gung¹ jii¹ hau⁶ jau⁶ faan¹ joo²
屋 企， 邊 度 都 冇 去 㗎。
nguk⁷ kei², biin¹ dou⁶ dou¹ mou⁵ heui³ gaa³.

（昨晩、会社が終わってすぐに家に帰りました。どこへも行きませんでしたよ。）

b. 我 打 完 呢 個 電 話 之 後 就
　　ngoo⁵ daa² yun⁴ nii¹ goo³ diin⁶ waa² jii¹ hau⁶ jau⁶
　　瞓 覺。
　　fan³ gaau³.

（この電話が終わったら寝ます。）

c. 佢 話 佢 買 倒 飛 機 票 之 後
　　keui⁵ waa⁶ keui⁵ maai⁵ dou² fei¹ gei¹ piiu³ jii¹ hau⁶
　　就 會 寫 信 俾 你。
　　jau⁶ wuui⁵ see² seun³ bei² nei⁵.

（彼は飛行機のチケットが買えたら、すぐにあなたに手紙を書くと言っていました。）

6. 先　まず〜しておく，先に，先に〜する 🔊-159
（時間や順序についていう）

広東語の副詞は一般的に動詞、または形容詞の前におかれますが、この「先」の使い方は特別で、動詞の前においても文末においてもどちらでも構いません。

a. 你 哋 食 先 啦, 啲 菜 凍 咗 就
　　nei⁵ dei⁶ sik⁹ siin¹ laa¹, dii¹ chooi³ dung³ joo² jau⁶
　　唔 好 食 㗎 喇。
　　m⁴ hou² sik⁹ gaa³ laa³.

（あなたたちは先に食べてください。その料理は冷めたらおいしくないですよ。）

b. 唔 該, 喺 呢 度 先 寫 低 你 嘅
　　m⁴ gooi¹, hai² nii¹ dou⁶ siin¹ see² dai¹ nei⁵ gee³
　　地 址 同 電 話 號 碼。
　　dei⁶ jii² tung⁴ diin⁶ waa² hou⁶ maa⁵.

（すみません、ここにまず住所と電話番号を記入してください。）

   c. 如果 你 比 我 哋 早 到 嘅 話,
      yu^4 gwoo^2 nei^5 bei^2 ngoo^5 dei^6 jou^2 dou^6 gee^3 waa^6,
     就 先 入 去 搵 位 啦。
     jau^6 siin^1 yap^9 heui^3 wan^2 wai^2 laa^1.

   （もし私たちより早く着いたら、先に入って席をさがしておいてください。）

7. 動詞＋得　（事情や能力の許す状況、範囲で）可能だ,〜することができる　🔊-160

   a. 佢 話 今 晚 忙 得 滯, 所 以 唔
     keui^5 waa^6 gam^1 maan^5 mong^4 dak^7 jai^6, soo^2 yii^5 m^4
     嚟 得。
     lai^4 dak^7.

   （彼は今晩忙しすぎて、来られないと言っていました。）

   b. 佢 好 飲 得 酒 㗎。
     keui^5 hou^2 yam^2 dak^7 jau^2 gaa^3.

   （彼はお酒がとても強いんですよ。）

   c. 今 日 你 一 個 人 做 唔 做 得
     gam^1 yat^9 nei^5 yat^7 goo^3 yan^4 jou^6 m^4 jou^6 dak^7
     哂 呢 啲 嘢 呀？
     saai^3 nii^1 dii^1 yee^5 aa^3?

   （今日あなたは一人でこれらの仕事をやり終えることができますか？）

8. 喺〜之内　〜以内,〜のうち　🔊-161

   a. 老 細 叫 你 哋 喺 兩 日 之 内
     lou^5 sai^3 giiu^3 nei^5 dei^6 hai^2 leung^5 yat^9 jii^1 nooi^6
     寫 完 呢 個 報 告。
     see^2 yun^4 nii^1 goo^3 bou^3 gou^3.

   （社長はあなたたちに二日以内にこのレポートを書き終えるように言っています。）

b. 佢 打 字 打 得 好 快, 可 以 喺
　　keui⁵ daa² jii⁶ daa² dak⁷ hou² faai³, hoo² yii⁵ hai²
　　半 個 鐘 頭 之 內 打 完 呢 啲
　　buun³ goo³ jung¹ tau⁴ jii¹ nooi⁶ daa² yun⁴ nii¹ dii¹
　　文 件。
　　man⁴ giin².

（彼はワープロを打つのがとても速いので、これらの書類を30分以内に打ち終えることができます。）

c. 呢 個 細 路 好 聰 明, 可 以 喺
　　nii¹ goo³ sai³ lou⁶ hou² chung¹ming⁴, hoo² yii⁵ hai²
　　好 短 時 間 之 內 背 晒 呢 首
　　hou² dyun² sii⁴ gaan³ jii¹ nooi⁶ buui⁶ saai³ nii¹ sau²
　　唐 詩。
　　tong⁴ sii¹.

（この子供はとても頭がいいので、短時間でこの唐詩を暗記することができます。）

9. 盡量　できるだけ，なるべく　🔊-162

a. 聽 日 我 盡 量 早 啲 起 身, 同
　　ting¹ yat⁹ ngoo⁵ jeun⁶ leung⁶ jou² dii¹ hei² san¹, tung⁴
　　你 一 齊 去 做 晨 運。
　　nei⁵ yat⁷ chai⁴ heui³ jou⁶ san⁴ wan⁶.

（明日の朝できるだけ早起きして、あなたと一緒に朝の運動に行きます。）

b. 我 先 生 話 佢 會 盡 量 返
　　ngoo⁵ siin¹ saang¹ waa⁶ keui⁵ wuui⁶ jeun⁶ leung⁶ faan¹
　　嚟 日 本 參 加 你 哋 嘅 婚 禮。
　　lai⁴ yat⁹ buun²chaam¹ gaa¹ nei⁵ dei⁶ gee³ fan¹ lai⁵.

（主人はできる限り日本に戻って、あなたたちの結婚式に参加するつもりだと言っています。）

c. 因爲會場太大, 坐喺嗰度
   yan¹ wai⁶ wuui²cheung⁴ taai³ daai⁶, choo⁵ hai² goo² dou⁶
   啲人可能聽唔倒, 唔該你
   dii¹ yan⁴ hoo² nang⁴ teng¹ m⁴ dou², m⁴ gooi¹ nei⁵
   <u>盡量</u>講大聲啲啦。
   jeun⁶ leung⁶ gong² daai⁶ seng¹ dii¹ laa¹.

   （会場が広すぎて、あそこに座っている人たちに聞こえないかもしれないので、できるだけ大きな声で話してください。）

10. 幫＋人称代名詞＋動詞　（介詞）（〜の為に）…してもらう,
🔊-163　　　　　　　　（〜の為に）…してあげる

「幫」は動詞としても介詞としても使いますが、ここでは、介詞の用法を説明します。

a. 先生, 唔該<u>幫</u>我攞呢啲行
   siin¹ saang¹, m⁴ gooi¹ bong¹ ngoo⁵ loo² nii¹ dii¹ hang⁴
   李呀。
   lei⁵ aa¹.

   （すみません、これらの荷物を持っていただけませんか？）

b. 渡邊小姐今日因爲屋企
   dou⁶ biin¹ siiu² jee² gam¹ yat⁹ yan¹ wai⁶ nguk⁷ kei²
   有急事, 嚟唔倒上課。唔
   yau⁵ gap⁷ sii⁶, lai⁴ m⁴ dou² seung⁵ foo³. m⁴
   該<u>幫</u>佢錄音呀。
   gooi¹ bong¹ keui⁵ luk⁹ yam¹ aa¹.

   （渡辺さんは今日家で急用があるので、授業に出られません。彼女のために（授業を）録音して下さい。）

c. 佢咁腌尖, 唔<u>幫</u>佢買喇。
   keui⁵ gam³ yiim¹ jiim¹, m⁴ bong¹ keui⁵ maai⁵ laa³.

   （彼女はあんまりうるさいから、彼女にはもう買ってあげないわ。）

六、練習問題

A. 話す練習

a. 置き換え練習

1. 我已經<u>食</u>完咗<u>嗰啲藥</u>喇。
   　　睇　　　　DVD
   　　寫　　　　聖誕卡（kaa¹ カード）

   （私はそれらの薬を全部飲み終わりました。）

2. 你<u>試</u>過哂<u>呢幾件衫</u>未呀？
   　　　　　　部電腦
   　　　　　　枝紅酒（ワイン）

   （あなたはこれらの服を全部着てみましたか？）

3. 山田小姐<u>舊年成年</u>去咗<u>英國</u>。
   　　琴日成日　　圖書館
   　　上個月成個月　京都

   （山田さんは去年1年間イギリスへ行っていました。）

4. 我搵倒嗰間<u>學校</u>就打電話俾你。
   　　　　　大廈
   　　　　　醫院

   （あの学校を見つけたら、すぐあなたに電話します。）

5. 唔好意思，我<u>走</u>先喇。
   　　　　　　食飯
   　　　　　　沖涼

   （すみません、私は先に帰ります。）

6. 小朋友唔<u>飲得酒</u>。
   　　　　食得煙
   　　　　睇得呢部電影

   （子供はお酒を飲んではいけません。）

7. 我會盡量幫你買嗰個手袋。
　　　　　　做呢件事
　　　　　　問佢

（私はなるべくそのバッグを買ってあげたいと思います。）

b．次の文章をよく読んで、日本語に訳しなさい。

前幾日田中先生因爲又發燒又頭痛，朝早起唔倒身。佢太太話佢一定係感冒，叫佢唔好返工，先去睇醫生。去到醫院，醫生同佢探咗熱、睇咗佢嘅喉嚨之後，話佢嘅感冒好犀利。醫生叫佢一定要打針、食藥、喺屋企好好休息幾日。但係，因爲田中先生嘅公司好忙，佢休息咗幾日之後，返到公司，有好多做唔完嘅工作。所以佢日日都要加班，晚晚（maan⁵ maan⁵ 每晚）做到十一點，都做唔晒啲嘢。不過，佢有一個好好嘅同事，時時做完自己啲嘢之後就幫佢嘅。所以大家唔使擔心。

B．書く練習

a．次の文を朗読して漢字に直し、日本語に訳しなさい。

1. ngoo⁵ aa³ yee⁴ m⁴ jung¹ yii³ sik⁹ sai¹ yeuk⁹.

2. nei⁵ hai² biin¹ dou⁶ diit⁸ chan¹ gaa³ ?

3. maa¹ mii⁴ tung⁴ sai³ lou² heui³ joo² tai² yii¹ sang¹, m⁴ gooi¹ nei⁵ haa⁶ jau³ jooi³ daa² lai⁴ laa¹.

4. keui⁵ yii⁵ ging¹ yau¹ sik⁷ joo² gei² doo¹ yat⁹ laa³ ?

5. ching² man⁶ nii¹ dou⁶ fuu⁶ gan⁶ yau⁵ mou⁵ yeuk⁹ fong⁴ aa³ ?

6. tau⁴ siin¹ diin⁶ sii⁶ waa⁶ gam¹ maan⁵ wuui⁵ look⁹ yu⁵, nei⁵ yiu³ daai³ jee¹ faan¹ hook⁹ aa¹.

7. diim² gaai² nei⁵ dii¹ tau⁴ faat⁸ gam³ wuu¹ jou¹ aa³ ?

8. lei⁵ saang¹ siin¹ faan¹ lai⁴ heung¹ gong² ding⁶ hai⁶ lei⁵ taai² siin¹ faan¹ lai⁴ heung¹ gong² aa³ ?

9. kam⁴ maan⁵ keui⁵ hooi¹ yun⁴ wuui² jau⁶ jau² joo² laak⁸.

10. keui⁵ seung² maai⁵ saai³ nii¹ dou⁶ dii¹ CD, bat⁷ gwoo³ keui⁵ mou⁵ gam³ doo¹ chiin².

11. keui⁵ sii⁴ sii⁴ dou¹ hai⁶ gong² yun⁴ foo³ jau⁶ jau².

12. ngoo⁵ heui³ joo² heung¹ gong² jii¹ hau⁶, jeun⁶ leung⁶ muui⁵ yat⁹ daa² yat⁷ chii³ diin⁶ waa² bei² nei⁵, m⁴ sai² daam¹ sam¹ laa¹.

13. nei⁵ dei⁶ biin¹ goo³ hoo² yii⁵ hai⁶ saam¹ fan¹ jung¹ jii¹ nooi⁶ wan² dou² nii¹ gaa³ chee¹ gee³ soo² sii⁴, ngoo⁵ jau⁶ sung³ nii¹ gaa³ chee¹ bei² keui⁵.

b. ＿＿に"咗""過""完""晒""完晒""過晒""緊""未""得""得完""重""重未"のどれかを入れて日本語に訳しなさい。

1. 今朝你哋開＿會嘅時佢嚟＿。

2. 呢個打字機太舊, 唔用＿喇。

3. 我去＿＿嘅幾間學校都搵唔倒佢。

4. 上次喺香港買嘅辣椒醬(laat⁹ jiiu¹ jeung³ 豆板醬) 已經食＿＿喇。唔該幫我買幾樽 (jeun¹ 瓶) 返嚟呀。

5. 你唔飲＿酒就唔好飲。

6. 陳小姐已經喺兩個鐘頭之前走＿喇。

7. 個個都瞓__覺嘞，點解你__唔瞓呀？

8. 飛機已經到__個幾鐘頭，不過佢____出嚟。

9. 我 __ 睇 __ 呢本書，所以我唔知道呢本書啲內容（nooi⁶ yung⁴ 內容）。

10. 同林先生傾__偈嗰個小姐係我哥哥嘅女朋友。

11. 我做__呢啲嘢就返屋企喇。

12. 佢啱啱同啲朋友出__街。

13. 你今晚睇唔睇____呢本雜誌呀？

14. 你聽____佢啲ＣＤ__呀？

15. 今日佢點解唔嚟__呀？

c．次の単語を正しい語順に並べかえ、日本語に訳しなさい。

1. 又／等／嚟／我／保險公司／人／嘅／要，／要／電話／又／香港／打／俾／，／走／重未／所以／我／得／。

2. 過晒／未／你／圖書館／幾間／嗰／去／呀／？

3. 舖頭／廣東話／啲／嗰間／辭典／上個星期／賣／嘞／晒／喺／已經／。

4. 佢／我／你／盡量／叫／幫／買／嘅／會，／擔心／啦／唔使／。

5. 眞係／今次／倒，／唔好意思／你／幫／唔／喇／我／。

6. 之內／返／你／半個鐘頭／呀／倒／唔／喺／嚟／返／？

第十四課

7. 冷氣／酒樓／冇／成間／都／。

8. 即刻／我／完／走／開／就／會／，／之前／喺／去到／所以／車站／六點鐘／應該／。

9. 幫／二十萬／銀行／我／唔該／攞／美金（mei⁵ gam¹ 米ドル）／去／。

10. 成晚／睇醫生／咳／聽日／佢／咗／一定／，／帶／要／佢／你／去／。

11. 錢／咁快／你／呀／使（お金を使う）／點解／晒／啲／？

d. 次の文を広東語に訳しなさい。

1. 私はまだ服を洗い（洗衫 sai² saam¹）終えていません。

2. 子供たちはもう寝てしまいました。私は今ちょうどあなたに手紙を書いているところです。

3. あなたはどの本を読み終わりましたか？

4. タクシーを呼んでもらえますか？子供が高熱を出してすぐ病院に行かなければならないので。

5. だれが先にここに来たのですか？あなたですか、それとも彼ですか？

6. 今度あなたが香港に行くとき、私はできるだけあなたと一緒に行きます。

7. 私たち3人だけで、1週間以内にこんな厚い本を翻訳し終えるのは不可能です。

8. 李さんは注射が終わってからすぐ会社に戻りました。

9. 彼の家族は全員イギリスに帰りましたが、彼1人だけが香港に残り（留 lau⁴ 喺香港）私を待っていました。

10. この近くの本屋にはすべて行きましたが、あなたが欲しがっている本を買うことができませんでした。

11. あなたは1分以内に何杯のビールを飲むことができますか？

12. 彼は切符をまだ予約できていないと言っています。彼のを予約してあげましょうか？

13. おたずねしますが、このお茶は飲むことができますか？

中国茶

漢詩の朗読

　次に挙げる漢詩は、中国の代表的な詩人李白の作品です。広東語で朗読するとわかるように、広東語には普通話（北京語）が失ってしまった音韻と声調が残っています。したがって、真の作者の意図、心境を表現するのに、広東語のほうが優れているとも言われています。漢詩の持つ音の響きやリズムも、より美しく聞こえると思います。

🔊-164 李白

早	發	白	帝	城	
jou2	faat8	baak9	dai3	sing4	
朝	辭	白	帝	彩	雲	間
jiiu1	chii4	baak9	dai3	chooi2	wan4	gaan1
千	里	江	陵	一	日	還
chiin1	lei5	gong1	ling4	yat7	yat9	waan4
兩	岸	猿	聲	啼	不	住
leung5	ngoon6	yun4	sing1	tai4	bat7	jyu6
輕	舟	已	過	萬	重	山
heng1	jau1	yii5	gwoo3	maan6	chung4	saan1

　　　　　早く白帝城を発す
　　朝に白帝を辞す彩雲の間
　　千里の江陵一日に還る
　　両岸の猿声啼いて住まらず
　　軽舟已に過ぐ万重の山

武部利男 注『中国詩人選集 李白 上』岩波書店

解　答

第一課
A．話す練習
b．1．佢係唔係加拿大人呀？
　　2．山本先生係唔係北海道人呀？
　　3．佢哋係唔係留學生呀？
　　4．你係唔係護士呀？
　　5．鈴木先生係唔係醫生呀？

c．1．唔係，陳小姐唔係上海人，佢係廣東人。
　　2．唔係，佢唔係九州人，佢係大阪人。
　　3．唔係，我哋唔係護士，我哋都係學生。
　　4．唔係，田中先生唔係東京人，佢係京都人。
　　5．唔係，黃小姐唔係上海人，佢係廣州人。

d．田中さんは大阪の人です。彼女は看護師です。山田さんも大阪の人です、彼は医者です。
　　李さんは香港の人です、陳さんは広州の人です、彼女たちはどちらも留学生です。

B．書く練習
a．1．我
　　2．日本人
　　3．你哋
　　4．香港人
　　5．佢哋
　　6．東京人

b．1．佢係唔係都係學生呀？
　　2．你係邊度人呀？
　　3．佢哋都係留學生。
　　4．佢哋係唔係都係護士呀？
　　5．廣東人係唔係中國人呀？
　　6．佢唔係九州人，佢係北海道人。
　　7．鈴木先生係東京人，山田先生都係。
　　8．你哋係邊國人呀？

第二課
A．話す練習：
c．1．佢係林小姐。　（彼女は林さんです。）
　　2．我細佬係東京大學嘅學生。　（私の弟は東京大学の学生です。）
　　3．山本太太係京都人。　（山本夫人は京都の人です。）
　　4．我哋嘅廣東話先生係葉先生。　（私たちの広東語の先生は葉先生です。）

d．方さんは木村さんのガールフレンドで、キャセイ航空のスチュワーデスです。林さんは彼女の同僚で、彼女たちは二人とも香港人です。方さんの妹は林さんの弟の同級生で、彼らは二人とも大学三年生です。

B．書く練習
a．1．請問　　　　　　　　2．貴姓
　　3．乜嘢名　　　　　　　4．爸爸
　　5．大佬　　　　　　　　6．先生
　　7．太太　　　　　　　　8．家姐

b．1．請問（你）貴姓呀？
　　2．高井先生嘅女今年幾多歲呀？
　　3．佢姐姐係空中小姐，佢妹妹都係。
　　4．佢哋都係我啲仔女。
　　5．田中小姐嘅爸爸係大學嘅教授。
　　6．佢係我太太，係香港人。
　　7．佢係鈴木先生定係山本先生呀？

第三課
A．話す練習
b．1．唔去，我唔去公園，我去圖書館。
　　2．唔鍾意，佢唔鍾意日本電影，佢鍾意香港電影。
　　3．唔食，我哋唔食法國菜，我哋食意大利菜。
　　4．唔飲，佢唔飲啤酒，佢飲日本酒。
　　5．唔唱，佢哋唔唱歌，佢哋跳舞。

c．山田さんは日本大学の三年生で、彼女は香港がとても好きです。彼女は中国茶もとても好きですが、水仙茶は好きではありません。彼女は香港に行きたいと思っていて、広東語を勉強したいと思っています。彼女は北京語も勉強したいと思っています。

B．書く練習
a．1．鍾意　　　　　　　　2．香港電影
　　3．中國菜　　　　　　　4．飲茶
　　5．邊度　　　　　　　　6．乜嘢

b．1．佢想返去日本。
　　2．你想唔想學廣東話呀？
　　3．佢哋想去邊度呀？
　　4．我想飲可樂，你想飲乜嘢呀？
　　5．我哋都鍾意日本菜。
　　6．山田先生想飲乜嘢酒呀？日本酒定係紹興酒呀？
　　7．我朋友嘅太太唔鍾意北京菜，不過佢鍾意廣東菜。
　　8．佢唔想返工。

第四課
A．話す練習
b．1．一<u>杯</u>茶　　　　　　2．兩<u>個</u>蘋果
　　3．三<u>本</u>書　　　　　　4．四<u>間</u>學校
　　5．五<u>件</u>衫　　　　　　6．六<u>架</u>的士
　　7．七<u>條</u>魚　　　　　　8．八<u>枝</u>鉛筆
　　9．九<u>張</u>櫈　　　　　　10．十<u>碗</u>湯麵

c．1．佢係日本留學生。（彼が日本の留学生です。）
　　2．王先生係我哋嘅中文先生。（王先生が私たちの中国語の先生です。）
　　3．我朋友喺大學教廣東話。（私の友人は大学で広東語を教えています。）
　　4．嗰杯咖啡係我嘅。（そのコーヒーがわたしのです。）
　　5．你對鞋喺嗰度。（あなたの靴はあそこです。）
　　6．呢架車係鈴木先生嘅。（この車は鈴木さんのです。）

d. 田中さんは王さんの友人です。田中さんは旅行社に勤めていて、彼女は横浜に住んでいます。王さんは保険会社に勤めていて、彼女は世田谷区に住んでいます。しかし、彼女たちの会社は銀座にあります。

B. 書く練習
a. 1. 嗰個　　　　　　　2. 邊度
　　3. 呢啲　　　　　　　4. 邊位
　　5. 喺日本　　　　　　6. 喺公司

b. 1. 六個西瓜　　　　　　2. 十枝原子筆
　　3. 兩件冷衫　　　　　　4. 呢兩間屋
　　5. 嗰五架的士　　　　　6. 邊條領呔
　　7. 李小姐呢隻戒指　　　8. 佢哋嗰個蛋糕
　　9. 我哋呢啲相　　　　10. 田中小姐嘅哥哥嘅八本小説

c. 1. 你哥哥間公司喺邊度呀？
　　2. 嗰間唔係圖書館，係寫字樓。
　　3. 嗰位係朋友嘅爸爸。
　　4. 嗰啲學生係邊國人呀？
　　5. 嗰啲書係邊個嘅呀？
　　6. 我唔鍾意呢條裙。
　　7. 佢想飲嗰杯咖啡。
　　8. 陳小姐喺香港㗎、不過李先生喺廣州㗎。
　　9. 你喺餐廳食飯定係喺屋企食飯呀？
　　10. 呢架巴士去新宿。

第五課
A. 話す練習
b. 1. 有，佢有兩個細路。
　　2. 有，佢冇家姐、不過佢有哥哥。
　　3. 有，我有兩部廣東話嘅字典。
　　4. 有，嗰間學校有好多種留學生。
　　5. 冇，呢間公司冇香港人、不過有廣州人。
　　6. 有，我屋企有兩架電視機。
　　7. 有，王小姐有一個妹妹同埋一個細佬。

c．この学校は広東語の専門学校で、多くの人がここで広東語を勉強しています。学校には図書館が１つあって、図書館にはいろいろな広東語の参考書や雑誌や新聞があります。木村さんと田中さんは、どちらもこの学校の学生です。木村さんにはお兄さん一人と弟一人がいますが、田中さんには兄弟がいません、彼女は一人っ子です。

B．書く練習
a． 1．外國人 2．有冇
3．好多種 4．淨係
5．旅行社 6．連埋

b． 1．你有幾多架相機呀？（あなたはカメラを何台持っていますか？）
2．陳小姐喺邊度住呀？（陳さんはどこに住んでいますか？）
3．你嘅朋友喺文化中心學乜嘢呀？（あなたの友達は文化センターで何を勉強していますか？）
4．佢係邊位呀？（彼はどなたですか？）
5．鈴木先生喺大學教乜嘢呀？（鈴木先生は大学で何を教えていますか？）
6．佢太太鍾意食邊國菜呀？（彼の奥さんはどこの国の料理が好きですか？）
7．呢間學校有幾多個日本留學生呀？（この学校には何人の日本人留学生がいますか？）
8．邊個有好多種電影雜誌？（だれがいろいろな映画雑誌を持っていますか？）
9．嗰本書係邊個嘅呀？（あの本はだれのものですか？）
10．邊枝筆係你嘅呀？（どの筆があなたのものですか？）
11．廣東人好鍾意乜嘢呀？（広東の人は何が好きですか？）

c． 1．你有幾多兄弟姊妹呀？
2．佢有乜嘢雜誌呀？
3．我屋企有電視機，不過冇錄影機。
4．劉先生淨係飲咖啡。
5．我哋淨係有一個仔。
6．佢淨係鍾意飲酒。
7．山本先生同葉先生係唔係都係你嘅同事呀？

8. 佢嘅手袋有好多種嘢。譬如雜誌、辭典、鉛筆、墨水筆、筆記簿等等。
9. 你嘅公司連埋林小姐有幾多個外國人呀？
10. 呢個手袋同埋呢架相機都係田中先生嘅。

第六課
A．話す練習
d．王　：おはよう、田中さん。
　　田中：おはよう、王さん。
　　王　：あなたはどこに行くのですか？
　　田中：コーズウェイベイに行って、お土産を買いたいんです。
　　王　：私もコーズウェイベイに行きたいです、一緒に行きましょう。
　　田中：いいですよ。どうやって行きますか？
　　王　：地下鉄に乗って行きます。あなたは何を買いたいんですか？
　　田中：私はかばんと、シルクのブラウスとTシャツを買いたいです。
　　王　：じゃあ、あのデパートへ行きましょう。
　　（店で）
　　田中：このかばんがきれいですか、それともあのかばんがきれいですか？
　　王　：二つともとてもきれいです。でも、あなたは何色が好きですか？
　　田中：私は青が好きです。
　　王　：じゃあ、あれがいいでしょう。
　　田中：（店員に）すみません、あの青色のかばんをください。いくらですか？
　　店員：680ドルです。
　　田中：そんなに高いの？安くなりませんか？
　　店員：いくつ買いますか？
　　田中：二個買います。
　　店員：じゃあ、安くしてあげましょう。

B．書く練習
a．1．幾多錢　　　　　　　　2．平啲
　　3．得唔得　　　　　　　　4．抵買
　　5．嗰條裙點賣呀？　　　　6．唔該，俾兩杯咖啡我。

b． 1．彼の弟は背がとても高いです。　　否 = 佢細佬唔高。
　　　　　　　　　　　　　　　　　　　　疑 = 佢細佬高唔高呀？
　　 2．陳さんの学校はとても遠いです。　否 = 陳小姐間學校唔遠。
　　　　　　　　　　　　　　　　　　　　疑 = 陳小姐間學校遠唔遠呀？
　　 3．香港の夜景はとてもきれいです。　否 = 香港嘅夜景唔靚。
　　　　　　　　　　　　　　　　　　　　疑 = 香港嘅夜景靚唔靚呀？
　　 4．ドイツの車はとても高いです。　　否 = 德國車唔貴。
　　　　　　　　　　　　　　　　　　　　疑 = 德國車貴唔貴呀？
　　 5．あのスープはとても熱いです。　　否 = 嗰碗湯唔熱。
　　　　　　　　　　　　　　　　　　　　疑 = 嗰碗湯熱唔熱呀？
　　 6．李さんの家はとても大きいです。　否 = 李先生間屋企唔大。
　　　　　　　　　　　　　　　　　　　　疑 = 李先生間屋企大唔大呀？

c． 1．唔該，有冇大啲嘅房呀？
　　 2．請問新宿點去呀？
　　 3．請問嗰枝香水幾多錢一枝呀？
　　 4．你鍾意乜嘢顏色嘅冷衫呀？紅色定係黄色呀？
　　 5．呢個手袋好貴，不過嗰個平啲。
　　 6．請入嚟啦。
　　 7．我返屋企得唔得呀？
　　 8．呢架電視機咁舊，我唔要。
　　 9．我嘅廣東話先生俾好多香港雜誌我。
　　10．唔該，俾一份報紙我。

第七課
A. 話す練習
c. 　今日は土曜日です。午後、私は山田さんと一緒に広東語文化センターへ授業の見学に行く予定です。元々、私たちは先週の土曜日に見学に行く予定でしたが、山田さんの会社が先週一番忙しく、彼女はその日残業をしなければならなかったので、一緒に行く時間がなかったのです。
　　私たちの計画では、月曜日と木曜日の夜に広東語を勉強し、土曜日の午後、北京語を勉強します。なぜなら、私たちは来年広州の支店で働かなくてはならないので、広東語と北京語をマスターしなければならないからです。

B. 書く練習
a. 　1．今日　　　2．邊一年　　　3．比賽　　　4．禮拜幾
　　5．你媽媽嘅生日係幾月幾號呀？　　6．我而家唔得閑。
　　7．佢係一九七〇年出世嘅。

b. 　1．来週の週末はどちらへ行く予定ですか？
　　2．あなたは私たちと一緒に旅行に行くのは好きですか？
　　3．明日、台風がくるので学校へ行かなくてもいいです。
　　4．この数か月とても忙しく、香港へ行く時間がありません。
　　5．あなたはどちらで生まれましたか？
　　6．私の友達の中で、彼の広東語が一番上手です。
　　7．香港の点心は一番おいしいです。

c. 　1．今日係邊個嘅生日呀？
　　2．你禮拜幾嘅夜晚最得閑呀？禮拜二、禮拜四定係禮拜六嘅夜晚呀？
　　3．你先生係唔係都係同你一齊喺嗰間學校學法文呀？
　　4．因爲佢好鍾意香港電影，所以想學廣東話。
　　5．你個仔下個月嘅中旬定係下個月嘅月尾去英國出差呀？
　　6．聽日朝早同我一齊去跑步好唔好呀？
　　7．因爲呢間餐廳嘅中國菜最好食，所以我每個禮拜日都同屋企人去飲茶。

第八課
A．話す練習
b．1．一點五十五分、一點十一個字、一點疊十一、爭一個字兩點（鐘）
　　2．三點（鐘）、三點正、啱啱三點
　　3．三點零一分（鐘）
　　4．三點零五分（鐘）、三點一個字、三點疊一
　　5．五點十分（鐘）、五點兩個字、五點疊二
　　6．六點十五分（鐘）、六點三個字、六點疊三、六點一個骨
　　7．七點三十分（鐘）、七點半
　　8．八點四十分（鐘）、八點八個字、八點疊八
　　9．九點四十五分（鐘）、九點九個字、九點疊九、九點三個骨
　10．十一點五十分（鐘）、十一點十個字、十一點疊十、爭兩個字十二點（鐘）

d．　山田さんは今、香港大学へ留学しています。彼女はセントラルに住んでいます。彼女は毎朝7時に起き、7時半に朝食をとり、8時45分にバスで学校へ行きます。彼女は香港大学で、広東語と北京語を勉強しています。昼は学校のレストランでランチを食べます。午後は図書館で復習をします。だいたい5時頃に帰宅して、夜は友達に日本語を教えます。だいたい12時に寝ます。

B．書く練習
a．1．今晩　　2．放工　　3．開心　　4．頭先
　　5．打電話　6．車站　　7．我聽日九點嚟。
　　8．佢第一次食中國菜。

b．1．1日は24時間で、1時間は60分、1分は60秒です。
　　2．15分は一個骨と言い、5分は一個字と言います。
　　3．昨日はご主人とどこへ飲茶をしに行きましたか？
　　4．私は今晩と明日の晩は時間がないので、あさっての晩あなたの家へ行ってもいいですか？
　　5．なぜ先週も今週も彼は授業に来なかったのですか？
　　6．王さんはたぶんクラスメートと北海道旅行に行ったのでしょう。だから彼女は家にいません。
　　7．授業の前にここで香港のビデオを見てもいいですか？

8．彼らはだいたい午後5時半頃学校に来ます。
　　　9．私はちょうど明日香港へ行くのですが、一緒に行きませんか？
　　　10．こんなに夜遅いのに、なぜ、彼はまだ帰ってこないのですか？

c．1．九點前可以睇電視。
　　2．你上晝幾點返學，幾點放學呀？
　　3．先生頭先啱啱返咗屋企。
　　4．你食咗早餐未呀？幾點食咗呀？
　　5．啲細路瞓咗覺未呀？
　　6．而家係美國時間朝早十點四十分定係夜晚十點四十分呀？
　　7．下個禮拜一朝早九點你可唔可以嚟我公司呀？
　　8．佢大概兩個鐘頭之前返咗屋企。
　　9．你點解唔可以同我一齊去中國旅行呀？

第九課
A．話す練習
b．1．你打算幾時去中國旅行呀？
　　　（あなたはいつ中国へ旅行に行く予定ですか？）
　　2．佢喺公園等咗幾耐呀？
　　　（彼は公園でどのくらい待ちましたか？）
　　3．山本先生係幾時嚟咗香港㗎？
　　　（山本さんはいつ香港に来たのですか？）
　　4．你琴晚瞓咗幾多個鐘頭呀？
　　　（あなたは昨晚何時間寝ましたか？）
　　5．下個禮拜幾唔使返工呀？
　　　（来週は何曜日、会社に行かなくてもいいですか？）
　　6．你今朝幾點鐘起身，幾點鐘出門口，幾點前返到公司呀？
　　　（あなたは今朝、何時に起き、何時に出かけ、何時前に会社に着きましたか？）
　　7．王小姐喺東京住咗幾多年呀？
　　　（王さんは東京に何年間住んでいますか？）
　　8．佢哋幾月幾號去咗美國呀？
　　　（彼らは何月何日にアメリカに行きましたか？）
　　9．四月十六號係禮拜幾呀？
　　　（4月16日は何曜日ですか？）

10. 田中小姐幾時返咗屋企呀？
　　（田中さんはいつ自宅に帰りましたか？）

c.　田中さんと鈴木さんは5年前に香港へ留学に行きました。彼女たちは香港大学で2年間広東語を勉強した後、田中さんは証券会社に就職し、鈴木さんは旅行会社に就職しました。彼女たちの会社はとても忙しいので、彼女たちは年に1回しか日本に戻ってくることができません。現在、彼女たちは香港に住んでもう5年になりますから、広東語も英語も上手です。

B．書く練習
a.　1．我已經嚟咗呢度兩日喇。
　　2．飛機喺三個鐘頭之前到咗機場。
　　3．佢啱啱開始學廣東話。
　　4．你啲中文好叻。
　　5．由屋企到車站大概要一個骨。
　　6．如果佢唔去，我都唔去。
　　7．佢年年都買好多廣東話嘅參考書俾啲學生。

b.　1．我已經冇返北海道五、六年喇。
　　　（私はもう北海道へ5、6年帰っていない。）
　　2．李先生喺一個禮拜之前買咗一架德國車。
　　　（李さんは1週間前にドイツ車を1台買いました。）
　　3．琴日我喺屋企等咗你好耐。
　　　（昨日私は家で長い間あなたを待ちました。）
　　4．鈴木小姐打算幾時去香港留學呀？
　　　（鈴木さんは、いつ香港へ留学に行く予定ですか？）
　　5．嗰位先生一定係方小姐嘅男朋友。
　　　（あの方はきっと方さんのボーイフレンドです。）
　　6．由東京到洛杉磯搭飛機大概要十二個鐘頭。
　　　（東京からロサンゼルスへ行くのに飛行機でだいたい12時間かかります。）
　　7．啲細路喺兩個鐘頭之前已經瞓咗。
　　　（子供たちはもう2時間前に寝ました。）
　　8．如果你唔想做，你可以唔做。

(もしあなたがやりたくないなら、やらなくてもいいです。)
9. 你打算買呢個手錶俾你媽咪定係俾你太太呀？
(あなたはこの腕時計をお母さんに買ってあげるのですか？それとも奥さんに買ってあげるのですか？)

c. 1. 田中小姐喺香港住咗五年，所以佢哋廣東話好叻。
2. 因爲最近好忙，所以每日都要做十個鐘頭。
3. 因爲而家條路好塞車，所以返到屋企要深夜大概兩點。
4. 你搭的士返屋企定係行路返屋企呀？
5. 由呢度到學校搭巴士要幾多分鐘呀？
6. 下個月你放幾多日假呀？
7. 我個仔好鍾意搭噴射船。
8. 出年我一定同女朋友去中國留學。
9. 呢架電視機使唔使十五萬日元呀？
10. 山田小姐已經學咗廣東話大概半年喇。
11. 如果我有錢嘅話就一定去香港留學。
12. 唔該俾嗰對鞋我吓。

第十課
A. 話す練習
c. 林さんの友達は日本から香港に来ました。彼らは恒星銀行の李マネージャーと商談をしたがっているので、林さんは李マネージャーに電話をしました。けれども彼女が李マネージャーに電話したとき、李マネージャーはちょうど中国と電話中でした。李マネージャーの秘書は林さんに彼女の電話番号を残すように言いました。しばらくしてから李マネージャーは林さんに折り返し電話しました。彼らは土曜日の3時にペニンシュラホテルのロビーで会うことを約束しました。

B. 書く練習
a. 1. 請問你公司嘅 Fax 冧巴係幾多號呀？
(ちょっとお伺いしますが、あなたの会社のファックス番号は何番ですか？)
2. 你而家喺學校定係喺屋企打電話呀？
(あなたは今学校から電話していますか？家から電話していますか？)

3. 唔該叫佢今晚九點半打電話俾我。
   （すみませんが、彼女に今晩9時半に私に電話するように伝えてください。）
4. 啲細路都沖咗涼未呀？
   （子供たちは皆お風呂に入りましたか？）
5. 請留低你屋企同手提電話嘅號碼呀。
   （すみませんが、あなたの家の電話番号と携帯電話の番号を残してください。）
6. 田中小姐啱啱出咗去，有乜嘢事請講低啦。
   （田中さんはちょうど外出したところです。何かメッセージがあったら残してください。）
7. 而家林生開緊會，唔該你一陣再打嚟呀。
   （今、林さんは会議中です。しばらくしてからもう一度かけてきてください。）
8. 李小姐喺大堂等緊你。
   （李さんはロビーであなたを待っています。）
9. 我等一陣同佢哋一齊走。
   （しばらくしてから私は彼らと一緒に帰ります。）
10. 呢間公司有五個香港人，另外重有兩個美國人同一個意大利人。
    （この会社には香港人が5人います。その他にアメリカ人が2人、イタリア人が1人います。）
11. 我唔知道李小姐係上海人定係廣州人。
    （私は李さんが上海の人か広州の人か知りません。）

b. 1. 你打咗電話俾山田先生未呀？
   2. 你而家做緊乜嘢呀？
   3. 我而家睇緊網球比賽。
   4. 李小姐，你媽咪叫你呀。
   5. 我下個禮拜五喺香港打電話俾你。
   6. 等一陣證券公司嘅人可能嚟公司。
   7. 你揾緊邊本書呀？
   8. 細路嗰陣時佢係一個好學生。
   9. 上個禮拜六我喺橫濱嘅中華街食咗10個燒賣。另外重買咗二十個肉包。
   10. 佢知道你每個禮拜五去廣東話中心學廣東話。

11. 過兩日李先生嘅父母同佢女朋友一齊喺北海道嚟東京。
12. 呢個電話可唔可以打國際電話呀？
13. 經理知道你琴日冇返工。

c. 1. 田中さんは昨日李さんに電話をしました。
2. 私は今食事中です。あなたと電話で話す時間はありません。
3. 先生は私たちに明日早めに学校に来るように言いました。
4. 小野さん、ボスが先程あなたを呼んでいましたよ。
5. 私はしばらくしたら新宿へ買い物に行かなければなりません。
6. 明日の午後6時半、私はあなたを訪ねて学校に行きます。一緒に映画を見に行きましょう。
7. 私はフランスにいるときは、毎日フランス料理を食べます。
8. 昨日私は香港の友達と東京タワーへ行きました。そのほかに秋葉原にも行きました。
9. 私はあなたが来週アメリカへ旅行に行くことを知っていますが、あなたがだれと行くのかは知りません。
10. 私は今とても忙しいです。2、3日後またあなたと公園に遊びに行きましょう。いいですか？
11. 私の主人の同僚はあなたと商談したがっています。今週あなたはどの日が一番暇ですか？
12. なぜこの電話は通じないのですか？電話番号が変わったのですか？

第十一課
A. 話す練習
b. 1. 乾淨 → 污糟　　　2. 大方 → 孤寒
3. 強 → 弱　　　　4. 安全 → 危險
5. 闊 → 窄　　　　6. 嘈 → 安靜
7. 勤力 → 懶　　　8. 硬 → 軟
9. 淡 → 濃　　　　10. 後生 → 老

d. 　田中さんと鈴木さんは5年前一緒に香港留学に行きました。今2人とも香港で働いています。1年前田中さんは九龍サイドに住み、鈴木さんは香港サイドに住んでいました。しかし家賃が高すぎるため、今彼女たち2人は一緒に住んでいます。田中さんの会社は鈴木

さんの会社より遠くて、しかも証券会社なので、彼女は毎日鈴木さんより1時間ちょっと早く会社に行き、家に帰るのも鈴木さんよりだいぶ遅いです。彼女は今の仕事があまり好きではなく、ほかのもっと楽な会社を探したいと思っています。

B．書く練習
a． 1．你間房同佢間房係唔係一樣咁闊呀？
(あなたの部屋は彼女の部屋と同じくらい広いですか？)
2．佢唱中文歌唱得好叻。
(彼女の中国語の歌はとても上手です。)
3．呢個班淨係我係香港人，其他學生都係日本人。
(このクラスの中で私だけ香港人です。ほかの生徒は皆日本人です。)
4．東京嘅物價貴得咁犀利，所以我個個月都要媽咪寄錢俾我。
(東京の物価はこんなに高いので、私は毎月母に送金をしてもらわなければなりません。)
5．今日熱得滯，我唔想出街。
(今日は暑すぎるので出かけたくありません。)
6．你架車新唔新過你先生架車呀？
(あなたの車はご主人の車より新しいですか？)
7．啲湯咁辣我唔飲喇。
(このスープはこんなに辛いので私は飲みません。)
8．點解佢今日咁開心呀？
(どうして彼は今日こんなに機嫌がいいのですか？)
9．佢個手袋同我個手袋比，邊個靚啲呀？
(彼女のバッグと私のバッグとどちらがきれいですか？)
10．點解呢對鞋貴過嗰對咁多喫？
(どうしてこの靴はあの靴よりこんなに高いのですか？)
11．佢哋五個人之中陳小姐唔係最瘦。
(彼ら5人の中で、一番痩せているのは陳さんではありません。)

c． 1．佢時時食飯都食得好快。
2．我先生嘅人工唔係幾高，所以我都要做嘢。
3．細路啱啱瞓咗，安靜啲啦。
4．點解山田小姐咁遲都未嚟呀？

5．最近呢個城市遊客比以前多咗好多。
6．呢間商店啲嘢比嗰間平好多，所以我時時嚟呢度買嘢。
7．喺咁多顏色之中，你最鍾意乜嘢色呀？
8．我個仔同李先生個女都係一樣咁高。
9．葉小姐喺日本已經住咗十年，所以佢啲日文講得好叻。
10．我哋總共係十個人，請問有冇大啲嘅檯呀？
11．今日比琴日凍咗好多。

d．1．今週は暑すぎるので、私は毎晩寝るときにクーラーをつけなければなりません。
2．このビルとあのビルを比べると、どちらが高いですか？
3．あなたはなんて馬鹿なの？　こんなに高い洋服を買うなんて。
4．彼は字を書くのは遅いですが、タイプを打つのは速いです。
5．あなたの息子さんと私の息子は同じ歳ですが、あなたの息子さんは私の息子よりだいぶ背が高いです。
6．彼ら2人では、計算するのはどちらが速いですか？
7．子供たちは公園で楽しく遊んでいます。
8．あなたは来るのが遅すぎます。彼らはもう30分前に行ってしまいました。
9．彼は姉と同じぐらい背が高いが、姉ほど痩せてはいない。
10．彼と彼のお兄さんは同じくらい怠け者で、勉強が嫌いです。

第十二課
A．話す練習
c．　田中さんはボーイフレンドと一緒に数日前に東京に帰ってきました。彼女たちは2年前一緒に香港に働きに行きました。日本に帰ってくるのは今回が初めてです。彼女の家族は皆とても喜んでいます。なぜなら皆久しぶりに会うからです。彼女のお兄さんは、彼女たちにお父さんお母さんと一緒に家にご飯を食べに来るように言いました。なぜなら彼の奥さんは日本のとても有名な日本料理の先生だからです。彼は妹が長い間、本場の日本料理を食べていないことを知って、彼女たちに食べさせるために、奥さんにたくさんおいしい料理を作るよう言いました。

B．書く練習
a． 1．而家邊度都係咁塞車。
  （今どこもこれぐらい込んでいます。）
 2．呢度離你屋企遠唔遠呀？
  （ここはあなたの家から遠いですか？）
 3．我應該學北京話定係廣東話呀？
  （私は北京語を勉強するべきですか、それとも広東語を勉強するべきですか？）
 4．嗰個學生好勤力，好聰明，所以邊個先生都鍾意佢。
  （あの生徒はとても勤勉で聡明なので先生たちは皆彼のことを気に入っています。）
 5．呢排我爹哋間公司嘅生意唔係幾順利。
  （このごろ、父の会社のビジネスはあまり順調ではないです。）
 6．最近你外婆嘅身體幾好吖嘛？
  （最近あなたのお婆さんの体の具合はいかがですか？）
 7．佢買咁多手信俾邊個呀？
  （あなたはこんなにたくさんお土産を買ってだれにあげるのですか？）
 8．出便點解咁多人呀？
  （なぜ外にはこんなにたくさんの人がいるのですか？）
 9．今日你應該同佢一齊食飯，因爲今日係佢嘅生日。
  （今日あなたは彼女と一緒に食事をするべきです。今日は彼女の誕生日だからです。）
 10．嗰架車應該唔係日本車。
  （その車は日本車ではないはずです。）
 11．請問近住東京銀行嗰間茶樓叫乜嘢名呀？
  （すみません、東京銀行の近くのあのレストランの名前は何ですか？）

b． 1．如果由呢度去嘅話就快好多。
  （もしここから行けば、もっと早いです。）
 2．因爲呢間房最嘈，所以最平。
  （この部屋は一番うるさいので一番安いです。）
 3．我而家飽得滯，所以乜嘢都唔想食。
  （私は今おなかがとてもいっぱいで、何も食べたくないです。）

4．你咁鍾意音樂，不如嚟我間公司做嘢啦。
（そんなに音楽が好きなら、私の会社に勤めに来たらどうですか？）
5．日本時間應該比香港時間早一個鐘頭。
（日本時間は香港時間より1時間早いです。）
6．廣州離香港唔係幾遠。
（広州は香港からあまり遠くないです。）
7．而家已經好夜喇，你今晚不如唔好走，喺我屋企住啦。
（今はもう夜遅いから、今晩は帰らないで、うちに泊まったらどうですか？）

c．1．請問由呢度去尖沙咀車站喺邊度轉車方便啲呀？
2．你打電話俾我幾時都冇所謂。
3．你已經好耐冇返北京喇。不如今年暑假同我哋一齊返去啦。
4．邊個都唔知道佢幾時去咗香港留學。
5．喺呢五間學校之中，廣東話中心離我屋企最近，所以打算去嗰度學廣東話。
6．佢今日應該喺美國返嚟。
7．夏天嘅海灘邊度都係咁多人。
8．你喺香港返日本嗰陣時，幾時都買咁多手信呀？
9．琴日我哋約咗出年嘅夏天喺美國見。
10．你同佢哋約咗喺邊度等呀？
11．你間公司近住邊個地鐵站呀？

d．1．私は今とても暇ですから、あなたがいつ来ても大丈夫です。
2．あなたの部屋はこんなに暗いから、ここで宿題をしないで、図書館でしたらどうですか？
3．あなたの中国語はこんなにうまいのだから、あの会社で働くべきです。
4．もしお金がないなら、こんなにたくさん車を買うべきではありません。
5．私の家は会社から遠すぎてとても不便なので、会社にもっと近い家を探したいです。
6．休日はどこでも人が多いので、私は出かけたくありません。
7．偶然ですね。あなたはまた深圳に来たのですか？香港にはいつ

帰る予定ですか？
8．お心遣いありがとう。毎回いらっしゃるたびにこんなにたくさんの物を買ってきてくださって。
9．私は彼女と今年の夏休みに一緒に大陸へ帰ると約束しましたが、昨日ボスが私に夏休みにボスと一緒にヨーロッパへ出張に行くように言いました。どうしたらいいでしょう？
10．広東語をマスターしたら彼の秘書になれますよ。
11．この車は70万ドルもするのですか？
12．このイスは汚いから、そっちに座ったほうがいいですよ。

第十三課
A．話す練習
b．　このビルの7階には、広東語の専門学校があります。学校には七つの教室があり、学校のロビーの真ん中には2台のテレビとビデオがあります。そのほかに、たくさんの香港の雑誌、新聞やビデオテープがあります。ある生徒の話では、この学校はきれいで広くて静かなので、彼らは時々わざわざここに来て、勉強したり、雑誌や新聞を読んだりします。

　　この学校の生徒はとても中国が好きで、何人かは特に香港が好きです。多くの生徒は、北京や上海や広州や香港へ何回も行ったことがあります。そこに留学したことがある生徒もいますし、そこに、2、3年間住んだ人もいます。ですから、多くの生徒は広東語も北京語も上手に話すことができます。

B．書く練習
a．1．陳太煮嘅咖啡好好飲。
　　（陳さんの奥さんがいれたコーヒーはとてもおいしいです。）
2．你覺得嗰齣戲好唔好睇呀？
　　（あの映画はおもしろいと思いますか？）
3．我話呢張CD唔係幾好聽。
　　（私はこのCDはあまりよくないと思います。）
4．聽日你揸車去定係搭新幹線去呀？
　　（明日あなたは車で行きますか、それとも新幹線で行きますか？）
5．田中小姐住喺嗰間大廈嘅九樓。
　　（田中さんはそのビルの9階に住んでいます。）

6. 嗰個手袋裏便有啲乜嘢呀？
   (あのカバンの中には何か入っていますか？)
7. 佢識唔識寫漢字呀？
   (彼は漢字が書けますか？)
8. 李先生未食過魚生。
   (李さんは刺身を食べたことがありません。)
9. 上個禮拜日田中小姐專登揸車去橫濱買咗呢啲嘢。
   (先週の日曜日、田中さんはわざわざ車で横浜まで行ってこれらのものを買ったのです。)
10. 我哋又唱歌又跳舞，眞係好開心。
    (私たちは歌ったり踊ったりして本当に楽しかったです。)
11. 佢啲領呔條條都係佢太太買嘅。
    (彼のネクタイは全部彼の奥さんが買ったものです。)
12. 我唔覺得意大利菜好食。
    (私はイタリア料理はおいしいとは思いません。)
13. 我見過山田小姐，不過未見過佢男朋友。
    (山田さんには会ったことがありますが、彼女のボーイフレンドに会ったことがありません。)
14. 我話喺嗰個班佢啲廣東話最叻。
    (私はそのクラスでは彼の広東語が一番うまいと思います。)

b．1．你覺得邊齣電影最好睇呀？
    (あなたはどの映画が一番おもしろいと思いますか？)
  2．佢係唔係去過好多次美國㗎？
    (彼は何回もアメリカへ行ったことがあるのですか？)
  3．邊個都唔知道佢而家諗緊乜嘢。
    (彼が今何を考えているかはだれも知りません。)
  4．我諗你最鍾意嘅學生一定係Ｌｕｃｙ。
    (私はあなたの一番好きな生徒はきっとルーシーだと思います。)
  5．佢知道呢個電話係你打嚟，所以佢專登唔聽。
    (彼はこの電話があなたからの電話であることを知っているので、わざと電話に出ないのです。)
  6．我而家又冇錢又冇時間，所以唔可以同你一齊去外國旅行。
    (私は今お金も時間もないから、あなたと一緒に外国旅行に行くことができません。)

7. 我話李太煮嘅中國菜冇山本太太煮得咁好食。
   （私は李さんの作った中国料理は山本さんの作った中国料理ほどはおいしくないと思います。）
8. 你話佢會唔會同男朋友一齊嚟參加我哋嘅婚禮呀？
   （あなたは彼女がボーイフレンドと一緒に私たちの結婚式に出席すると思いますか？）
9. 呢本廣東話辭典係李先生寫嘅。
   （この広東語の辞書は李先生の書いたものです。）
10. 佢覺得搭巴士嚟好麻煩，所以佢搭咗的士嚟。
    （彼はバスで来るのはとても面倒だと思ったので、タクシーで来ました。）

c. 1. 你有冇同佢一齊去過睇電影呀？
   2. 你見過佢先生未呀？
   3. 我細佬重未去過美國。
   4. 佢話佢想去旅行，不過唔想同你一齊去。
   5. 你覺唔覺得佢煮嘅菜太鹹呀？
   6. 我諗山田先生已經返咗屋企喇，你聽日打電話俾佢啦。
   7. 李先生啲仔女個個都係大學生。
   8. 山本太太識煮各種各樣嘅菜。
   9. 你話鈴木小姐聽日會唔會返學呢？
   10. 佢哋識唔識唱日文歌呀？
   11. 呢間餐廳嘅午餐又平又好食，所以我哋時時嚟呢度食飯。
   12. 佢女朋友聽日嚟東京，所以佢專登買咗張新床。
   13. 你話今年暑假佢哋會去邊度旅行呢？
   14. 聽講廣州熱過東京好多。

d. 1. 彼は何回も広州へ行ったことがありますが、蛇料理は食べたことがありません。
   2. 私は北京へ行くとき、あなたに電話します。
   3. 来週友達を連れて見学に行きたいのですが、よろしいですか？
   4. あなたがあさってイギリスへ行くことを聞いて、彼らは明日わざわざ北海道から飛行機に乗ってあなたに会いに東京に来ます。
   5. 私は今、疲れていて眠いから、どこへも行きたくはありません。
   6. ここにいる人たちを、私は皆知っていますが、彼らは私のこと

を知りません。
7. 葉さんは今晩来ないでしょう。なぜならおとといの晩、彼は奥さんと一緒にヨーロッパへ行ったからです。
8. あの方が買いたい時計はこれですか？
9. 彼が台湾で買ってきたお茶を飲んでみませんか？
10. 彼が使っているコンピューターは私が買ったのです。
11. 私は林さんが日本語を話すのを聞いたことがありません。
12. 彼は車の運転ができますが、こんなに長く運転したことはありません。
13. あなたは昨日、わざと学校へ来なかったのですか？
14. これは私が初めて作ったタイ料理なのですが、食べてみてください。
15. 友達の話によると、そのレストランの点心はとてもおいしいそうですが、食べに行ってみませんか？

第十四課
A. 話す練習
b. 　数日前田中さんは熱があって頭が痛いので、朝起きることができませんでした。彼の奥さんは彼はきっと風邪なので、彼に会社に行かないで先に病院に行くように言いました。病院に行くと、医者は彼の熱を測り、のどを診た後、彼の風邪はひどいと言いました。医者は彼に、注射をして、薬を飲んで、何日か家でよく休まなければならないと言いました。しかし、田中さんの会社はとても忙しいので、数日休んだ後、会社に行ったのですが、まだやり終えていない仕事がたくさんありました。そのため、彼は毎日残業しなくてはならなくて、毎晩十一時まで仕事をしたのですが、仕事は全部終わりませんでした。しかし、1人のとても優しい同僚が、自分の仕事が終わったあといつも彼の仕事を手伝ってくれました。だから皆さん心配しなくていいですよ。

B. 書く練習
a. 1. 我阿爺唔鍾意食西藥。
　　（私のおじいさんは西洋の薬を飲むのはきらいです。）
　 2. 你喺邊度跌親㗎？
　　（あなたはどこで転んだのですか？）

3．媽咪同細佬去咗睇醫生，唔該你下晝再打嚟啦。
（母は弟と病院に行ったので、午後にもう一度電話をかけてきてください。）
4．佢已經休息咗幾多日喇？
（彼女はもう何日間休みましたか？）
5．請問呢度附近有冇藥房呀？
（ちょっとお伺いしますが、この付近に薬局がありますか？）
6．頭先電視話今晚會落雨，你要帶遮返學呀。
（さっきテレビで今晩雨が降ると言っていましたから、学校に行くのに傘を持っていかなくてはなりませんよ。）
7．點解你啲頭髮咁污糟呀？
（どうしてあなたの髪はこんなに汚れているのですか？）
8．李生先返嚟香港定係李太先返嚟香港呀？
（李さんが先に香港に帰ってくるのですか？それとも李さんの奥さんが先に香港に帰ってくるのですか？）
9．琴晚佢開完會就走咗喇。
（昨晩彼は会議が終わったあとすぐに帰りました。）
10．佢想買晒呢度啲ＣＤ，不過佢冇咁多錢。
（彼はここにあるＣＤを全部買いたがっていますが、そんなにお金は持っていません。）
11．佢時時都係講完課就走。
（彼はいつも授業が終わるとすぐに帰ります。）
12．我去咗香港之後，盡量每日打一次電話俾你，唔使擔心啦。
（香港に行ったら、なるべく１日に１回電話をするようにするから、心配しないで。）
13．你哋邊個可以喺三分鐘之內揾倒呢架車嘅鎖匙，我就送呢架車俾佢。
（あなたたちのだれかが３分以内にこの車のキーを見つけることができたら、その人にこの車を差し上げます。）

b．1．今朝你哋開__會嗰時佢嚟__。（緊，咗）
（今朝あなたたちが会議をしているとき彼が来ました。）
2．呢個打字機太舊，唔用__喇。（得）
（このタイプライターは古すぎて使えません。）
3．我去____嗰幾間學校都揾唔倒佢。（過晒）
（私はあれらの学校に全部行きましたが、彼は見つかりません。）

4. 上次喺香港買嘅辣椒醬已經食＿＿喇。唔該幫我買幾樽返嚟呀。（完咗）（前回香港で買った豆板醬はもう食べ終わりました。すみませんが私に何瓶か買ってきてください。）
5. 你唔飲＿酒就唔好飲。（得）
   （お酒が飲めないなら飲まないほうがいいです。）
6. 陳小姐已經喺兩個鐘頭之前走＿喇。（咗）
   （陳さんはすでに2時間前に帰りました。）
7. 個個都瞓＿覺嘞，點解你＿唔瞓呀？（咗，重）
   （みんなもう寝ましたが、なぜあなたはまだ寝ないのですか？）
8. 飛機已經到＿個幾鐘頭，不過佢＿＿出嚟。（咗，重未）
   （飛行機が着いてからすでに1時間ちょっとたちましたが、彼はまだ出てきません。）
9. 我＿睇＿呢本書，所以我唔知道呢本書啲內容。（未，過）
   （私はまだこの本を読んだことがありません、ですから私はこの本の内容を知りません。）
10. 同林先生傾＿偈嘅個小姐係我哥哥嘅女朋友。（緊）
    （林さんと話している女性は私の兄のガールフレンドです。）
11. 我做＿呢啲嘢就返屋企喇。（完咗）
    （私はこれらの仕事をやり終えたら家に帰ります。）
12. 佢啱啱同啲朋友出＿街。（咗）
    （彼は友達と一緒に出かけたところです。）
13. 你今晚睇唔睇＿＿＿呢本雜誌呀？（得完）
    （あなたは今晩この雜誌を読み終わりますか？）
14. 你聽＿＿＿佢啲ＣＤ＿呀？（過晒，未）
    （あなたは彼のCDを全部聞いたことがありますか？）
15. 今日佢點解唔嚟＿呀？（得）
    （今日彼はどうして来られないのですか？）

c. 1. 我又要等保險公司嘅人嚟，又要打電話俾香港，所以我重未走得。
   （私は保險会社の人が来るので待たなければならないし、香港へ電話をしなければならないので、まだ帰れません。）
2. 你去過晒嗰幾間圖書館未呀？
   （あなたはそれらの図書館に全部行ったことがありますか？）
3. 嗰間舖頭啲廣東話辭典喺上個星期已經賣晒嘞。
   （あの店にある広東語の辞書は先週もう売り切れました。）

4．我會盡量叫佢幫你買嘅，唔使擔心啦。
（私はできるだけあなたに買ってくるように彼に言いますから心配しないでください。）
5．眞係唔好意思，今次我幫唔倒你喇。
（本当に申し訳ありませんが、今回あなたを手伝うことができません。）
6．你喺半個鐘頭之内返唔返倒嚟呀？
（あなたは30分以内に帰ってくることができますか？）
7．成間酒樓都冇冷氣。
（このレストラン内全体にはクーラーがありません。）
8．我開完會就即刻走，所以喺六點鐘之前應該去到車站。
（私は会議が終わったらすぐに帰ります。だから6時前に駅に着くはずです。）
9．唔該幫我去銀行攞二十萬美金。
（すみません、私の代わりに銀行へ行って20万米ドルおろしてきていただけませんか？）
10．佢咳咗成晚，你聽日一定要帶佢去睇醫生。
（彼は一晩中咳をしていたので、あなたは明日必ず彼を病院へ連れて行かなければなりません。）
11．點解你咁快使晒啲錢呀？
（あなたはどうしてこんなに早くお金を全部使ってしまったのですか？）

d．1．我重未洗晒啲衫。
2．啲細路已經瞓晒覺喇。我而家啱啱寫緊信俾你。
3．你讀完邊本書呀？
4．唔該幫我叫架的士呀，因爲我細路發高燒要即刻去睇醫生。
5．邊個先嚟呢度呀？你定係佢呀？
6．下次你去香港嗰陣時我會盡量同你一齊去。
7．淨係我哋三個人喺一個禮拜之内唔可以翻譯完咁厚本書。
8．李先生打完針之後就返咗公司喇。
9．佢全家人都返晒英國，不過淨係佢一個人留喺香港等我。
10．我去過晒呢度附近啲書店都買唔倒你要嘅書。
11．一分鐘之内你可以飲幾多杯啤酒呀？
12．佢話重未訂倒車票，幫唔幫佢訂呀？
13．請問呢杯茶飲唔飲得呀？

索 引

A	aa[1]		呀	203
	aa[3]		呀	36
	aa[4]		呀	204
	aa[1] maa[3]		吖嘛	246
	aa[3] maa[4]		阿嫲	55
	aa[3] yee[4]		阿爺	55
B	baa[4] baa[1]		爸爸	55
	baa[1] sii[2]		巴士	145
	baai[1] baai[3]		拜拜	40
	baai[3] took[8]		拜托	291
	baak[8] foo[3] gung[1] sii[1]		百貨公司	86
	baak[9] sik[7]		白色	124
	bak[7] hooi[2] dou[6] yan[4]		北海道人	39
	ban[6]		笨	228
	bat[7] gei[3] bou[2]		筆記簿	85
	bat[7] gwoo[3]		不過	66
	bat[7] hap[2]		筆盒	85
	bat[7] yu[4]		不如	246
	bee[1] jau[2]		啤酒	66

338

bei²	俾	124, 184
bei²	比	225
bei² chooi³	比賽	145
bei² gaau³	比較	224
bei⁶ goo¹	鼻哥	294
bei³ syu¹	秘書	87
beng⁶ fong²	病房	296
beng⁶ joo²	病咗	296
biin¹	邊	204
biin¹ biin¹	邊邊	270
biin¹ biin⁶	邊便	270
biin¹ dou⁶	邊度	67
biin¹ dou⁶ dou¹	邊度都	246
biin¹ dou⁶ yan⁴	邊度人	37
biin¹ goo³	邊個	82
biin¹ goo³ lai⁵ baai³	邊個禮拜	149
biin¹ goo³ yut⁹	邊個月	151
biin¹ gwook⁸ yan⁴	邊國人	37
biin¹ wai²	邊位	82
biin¹ yat⁹	邊日	150
biin¹ (yat⁷) niin⁴	邊（一）年	144
bong¹	幫	291

boo³	嗰	246
boo¹ sii²	波士	87
book⁹	薄	129
book⁸ tau⁴	膊頭	294
bou⁶	部	93
bou² hiim²	保險	86
buui¹	杯	92
buui³ jeek⁸	背脊	295
buui³ sam¹	背心	123
buun²	本	82
buun³ dou² jau² diim³	半島酒店	204
buun³ goo³ jung¹ tau⁴	半個鐘頭	165
buun² looi⁴	本來	144

C	chaa⁴	茶	66
	chaa¹ m⁴ doo¹	差唔多	183
	chaam²	慘	229
	chaan¹	餐	247
	chaan¹ teng¹	餐廳	86
	chaang² sik⁷	橙色	127
	cham⁴ yat⁹	噚日	150
	chau²	醜	228

chau³	臭	228
chee¹	車	247
chee¹ jaam⁶	車站	165
cheek⁸ chyu⁵	赤柱	107
cheun²	蠢	228
cheung²	腸	295
cheung⁴	長	128
cheung³ goo¹	唱歌	66
cheung⁴ tou⁴ diin⁶ waa²	長途電話	209
cheut⁷	齣	266
cheut⁷ biin⁶	出便	247
cheut⁷ chaai¹	出差	246
cheut⁷ gaai¹	出街	165
cheut⁷ heui³	出去	69
cheut⁷ jou¹ chee¹	出租車	187
cheut⁷ lai⁴	出嚟	69
cheut⁷ miin⁶	出面	270
cheut⁷ muun⁴ hau²	出門口	247
cheut⁷ niin²	出年	145
cheut⁷ sai³	出世	144
～chii³	～次	184
chii⁴	遲	129

chii⁴ diin²	辭典	82
chii⁴ dou³	遲到	290
chiin²	淺	129
chiin⁴ biin⁶	前便	270
chiin⁴ miin⁶	前面	270
chiin⁴ niin⁴	前年	152
chiin² seui² waan¹	淺水灣	107
chiin⁴ yat⁹	前日	150
chiin⁴ yat⁷ paai⁴	前一排	246
ching² bou² jung⁶ (san¹ tai²).	請保重(身體)。	250
ching⁴ fong³	情況	205
ching² man⁶	請問	51
chooi³	菜	66
chou⁴	嘈	228
chung⁵	重	129
chung¹ leung⁴	沖涼	204
chung¹ ming⁴	聰明	224
chyun⁴ jan¹ gei¹	傳真機	209

D daa²	打	291
daa² diin⁶ waa²	打電話	165
daa² jam¹	打針	291

daa² syun³	打算	145
daai³	帶	267, 290
daai⁶	大	128
daai⁶ baan² yan⁴	大阪人	37
daai⁶ bei²	大髀	295
daai⁶ chiin⁴ niin⁴	大前年	152
daai⁶ chiin⁴ yat⁹	大前日	150
daai⁶ fong¹	大方	229
daai⁶ haa⁶	大廈	267
daai⁶ hau⁶ yat⁹	大後日	150
daai⁶ hook⁹ saang¹	大學生	52
daai⁶ jai²	大仔	53
daai⁶ kooi³	大概	164
daai⁶ luk⁹	大陸	246
daai⁶ maa⁵	大碼	122
daai⁶ tong⁴	大堂	204
daam¹ sam¹	擔心	291
daan¹ chee¹	單車	187
daan⁶ hai⁶	但係	224
daap⁸	搭	70
daap⁹~	疊~	168
dai² fuu³	底褲	128

343

dai² kwan⁴	底裙	127
dai² maai⁵	抵買	123
dai² saam¹	底衫	128
dai⁶ yat⁹	第日	146
dai⁶ yat⁷ chii³	第一次	165
dai⁶ yii⁶ dou⁶	第二度	246
dak⁷	得	123, 224, 291
dak⁹ biit⁹	特別	225
dak⁷ gwook⁸ yan⁴	德國人	39
dak⁷ haan⁴	得閑	146
dak⁷ jai⁶	得滯	224
dak⁷ laa³	得喇	247
dak⁷ yii³	得意	229
dang²	等	165
dang² dang²	等等	104
dang² yat⁷ jan⁶	等一陣	204
dee¹ dii⁴	爹哋	55
dei⁶ tiit⁸	地鐵	145
dei⁶ tou⁴	地圖	104
deui³	對	92
deui³ m⁴ jyu⁶	對唔住	40
dii¹	啲	52, 122

diim²	點	122
diim² gaai²	點解	164
diim² maai⁶	點賣	122
diin⁶ chee¹	電車	187
diin⁶ daan¹ chee¹	電單車	187
diin⁶ waa²	電話	53
diin⁶ ying²	電影	66
diit⁸ chan¹	跌親	296
dik⁷ shii²	的士	247
ding⁶ hai⁶	定係	52
doo¹	多	128
doo¹ jee⁶	多謝	40
dou²	倒	290
dou³	到	183
dou¹ hai⁶	都係	37
dou⁶ hooi² leun⁴	渡海輪	187
dou¹ jai²	刀仔	85
dou³ sii⁴	到時	205
dou⁶ yau⁴	導遊	106
duk⁹ neui²	獨女	104
dung³	凍	129
dung¹ naam⁴ sai¹ bak⁷	東南西北	270

	dyun²	短	128
F	faai³	快	129
	faai³ look⁹	快樂	229
	faan¹	返	69, 290
	faan⁶	飯	67
	faan¹ dou³	返到	183
	faan¹ gung¹	返工	69
	faan¹ heui³	返去	69
	faan¹ hook⁹	返學	69
	faan¹ lai⁴	返嚟	69
	faan¹ yik⁹	翻譯	106
	faat⁸ gwook⁸ yan⁴	法國人	39
	faat⁸ siiu¹	發燒	290
	faat⁸ yiim⁴	發炎	291
	fai³	肺	295
	fan³ gaau³	瞓覺	70
	fan¹ gei¹	分機	209
	fan² hung⁴ sik⁷	粉紅色	124
	fee¹ sik⁷	啡色	127
	fei⁴	肥	129
	fei¹ gei¹	飛機	164

fei¹ lam²	菲林	104
fei¹ seung⁴	非常	231
fei¹ yik⁹ syun⁴	飛翼船	187
fong²	房	224
fong¹ biin⁶	方便	229
fong³ gung¹	放工	165
foo² chee¹	火車	187
foo³ chee¹	貨車	187
foo³ gwai⁶ chee¹	貨櫃車	187
foo³ syun⁴	貨船	187
fuk⁷	覆	204
fuk⁷ diin⁶ waa²	覆電話	204
fuk⁷ jaap⁹	復習	164
fuk⁷ jaap⁹	複雜	229
fung¹	封	184
fuu²	苦	230
fuu³	褲	128
fuui¹ sik⁷	灰色	127
fuut⁸	闊	224
G gaa¹	加	225
gaa³	㗎	82, 123

gaa³	架	91
gaa³ fee¹	咖啡	66
gaa¹ naa⁴ daai⁶ yan⁴	加拿大人	39
gaa³ yat⁹	假日	246
gaak⁸ lei⁴	隔離	270
gaan¹	間	92
gaan³ cheek²	間尺	85
gaan² daan¹	簡單	229
gaau³	教	70
gaau¹ chaat²	膠擦	85
gaau³ jiin²	較剪	85
gam²	噉	122
gam³	咁	123, 164
gam¹ chii³	今次	266
gam¹ goo³ lai⁵ baai³	今個禮拜	145
gam¹ goo³ yut⁹	今個月	151
gam¹ jung¹	金鐘	106
gam¹ maan⁵	今晚	164
gam² mou⁶	感冒	291
gam¹ niin⁴	今年	53
gam¹ yat⁹	今日	144
gam³ yee⁶	咁夜	164

gan²	緊	129, 203
gan⁶ jyu⁶	近住	247
gau⁶	舊	128
gau² jau¹ yan⁴	九州人	39
gau² lung⁴	九龍	106
gau⁶ niin²	舊年	152
gee³	嘅	51
gei²	幾	224
gei² daai⁶	幾大	122
gei² diim² (jung¹)	幾點（鐘）	164
gei² doo¹	幾多	104
gei² doo¹ chii³	幾多次	183
gei² doo¹ chiin²	幾多錢	123
gei² doo¹ fan¹ jung¹	幾多分鐘	170
gei² doo¹ goo³ jung¹ tau⁴	幾多個鐘頭	170
gei² doo¹ goo³ lai⁵ baai³	幾多個禮拜	149
gei² doo¹ goo³ yut⁹	幾多個月	151
gei² doo¹ miiu⁵ jung¹	幾多秒鐘	170
gei² doo¹ niin⁴	幾多年	152
gei² doo¹ seui³	幾多歲	53
gei² doo¹ yat⁹	幾多日	150
gei² fan¹ (jung¹)	幾分（鐘）	170

gei² goo³	幾個	204
gei² goo³ jung¹ tau⁴	幾個鐘頭	170
gei² goo³ lai⁵ baai³	幾個禮拜	149
gei² goo³ yut⁹	幾個月	151
gei² hou⁶	幾號	144
gei³ jee²	記者	87
gei² jii²	紀子	51
gei² miiu⁵ (jung¹)	幾秒（鐘）	170
gei² niin⁴	幾年	152
gei² nooi⁶	幾耐	183
gei² sii⁴	幾時	170
gei² yat⁹	幾日	150
gei² yut⁹	幾月	144
geng²	頸	294
geui⁶ tai²	具體	205
geuk⁸	腳	295
giin³	見	203
giin⁶	件	93
giiu³	叫	203
giiu³ jou⁶	叫做	51
ging¹ lei⁵	經理	86
gong²	講	69

gong² dai¹	講低	204
goo³	個	52
goo² biin¹	嗰邊	270
goo² biin⁶	嗰便	270
goo² dii¹	嗰啲	82
goo³ gei² jung¹ tau⁴	個幾鐘頭	183
goo² goo³	嗰個	82
goo⁴ goo¹	哥哥	52
～goo³ gwat⁷	～個骨	168
goo² jan⁶ sii⁴	嗰陣時	203
～goo³ jii⁶	～個字	168
goo² yat⁹	嗰日	204
gook⁸ dak⁷	覺得	266
gook⁸ jung² gook⁸ yeung⁶	各種各樣	267
goon¹	肝	295
goon¹ jeng⁶	乾淨	228
gou¹	高	128
gou¹ jeng²	高井	51
gou¹ siiu¹	高燒	290
gung¹ ching⁴ sii¹	工程師	87
gung¹ foo³	功課	164
gung¹ hei² faat⁸ chooi⁴.	恭禧發財。	250

gung¹ jii¹	工資	225
gung¹ sii¹	公司	86
gung¹ yung⁶	公用	204
gung¹ yung⁶ diin⁶ waa²	公用電話	204
guu¹ hoon⁴	孤寒	229
guun¹ gwong¹	觀光	106
gwai³	貴	123
gwai³ sing³	貴姓	51
gwong¹	光	229
gwong² dung¹ chooi³ gwuun²	廣東菜館	267
gwong² dung¹ waa²	廣東話	51
gwong² jau¹ yan⁴	廣州人	36
gwong¹ maang⁵	光猛	225
gwoo³	過	205, 224, 266
gwoo³ leung⁵ yat⁹	過兩日	205
gwoo³ saai³	過哂	291
gwoo³ tau⁴	過頭	224
gwook⁸ jai³ diin⁶ waa²	國際電話	209
gwook⁸ yu⁵	國語	124
gwuui⁶	癐	224
H haa⁵	吓	203

haa⁶ biin⁶	下便	270
haa⁶ cheun⁴	下旬	151
haa⁶ goo³ lai⁵ baai³	下個禮拜	144
haa⁶ goo³ yut⁹	下個月	151
haa⁶ jau³	下晝	146
haa⁶ miin⁶	下面	270
haa⁶ paa⁴	下巴	294
haam⁴	鹹	229
haang⁴	行	70
haang⁴ lou⁶	行路	145
haau² sii³	考試	164
hai²	喺	82
hai⁶	係	36
hai⁶ gam² siin¹ laa¹.	係噉先啦。	250
hai⁶～ gee³	係～嘅	144
(hai²) ～ jii¹ jung¹	（喺）～之中	224
hai⁶ m⁴ hai⁶	係唔係	36
hak⁷ sik⁷	黑色	124
han⁴	痕	230
hang⁴ lei⁵	行李	106
hang⁴ sang¹ ngan⁴ hong⁴	恒生銀行	203
hau²	口	294

353

hau5	厚	129
hau6 biin6	後便	270
hau4 lung4	喉嚨	291
hau6 maan5	後晚	146
hau6 miin6	後面	270
hau6 niin4	後年	152
hau6 saang1	後生	228
hau2 seui2	口水	296
hau2 seun4	口唇	294
hau6 yat9	後日	150
hei2 fei1	起飛	164
hei2 san1	起身	70
heng1	輕	129
heui3	去	66
heung1	香	228
heung1 gong2 daai6 hook9	香港大學	52
heung1 gong2 geuk8	香港腳	296
heung1 gong2 jai2	香港仔	107
heung1 gong2 yan4	香港人	36
hing1 dai6	兄弟	55
hong4 hung1 gung1 sii1	航空公司	86
hoo2 look9	可樂	66

hoo² nang⁴	可能	165, 183
hoo² ngooi³	可愛	229
hoo² yii⁵	可以	165
hooi¹	開	183
hooi¹ chii²	開始	183
hooi¹ dou¹	開刀	296
hooi¹ sam¹	開心	165
hooi¹ wuui²	開會	146
hooi² yeung⁴ gung¹ yun²	海洋公園	107
hook⁹	學	70
hook⁹ haau⁶	學校	145
hook⁹ saang¹	學生	52
hoon⁶	汗	295
hoon⁴ gwook⁸ yan⁴	韓國人	39
hoon³ jii⁶	漢字	266
hou²	好	66, 146
hou⁶	號	53
～hou⁶	～號	144
hou² daa²	好打	272
hou² doo¹	好多	104, 230
hou² doo¹ jung²	好多種	104
hou² fan³	好瞓	271

355

hou² jeuk⁸		好著	272
hou² jou⁶		好做	272
hou² jyu⁶		好住	271
hou² leek⁷		好叻	183
hou⁶ maa⁵		號碼	203
hou² nooi⁶		好耐	183
hou² nooi⁶ mou⁵ giin³		好耐冇見	40
hou² see²		好寫	271
hou² sik⁹		好食	247
hou² tai²		好睇	266
hou² teng¹		好聽	266
hou² waan²		好玩	271
hou² yam²		好飲	271
hou² yung⁶		好用	272
hung¹ jung¹ siiu² jee²		空中小姐	52
hung⁴ sik⁷		紅色	127
hyut⁸		血	296
J jaa³		咋	225
jaa¹ chee¹		揸車	266
jaak⁸		窄	229
jaap⁹ jii³		雜誌	82

jai²	仔	52
jai³ fuk⁹	制服	127
jai² neui²	仔女	52
jak⁷ biin¹	側邊	270
jan¹	眞	291
jan¹ hai⁶	眞係	203
jau²	走	165
jau⁶	就	247, 291
jau² diim³	酒店	86
jau² lau⁴	酒樓	86, 247
jau¹ muut⁹	週末	150
jau¹ san¹	週身	294
jee¹	啫	224
jee¹	遮	290
jee⁴ jee¹	姐姐	51
jeek⁸	隻	92
jeng¹	精	228
jeui²	嘴	294
jeui³	最	145
jeun⁶ leung⁶	盡量	291
jeung¹	張	91
jeung¹ hook⁹ yau⁵	張學友	124

jii¹	枝	91
jii³	至	230
~ jii¹ chiin⁴	~之前	165
jii² daan² foo² chee¹	子彈火車	187
jii³ dei⁶ gwong² cheung⁴	置地廣場	107
jii¹ dou⁶	知道	205
jii² gaap⁸	指甲	295
~ jii¹ hau⁶	~之後	165
jii² muui²	姊妹	55
~ jii¹ nooi⁶	~之內	291
jii² sik⁷	紫色	127
jiim¹ saa¹ jeui²	尖沙咀	106
jiiu¹ (tau⁴) jou²	朝（頭）早	170
jiiu³ X gwong¹	照X光	297
jik⁷ hak⁷	即刻	290
jik⁹ sing¹ gei¹	直昇機	187
jing⁶	靜	228
jing³ gyun³	證券	86
jing⁶ hai⁶	淨係	104
joo²	咗	165
joo² biin⁶	左便	270
joo² miin⁶	左面	270

joo² yau⁶	左右	164
jooi³	再	146
jooi³ giin³	再見	40
jooi³ haa⁶ goo³ lai⁵ baai³	再下個禮拜	145
jooi³ seung⁶ goo³ lai⁵ baai³	再上個禮拜	149
jou²	早	129
jou² san⁴	早晨	39
jou⁶ sau² seut⁹	做手術	296
jou² tau²	早抖	39
jou⁶ yee⁵	做嘢	82
jung⁶	重	204, 290
jung¹ cheun⁴	中旬	151
jung¹ gaan¹	中間	270
jung² gei¹	總機	209
jung² ging¹ lei⁵	總經理	87
jung² gung⁶	總共	104
jung¹ gwook⁸ chooi³	中國菜	66
jung¹ gwook⁸ yan⁴	中國人	37
jung¹ maa⁵	中碼	122
jung¹ man⁴	中文	224
jung¹ man⁴ daai⁶ hook⁹	中文大學	52
jung⁶ mei⁶	重未	165

jung¹ sam¹	中心	83
~ jung¹ tau⁴	~鐘頭	165
jung¹ waan⁴	中環	106
jung¹ yeuk⁹	中藥	297
jung¹ yii¹	中醫	296
jung¹ yii³	鍾意	66
jyu²	煮	266
jyu⁶	住	83
jyu¹ bou² diim³	珠寶店	86
jyu² faan⁶	煮飯	70
jyun² chee¹	轉車	247
jyun¹ dang¹	專登	267
jyun¹ muun⁴ hook⁹ haau⁶	專門學校	267

K

kam⁴ maan⁵	琴晚	164
kam⁴ yat⁹	琴日	144
kan⁵	近	129
kan⁴ lik⁹	勤力	224
kat⁷	咳	296
kei⁴ taa¹	其他	224
keui⁵	佢	37
keui⁵ dei⁶	佢哋	37

	keung⁴	強	228
	king¹	傾	203
	king¹ gai²	傾偈	69
	king¹ saang¹ yii³	傾生意	203
L	laa¹	啦	122
	laa³	喇	123
	laak⁸	嘞	291
	laam⁶ chee¹	纜車	187
	laam⁴ sik⁷	藍色	127
	laan⁵	懶	228
	laang⁵ chan¹	冷親	290
	laang¹ saam¹	冷衫	93
	laat⁹	辣	230
	laat⁹ taat⁸	邋遢	228
	lai⁴	嚟	69
	lai⁵ baai³	禮拜	144
	lai⁵ baai³ gei²	禮拜幾	144
	lai⁵ baai³ luk⁹	禮拜六	144
	lai⁵ baai³ ng⁵	禮拜五	146
	lai⁵ baai³ saam¹	禮拜三	144
	lai⁵ baai³ sei³	禮拜四	149

361

lai5 baai3 yat7	禮拜一	149
lai5 baai3 yat9	禮拜日	149
lai5 baai3 yii6	禮拜二	149
lam1 baa2	冧巴	209
lau4	樓	267
lau4 gaa3	樓價	225
lau4 yii1	留醫	296
lei4	離	246
lei6	脷	294
lei5 siin1 saang1	李先生	36
leng3	靚	123, 228
leng5 taai1	領袋	128
leui5 biin6	裏便	267
leui5 hang4 see5	旅行社	86
leui5 hang4 tyun4	旅行團	106
leui5 miin6	裏面	270
leui5 yau4 baa1	旅遊巴	106
leui5 yau4 jii2 naam4	旅遊指南	106
leun6 jeun6	論盡	230
leung4	涼	129
leung4 hyut8 ngaat8	量血壓	296
liin6 jaap9	練習	145

liin⁴ maai⁴	連埋	104
ling⁴ muk⁹	鈴木	53
ling⁶ ngooi⁶	另外	204
ling⁴ see³	零舍	230
loo²	攞	290
loo¹ yau²	囉柚	295
look⁹	落	70
lou⁵	老	228
lou⁵ dau⁶	老豆	55
lou⁵ gung¹	老公	55
lou⁵ mou²	老母	55
lou⁵ poo⁴	老婆	56
lou⁵ sat⁹	老實	230
luk⁹ sik⁷	綠色	123
lung⁴	濃	228
lyun⁵	暖	129

M

m⁴	唔	36
m⁴ dak⁷	唔得	123
m⁴ gan² yiiu³.	唔緊要。	250
m⁴ gooi¹	唔該	40, 124
m⁴ gooi¹ saai³	唔該哂	203

m⁴ hai⁶	唔係	36
m⁴ hou²	唔好	247
m⁴ hou² yii³ sii³	唔好意思	203, 250
m⁴ sai²	唔使	144
m⁴ sai² haak⁸ hei³	唔使客氣	40
maa⁴ faan⁴	麻煩	291
maa⁴ faan⁴ nei⁵….	麻煩你，…。	250
maa⁴ faan⁴ saai³ nei⁵.	麻煩哂你。	250
maa⁴ maa¹	媽媽	55
maa⁴ maa² dei²	麻麻地	267
maa¹ mii⁴	媽咪	55
maai⁵	買	123
maai⁶	賣	122
maai⁴ biin⁶	埋便	270
maai⁵ yee⁵	買嘢	70
maan⁶	慢	129
maan⁶ maan¹	慢慢	205
maan⁶ maan² haang⁴ aa¹.	慢慢行呀。	250
maan⁵ ngoon¹	晚安	39
mai⁴ nei⁵ kwan⁴	迷你裙	128
mak⁹ seui²	墨水	85
mak⁹ seui² bat⁷	墨水筆	85

man¹	文	122
man⁶	問	205
man⁴ faa³	文化	83
man⁴ jing⁶	文靜	230
mat⁹	襪	128
mat⁹ gaa³	物價	225
mat⁷ gam³ ngaam¹ aa³	乜咁啱呀	246
mat⁷ yee⁵	乜嘢	51
mat⁷ yee⁵ meng²	乜嘢名	51
mau⁶ yik⁹	貿易	86
mei⁶	未	266
mei⁵ gwook⁸ yan⁴	美國人	37
miin⁶	面	294
miin² saam¹	面衫	127
miin⁵ seui³ diim³	免稅店	86
miin⁶ sik⁷	面色	294
mong⁴	忙	145
mong⁵ kau⁴	網球	145
mou⁵	冇	104
mou⁴ liiu⁴	無聊	229
mou⁵ man⁶ tai⁴.	無問題。	250
mou⁵ soo² wai⁶	冇所謂	247

365

	mung⁴ chaa⁴ chaa⁴	濛查查	230
	muui⁵ maan⁵	每晚	183
	muui⁴ muui²	妹妹	55
	muui⁵ niin⁴	每年	145
	muun⁶	悶	229
N	naam⁴ pang⁴ yau⁵	男朋友	204
	naan⁴	難	129
	naan⁴ daa²	難打	272
	naan⁴ fan³	難瞓	271
	naan⁴ jeuk⁸	難著	272
	naan⁴ jou⁶	難做	272
	naan⁴ jyu⁶	難住	271
	naan⁴ see²	難寫	271
	naan⁴ sik⁹	難食	271
	naan⁴ tai²	難睇	271
	naan⁴ teng¹	難聽	271
	naan⁴ waan²	難玩	271
	naan⁴ yam²	難飲	271
	naan⁴ yung⁶	難用	272
	nam²	諗	266
	nee¹	呢	36

nei[5]		你	36
nei[5] dei[6]		你哋	37
nei[5] hou[2]		你好	39
neui[2]		女	52
neui[5] pang[4] yau[5]		女朋友	184
neui[5] yan[2] gaai[1]		女人街	107
ngaa[4]		牙	294
ngaa[4] yiin[1]		牙煙	229
ngaak[9] tau[4]		額頭	294
ngaam[1]		啱	229
ngaam[1] ngaam[1]		啱啱	164
ngaan[3]		晏	129
ngaan[5]		眼	294
ngaan[3] jau[3]		晏晝	170
ngaan[5] jiit[8] mou[4]		眼睫毛	294
ngaan[5] mei[4]		眼眉	294
ngaan[5] pei[4]		眼皮	294
ngaan[4] sik[7]		顏色	123
ngaang[6]		硬	228
ngai[2]		矮	128
ngai[4] hiim[2]		危險	229
ngam[3]		暗	229

ngan¹	冇	129
ngan⁴ hong⁴	銀行	83
ngoo⁵	我	36
ngoo⁵ dei⁶	我哋	37
ngoo⁵ jau² siin¹ laa³.	我走先喇。	250
ngooi⁶ biin⁶	外便	270
ngooi⁶ gung¹	外公	55
ngooi⁶ gwook⁸ yan⁴	外國人	104
ngooi⁶ miin⁶	外面	270
ngooi⁶ poo⁴	外婆	55
ngoon¹ chyun⁴	安全	229
ngoon⁶ geui¹ geui¹	戇居居	230
ngoon¹ jing⁶	安靜	228
nguk⁷ kei²	屋企	90
nii¹ biin¹	呢邊	270
nii¹ biin⁶	呢便	270
nii¹ dii¹	呢啲	82
nii¹ goo³	呢個	82
nii¹ goo³ lai⁵ baai³	呢個禮拜	149
nii¹ goo³ yut⁹	呢個月	151
nii¹ paai⁴	呢排	246
niin⁴ heng¹	年輕	228

	niin⁴ mei⁵	年尾	152
	niin⁴ niin⁴	年年	145
	niin⁴ tau⁴	年頭	152
	nooi⁶	耐	183
O	oo⁵	哦	246
	ou³ jau¹ yan⁴	澳洲人	39
P	paau² maa⁵ dei²	跑馬地	107
	pan³ see⁶ syun⁴	噴射船	187
	pang⁴ yau⁵	朋友	145
	pei⁴ daai²	皮帶	128
	pei⁴ fuu¹	皮膚	295
	pei³ yu⁴	譬如	104
	peng⁴	平	122
	peng⁴ dii¹	平啲	122
S	saai³	哂	291
	saai¹ sii²	哂士	122
	saam¹	衫	224
	saam¹ niin⁴ kap⁷	三年級	52
	saan¹ deng²	山頂	107

saan¹ tiin⁴	山田	37
saang¹ yat⁹	生日	144
saang¹ yat⁹ faai³ look⁹.	生日快樂。	250
saang¹ yii³	生意	203
sai³	細	128
sai³ jai²	細仔	53
sai¹ jong¹	西裝	127
sai¹ lei⁶	犀利	225
sai³ lou²	細佬	52
sai³ lou⁶	細路	53
sai² m⁴ sai²	使唔使	144
sai³ muui²	細妹	55
sai¹ yeuk⁹	西藥	297
sai¹ yii¹	西醫	296
sak⁷ chee¹	塞車	183
sam¹	深	129
sam¹ hau²	心口	295
san¹	新	128
san⁶	腎	295
san¹ fuu²	辛苦	228, 247
san¹ fuu² saai³	辛苦晒	40
san¹ goon³ siin³	新幹線	187

san¹ niin⁴ hou².	新年好。	250
san¹ tai²	身體	246
sat⁷ puui⁴ laa³.	失陪喇。	250
sat⁷ tau⁴ (goo¹)	膝頭（哥）	295
sau²	手	295
sau³	瘦	129
sau² bei³	手臂	295
sau² dooi²	手袋	82
sau² gan¹ jai²	手巾仔	128
sau² jaang¹	手踭	295
sau² jeung²	手掌	295
sau² jii²	手指	295
sau² seun³	手信	246
sau² tai⁴ diin⁶ waa²	手提電話	209
sau² tai⁴ hang⁴ lei⁵	手提行李	106
see²	寫	69
see² jii⁶ lau⁴	寫字樓	86
seui³	歲	53
seun³	信	184
seun⁶ lei⁶	順利	246
seun¹ man⁶ chyu³	詢問處	86
seung¹	雙	92

seung²	想	66
seung⁶ biin⁶	上便	270
seung⁶ cheun⁴	上旬	151
seung⁵ foo³	上課	164
seung¹ fung¹	傷風	296
seung² gei¹	相機	91
seung⁶ goo³ lai⁵ baai³	上個禮拜	149
seung⁶ goo³ yut⁹	上個月	151
seung⁶ jau³	上晝	170
seung⁶ miin⁶	上面	270
seung² ngau²	想嘔	296
seung¹ sam¹	傷心	229
seut⁷ saam¹	恤衫	122
sii³	試	266
sii⁶	事	203
sii¹ chau⁴	絲綢	123
sii⁴ dooi⁶ gwong² cheung⁴	時代廣場	107
sii¹ gaa¹ chee¹	私家車	187
sii¹ man⁴	斯文	230
sii¹ mat⁹	絲襪	128
sii⁴ sii⁴	時時	246
siin¹	先	290

siin¹ saang¹	先生	36
siiu²	少	128
siiu² baa¹	小巴	106
siiu² jee²	小姐	37
siiu² sam¹	小心	291
siiu² sii⁴	小時	170
siiu² siiu²	少少	225
sik⁷	識	266
sik⁹	食	67
sik⁹ jai⁶	食滯	296
sing³	姓	51
sing³ daan³ faai³ look⁹.	聖誕快樂。	250
sing¹ gaa³ boo¹ yan⁴	星加坡人	37
sing⁴ maan⁵	成晚	290
soo² yii⁵	所以	145
sung¹	鬆	129
sung³	餸	247
syu¹	書	82
syu¹ baau¹	書包	85
syu¹ diim³	書店	165
syu¹ fuk⁹	舒服	228
syu² gaa³	暑假	145

syun¹	酸	229
syun⁴	船	187

T

T seut⁷	T恤	127
taai³	太	230
taai³ gwook⁸ chooi³	泰國菜	66
taai³ gwook⁸ yan⁴	泰國人	39
taai³ taai²	太太	51
taam⁵	淡	228
taam³ beng⁶	探病	296
taam¹ sam¹	貪心	230
taam³ yiit⁹	探熱	290
taam³ yiit⁹ jam¹	探熱針	290
tai²	睇	69
tai² beng⁶	睇病	296
tai² yii¹ sang¹	睇醫生	290
tau⁴	頭	294
tau⁴ faat⁸	頭髮	294
tau⁴ siin¹	頭先	165
tau⁴ tung³	頭痛	290
tau⁴ wan⁴	頭暈	296
teng¹	聽	69

teng¹ diin⁶ waa²	聽電話	173
teng¹ foo³	聽課	266
teng¹ gong²	聽講	266
tiim⁴	甜	229
tiin¹ hei³	天氣	224
tiin⁴ jung¹	田中	37
tiiu⁴	條	91
tiiu³ mou⁵	跳舞	66
ting¹ yat⁹	聽日	144
tou⁵	肚	295
tou³ jong¹	套裝	127
tou⁵ ngoo¹	肚痾	296
tung³	痛	230
tung⁴	筒	104
tung⁴ hook⁹	同學	204
tung⁴ loo⁴ waan¹	銅鑼灣	107
tung⁴ maai⁴	同埋	104

W

waa⁵	嘩	290
waa⁶	話	266
waan²	玩	165
waan¹ jai²	灣仔	107

	waang⁴ ban¹	橫濱	83
	wai²	位	82
	wai²	喂	203
	wai⁶	胃	295
	wan²	搵	203
	wat⁹ dat⁹	核突	228
	wong⁶ gook⁸	旺角	107
	wong⁴ sik⁷	黃色	123
	woo³	喎	246
	wuu¹ jou¹	污糟	228
	wuui⁵	會	266
	wuui⁶ yii⁵	會議	183
	wuun²	碗	92
Y	yam²	飲	66
	yam² chaa⁴	飲茶	204
	yan⁴ gung¹	人工	225
	yan¹ wai⁶	因爲	144
	yap⁹	入	267
	yap⁹ biin⁶	入便	270
	yap⁹ heui³	入去	69
	yap⁹ lai⁴	入嚟	69

yap⁹ miin⁶	入面	270
yat⁹ buun² chooi³	日本菜	67
yat⁹ buun² yan⁴	日本人	36
yat⁷ chai⁴	一齊	146
yat⁷ dii¹	一啲	224
yat⁷ ding⁶	一定	183
yat⁹ hong⁴	日航	52
yat⁷ jan⁶	一陣	203
yat⁷ jan⁶ giin³.	一陣見。	250
yat⁷ lou⁶ ping⁴ ngoon¹.	一路平安。	250
yat⁷ lou⁶ seun⁶ fung¹.	一路順風。	250
yat⁷ niin⁴ kap⁷	一年級	52
yat⁹ tau²	日頭	170
yat⁹ yat⁹	日日	145
yat⁷ yeung⁶	一樣	225
yau⁴	由	247
yau⁵	有	104
yau⁶	又	247
yau⁶ biin⁶	右便	270
yau⁵ chiin²	有錢	225
yau⁴~ dou³…	由～到…	183
yau⁴ haak⁸	遊客	106

yau6 miin6	右面	270
yau5 sam1	有心	246
yau1 sik7	休息	291
yau6～ yau6…	又～又…	267
yee6 maan5	夜晚	170
yeuk8	約	204
yeuk9	弱	228
yeuk9	藥	291
yeuk9 fong4	藥房	291
yeuk9 gou1	藥膏	297
yeuk9 seui2	藥水	297
yeuk9 yun2	藥丸	297
yii5 chiin4	以前	225
yii3 daai6 lei6 yan4	意大利人	39
yii4 gaa1	而家	164
yii5 ging1	已經	183
yii5 hau6	以後	165
yii5 jai2	耳仔	294
yii1 yun2	醫院	86
yiim6 hyut8	驗血	297
yiim6 niu6	驗尿	297
yiip9	葉	51

yiit9	熱	129
yiiu1	腰	295
yiiu3	要	122, 145, 183
yiiu3 siiu2 sam1 san1 tai2 aa3.	要小心身體呀。	250
ying1 gooi1	應該	247
ying1 gwook8 yan4	英國人	37
ying1 man4	英文	267
ying1 man4 meng2	英文名	51
yu5	雨	290
yu4 gwoo2 (～gee3 waa2)	如果（～嘅話）	183
yu4 saang1	魚生	266
yuk9 sik7	肉色	127
yuk9 syun1	肉酸	228
yun4	完	290
yun5	遠	129
yun5	軟	228
yun4 bat7	鉛筆	85
yun4 jii2 bat7	原子筆	85
yun4 saai3	完哂	291
yung4 yii6	容易	129
～yut9	～月	144
yut9 mei5	月尾	151

379

yut⁹ tau⁴ 月頭

[著者]

鄧超英（トウチョウエイ）（日本名：泉英子）

中山大学卒業後、中央大学大学院博士課程修了
講師：慶應義塾大学講師を経て、現在広東語センター校長
　　　元NHKラジオ中国語講座広東語編ゲスト講師、その他、広東語ナレーション、香港映画脚本日本語翻訳、日本人俳優の広東語講師も行っている。
著書：『聴いて、話すための広東語基本単語2000』共著（語研）、『携帯版中国語会話とっさのひとこと辞典』共著（DHC）他多数。

写真提供　　香港政府観光局（Photo Courtesy of Hong Kong Tourism Board）

新・広東語レッスン　初級

2019年7月8日　初版第1刷発行
2025年6月6日　第 3 刷 発 行

著　者	鄧超英（トウチョウエイ）	
発 行 者	藤嵜政子	
発 行 所	株式会社スリーエーネットワーク	
	〒102-0083　東京都千代田区麹町3丁目4番　トラスティ麹町ビル2F	
	電話：03-5275-2722（営業）	
	https://www.3anet.co.jp/	
印　刷	創栄図書印刷株式会社	

落丁・乱丁本はお取替えいたします。　　　　　　ISBN978-4-88319-795-8　C0087
本書の内容についてのお問い合わせは、弊社ウェブサイト「お問い合わせ」よりご連絡ください。
本書の全部または一部を無断で複写複製（コピー）することは著作権法上での例外を除き、禁じられています。

外国語レッスンシリーズ

新・韓国語レッスン 初級
金東漢 張銀英 ● 著
2,640円(税込)　ISBN978-4-88319-781-1

新・韓国語レッスン 中級
金東漢 張銀英 ● 著
2,640円(税込)　ISBN978-4-88319-839-9

新・中国語レッスン 初級
重松淳 ● 著
2,420円(税込)　ISBN978-4-88319-797-2

新・広東語レッスン 初級
鄧超英 ● 著
3,520円(税込)　ISBN978-4-88319-795-8

新・フランス語レッスン 初級
浜中初枝 ● 著
2,420円(税込)　ISBN978-4-88319-798-9

新・スペイン語レッスン 初級
阿由葉恵利子 ● 著
2,420円(税込)　ISBN978-4-88319-801-6

スペイン語レッスン 中級
阿由葉恵利子 ● 著
2,420円(税込)　ISBN978-4-88319-922-8

新・ロシア語レッスン 初級
加藤敏 ● 著
2,860円(税込)　ISBN978-4-88319-800-9

ベトナム語レッスン 初級1・2
五味政信 ● 著
〔初級1〕3,300円(税込)
　　　　ISBN978-4-88319-366-0
〔初級2〕3,300円(税込)
　　　　ISBN978-4-88319-382-0

ベトナム語レッスン 中級
五味政信 ● 著
3,080円(税込)　ISBN978-4-88319-891-7

インドネシア語レッスン 初級1・2
ホラス由美子 ● 著
〔初級1〕2,860円(税込)
　　　　ISBN978-4-88319-339-4
〔初級2〕3,080円(税込)
　　　　ISBN978-4-88319-381-3

インドネシア語レッスン 中級
ホラス由美子 ● 著
2,420円(税込)　ISBN978-4-88319-913-6

タイ語レッスン 初級1・2
ブッサバー・バンチョンマニー
ワッタナー・ウティチャムノン
ウィライ・トーモラクン
丸山秀夫 ● 著
〔初級1〕2,750円(税込)
　　　　ISBN978-4-88319-481-0
〔初級2〕2,750円(税込)
　　　　ISBN978-4-88319-482-7

◆ ウェブサイトで音声が聞けます

↓

http://bit.ly/FLS_Audio

スリーエーネットワーク

https://www.3anet.co.jp/
営業 TEL:03-5275-2722　FAX:03-5275-2729